勤恆禮誠

傅鍾文

一九八八年十二月十日

作者简介

奚桂忠，1940年生，上海市人。杨式太极拳第五代传人，上海发电设备研究所工程师，原闵行太极拳研究会副会长、副总教练、秘书长，曾担任全国和国际太极拳比赛仲裁委员，优秀太极拳论文评委，日本中医太极拳会顾问，《太极》杂志社特约编委，上海诗词学会会员，上海书法家协会老年专业委员会会员，上海国际标准舞协会西南分会会员，咸阳太极拳学会顾问。经常在刊物上发表文章和诗词，曾获上海咨询工程师论文奖、全国太极拳十佳论文奖、纪念浦东开发25周年诗词奖，其著作有《汽轮机标准化论文集》《杨式太极拳学练释疑》《杨式太极拳答问》《杨式太极刀传统套路的探讨》《太极歌诀》《杨式太极拳教程》等。分获1995年上海和永年太极拳比赛第三名，主教的会队蝉联1996年、1997年上海市团体冠军，第90期学员代表队获得2010年杭州国际比赛团队金奖。自1998年研究会解散以来，偕贤妻盛美芳坚持义务教拳，至今举办了112期（每期180课时左右）讲习班，共4600余人次；收各地弟子90批，共360位，其中132人次荣获国际、全国和省市比赛前三名。

血丝出眼底，催老四十年。

终止中长跑，初习简化拳。

晨学樟树下，晚练菜花间。

顾此常失彼，心诚定可攀。

参加顾树屏老师（左五）举办的杨式拳提高班期间(二首)

蚊子不叮人，因由汗满身。三伏炎热夜，笨汉练拳勤。

梦练拳环撇，击吾伴侣身。调头重入睡，蹬脚又踢人。

参加傅钟文老师杨式太极拳短期研究班

中外拳师临武馆，聆听教诲记心间。修学套路和推手，满载而归去义传。

傅钟文恩师莅临杨式太极拳学习班结业典礼

学员齐演练，式式按师传。
颔首公离座，纠偏行列间。

拜傅公钟文为师

高山久仰之，有幸拜人师。
敬叩呈门帖，恭听记训辞：
勤学习武艺，恒教拒酬资，
礼貌迎拳友，诚专事太极。

傅钟文、傅声远老师举办的高级讲习班结业

教授杨家拳整套，又传推手剑和刀。考核通过铭师嘱，回去开班重担挑。

与陈武师弟在师父家
学拳之余边翻阅相册边聆听教诲

手指师公黄土墓，一声感叹内心出：
"终生不忘得恩惠，没有杨家便没吾。"

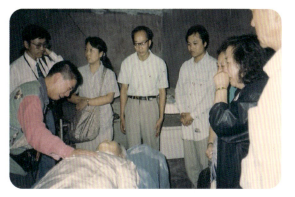

陪同从海外赶回的
师孙母子瞻仰先师遗容,感怀（二首）

清泉深夜返，号哭太平间。
一句"来迟了"，吾心分外酸。

师父西行早，何人教我拳？
中流谁砥柱？结社五十年。

参加1995年永年国际太极拳
比赛，得8.88分，名列第三

获奖莫骄矜，沙滩脚印深。
虚心加自信，梦想可成真。

蝶恋花
收潘雅清(右一)等六人为首批弟子

仪式不行三叩首，亦不烧香，更不红包受。
无论新交和故旧，请朋见证喝杯酒。
聚散随缘诚待友，不拽一徒，不赶一徒走。
宽进严出悉力授，成才与否天左右。

向刘红年师姐（左一）学德艺

讲师会长兼，架似傅公拳。
见证成吾姐，常来鼎力传。

**弟子曹爱身(左)和潘雅清荣获2000年
青岛全国杨式太极拳邀请赛传统拳第一名和第三名（二首）**

齐上泰山逛济南，东临青岛赛杨拳。
"观摩比赛重参与，宛似平时架子盘。"

奖牌各自身前闪，握手扶肩进片言：
"夹住尾巴焉可傲，修德更比练拳难。"

**在永年县傅公祠工地举行的纪念
傅钟文逝世七周年大会上敬献诗词**

诗篇修撰整七年，今日倾情墓地前。
杨总编辑来索稿，同门天玉泪涟涟。

吊唁金长源师兄，师嫂将金兄的教拳讲义和刀剑等物赠我，感赋（二阕）

卜算子

前月嫂兄来，
辞世何其快。
兄长之中汝最严，
直指传帮带。

身教话合开，
动作稍稍改。
重道并非不敬师，
无畏人豪迈。

清平乐

朝朝暮暮，
日日习猫步。
磨破球鞋学套路，
着意太极法度。

越学越感才疏，
登高没有它途。
苦练研读之外，
更需师友说吾。

傅声远、傅清泉老师莅临指导（二首）

介绍五徒拜傅师，光临敝处请说疵。如饥似渴观听记，日后逐条体悟之。

小傅老师鼓励声，着鞭老骥奋蹄行。"我爷爷的好徒弟，做到勤恒与礼诚。"

偕贤妻盛美芳在家门口义务教第36期学员

新友超一百，源源不断来。夫持中话筒，妻站小球台。
提手言合闭，单鞭演展开。遵循师教诲，婉谢聚之财。

教八岁大外孙朱云卿传统杨式太极拳（二首）

学成半套近三年，表演一节站队前。
"比我当年拳架好"，泉师赞许信心添。

外公一世无遗产，唯有吾师这套拳。
文化并非财与物，苦功不下怎承传？！

同时教郴州、宁波和本地区的老中青少四代人

春花归去夏花来，红艳石榴自在开。实手前推应坐腕，虚足后退请松踝。

脊直头正臀须敛，胯落肩沉肘莫抬。随到随学传统架，东园成我授拳台。

原上海市黄浦区太极拳学会会长、道明拳社常务副社长、精武会黄浦辅导中心主任、《四段位太极拳》作者、上海社区教师大奖赛第三名徐芳骞(第二排右一)拜我为师

闻名上海太极坛，欲进吾门感汗颜。"谁拜谁呀"妻笑问，亦师亦友亦学员。

指导弟子代表队表演

先求拳架准，松缓脚同伸，自信悠悠演，练出劲与神。

蝶恋花

弟子王关泉在美国加州伊丽莎白湖畔教杨式拳

传布太极于彼岸，义务教拳，效傅公风范。
赠送太极刀与剑，提供图片和书卷。
逐式逐招勤指点，认认真真，乐此不知倦。
随处耕耘多贡献，尊师首要遵其愿。

教97岁深圳林佩荃阿婆太极拳

百岁阿婆送我行，惜别机场几多情。
问吾年底还来否？随叫随来顺口应。

**三下鹏城与香港、深圳首届太极拳
比赛冠军李学香居士(右一)交流拳艺**

夫妇喜登香姐门，迷拳汉遇醉拳君。
论拳不议人和事，互赏互学互感恩。

拜见香港马伟焕老师

出钱又力传，德艺馥拳坛。
虽是风格异，促膝笑语欢。

偕贤妻和香姐赴香港义务教拳（二首）

纵隔万水复千山，拙著为媒赴港传。
不逛公园回首饰，齐捐武艺与时间。

欢聚一堂返沪前，学说粤语诵诗篇。
频频合影相拥抱，情到深时泪似泉。

于广东中山教拳后
偕妻重游广东鼎湖飞水潭

共事羊城四秩前，曾泅此水管吾衫。
而今协力教拳毕，携手重游耸翠间。

哭宁波金用葆师兄（二首）

2006年12月16日清晨，金兄嫡孙、交大研究生
金碧辉弟子沉痛地对我说"我阿爷走了。"闻之愕然，口占二绝

"坐着轮椅授杨拳，不为闻达不为钱。
学你阿爷之赤胆，将来赴法去承传。"

解吾困惑赐直言，弟有小成致贺函。
惠赠序文行世日，焚烧拙著献君前。

告别山东平度市太极拳协会诸教练（二首）

北上大泽山，天天四场拳。握别三女泣，语塞请妻言。
安检红包见，前天婉拒钱。下机家未进，寄返大泽山。

感恩传统太极拳

骨骼密度似青年，红宝石婚快舞旋。
但到曲终无汗喘，感恩传统太极拳。

七十初度游南海

惊涛骇浪枉生威，戏海嬉潮任我为。
堪喜古稀腰腿健，只因久练撤身捶。

卜算子
收王万宾(左一)为
第100位弟子时之答辞

学艺整一年，代我传拳脚。
谢客辞约夜夜来，比我说得好。
颖悟又勤习，博览求精奥。
再向高人刻苦学，日后多垂教。

应小傅(清泉)老师之邀，偕第90期学员代表队参赛，获团体金奖

金牌灿灿挂胸前，又忆先师嘱我言："马虎练拳三十载，不如好好打三年"。

在弟子王铀(前排中)举办的第20期结业典礼上吟诵

来学套路十多遍，病重依然义务传，更不说三和道四，门徒过百几人贤？

寄语《太极》杂志社杨宗杰总编(二首)

总编职位难担当，走马灯般少久长。
切莫刊登独自像，兢兢业业创辉煌。

没有恩师与总编，桂忠哪里有今天。
十年连载缘一语："不准登奚第四篇。"

欣悉中国武术协会会员、郴州市永年杨式太极拳推广辅导中心主任兼总教练、武术六段覃锡林弟子（左二）偕四位学生获"赵斌杯"12块金牌，其教拳的事迹再登《郴州日报》，赋小诗共勉之（二首）

杨公拳艺到湖南，师父精神义务传。
百尺竿头再进步，顶风冒雪永朝前。

甘作人梯多贡献，精雕细刻尽心传。
应知底浅常充电，鼓励学生胜似蓝。

喜见化德县太极拳协会副会长张鹏弟子(后排中)领练的光盘,寄语内蒙诸弟子（二首）

看罢光盘拳友赞，先师若见定开颜。
齐心传授须持久，方可扎根大草原。

拳无规范求规范，苦练勤学业贵专。
习武尤需修品性，人无完美效前贤。

弟子王万宾于2010年台湾"杨式"
传人联谊会上表演之后

携99期学员赴咸阳向扎西老师学德艺

表演一节嫌太短，又疑学练仅三年。
师兄之女跟他学，拳旅乘风帆正悬。

我若装支架，义传会忘吾?
赠言非过誉:"德艺当今殊"。

收骆志平居士、陈彩平(前排右二、
右一)年轻夫妇为徒时吟咏

先师乐授小青年，更喜夫妻共练拳。
事业家庭皆莫误，学成之后并肩传。

周浩欣弟子(第二排左六)偕南通市武协孙前进秘书长(左九)一行42人抵沪交流（二首）

辛勤播种狼山畔，硕果丰盈莫忘谦。学到老年学不了，精深博大太极拳。

纠结拳友心难静，请品禅言气易平:"天下良师寥可数，贤生更少若晨星。"

应化德县太极拳协会会长孙世明弟子（前排左五）之邀，偕妻和万宾等四位弟子赴内蒙古教拳

古稀夫妇和同伴，
日夜齐心奋力传。
喜见友朋拳进步，
舍吾老命亦心甘。

如梦令
数易《杨式太极拳教程》书稿,感赋（二

易稿又逢疑点，博览仍无答案。
上午问学员，下午沿河单练。千遍，
千遍，体悟手云腰转。

鄙见三分肤浅，百倍深深情感。
《答问》与《释疑》，稍逊《教程》
新卷。修撰，修撰，辛苦昏花双眼。

收美国太极星协会创会会长、《锦太极拳》
作者、武术六段顾杰博士(后排中)和会长
刘毅博士(前排左一)、伏利群硕士（后排
左一）夫妇为弟子（二首）

有缘虽距八千里，欢聚寒门论太极。
拳艺弘扬须会古，提高造诣贵专一。

笑迎外地同仁至，日日陪君沪客辞。
取友之长警友短，教学相长互为师。

偕妻和倪仙娣居士等五位弟子赴洪湖市祝贺湖北书法家协会会员、洪湖太极拳协会副会长黎征峰弟子水墨艺术展开幕暨拳术交流（二首）

拳剑姿潇洒，尤为墨宝佳。
远离功利场。把酒对芦花。

交流搭手后，会长语情真：
"即使常得奖，其实未入门。"

祝贺习拳五旬拳师陈鹤鸣弟子荣获2013年第八届全国健康老人

九旬能劈叉，心态更其佳。
再走十年架，登门送束花。

教小外孙张之添传统杨式太极拳

可爱小添添，持之到哪天？
进修传统架，几个是囹囵？！

浪淘沙
深圳李学香居士拜吾为师

获奖语谦卑，缄口人非。星云弟子信慈悲。
拳裤常穿辞总教，树下掤、推。
知己毋需媒，九载相随。长时通话敞心扉。
今入寒门来拜认，蓬荜生辉。

2014年5月,偕湖北、内蒙古、江苏、河南、广东、黑龙江、北京、重庆、上海、香港等十省、市、地区和美国的91位拳友再向扎西师学德艺（二首）

拳界活菩萨，犹居简陋家。迢迢千里外，朝拜信徒加。

诚迎四海朋，恒教老牛耕，谦逊询拳病，淡泊利与名。

西江月
登门请教陈世庆师兄（前排左三）

讲到扶师缓走，仁兄老泪直流。
照应九载数谁优？ 哪位能出汝右。
府上恭听笔录，途中细阅肠搜。
《咏师》转瞬二十秋，当夜又添四首。

2015.3.12

赞深圳弟子何志渊、何春芳夫妇

梦建平台水库旁，弘扬拳艺慨而慷：
"广邀创业精英至，不送红包送健康。"

美国太极星协会会长刘毅弟子以及第103期学员代表队分别在
2015中国咸阳传统杨式太极拳交流大会上的表演得到鼓励，
湖北弟子黎征峰率两队均获团体一等奖，抒怀

名手评说拳路正，犹闻诸友赞扬声。再接再厉弘师法，谨记勤恒与礼诚。

杨式太极拳教程

奚桂忠 著

北京体育大学出版社

策划编辑：秦德斌
责任编辑：秦德斌
责任校对：吴海燕
版式设计：博文宏图

图书在版编目（CIP）数据

杨式太极拳教程 / 奚桂忠著. -- 北京：北京体
育大学出版社，2014.12（2024.8重印）
ISBN 978-7-5644-1830-4

Ⅰ.①杨… Ⅱ.①奚… Ⅲ.①太极拳－教材
Ⅳ.①G852.11

中国版本图书馆CIP数据核字(2014)第302033号

杨式太极拳教程
YANGSHI TAIJIQUAN JIAOCHENG

奚桂忠　著

出版发行：北京体育大学出版社
地　　址：北京市海淀区农大南路1号院2号楼2层办公B-212
邮　　编：100084
网　　址：http://cbs.bsu.edu.cn
发 行 部：010-62989320
邮 购 部：北京体育大学出版社读者服务部 010-62989432
印　　刷：三河市龙大印装有限公司
开　　本：710mm×1000mm　　1/16
成品尺寸：170mm×240mm
印　　张：19
彩　　插：16
字　　数：352千字
版　　次：2014年12月第1版
印　　次：2024年8月第7次印刷
定　　价：45.00元

前 言

拙著《杨式太极拳学练释疑》和《杨式太极拳答问》行世后，时有读者来信、来电、来访，研习拳艺，并建议我出一套教学片和一本完整详明带拳照的练法教材，以便爱好者自学。笔者勉为其难，经过 5 年努力，教材业已完成（书名为《杨式太极拳教程》），谨此向鼓励我撰写的诸拳友、帮助我修改书稿、打印文字、校对文稿和摄制拳照的徐芳骞、王万宾、倪仙娣、张鹏、骆志平、司青安、李学香、赵伟国、覃锡林、王显生、王关泉、顾杰、许峰、黎征峰、黄培奋、黄燎云等贤契致谢。

本书由四部分组成。在笔者 45 年的行拳生涯中，有些人和事难以忘怀，兹选取一些有关的照片，并附小诗一二首，略抒心声，或许对诸君有一丝裨益，这是第一部分。

第二部分为杨式太极拳传统套路（85 式）的练法，是本书的主体。众所周知，目前在社会上流行的传统杨式太极拳，是由杨式太极拳第三代传人的代表人物杨澄甫师公（以下简称杨公）定型的。由于杨公的太极拳拳架随着年龄的增长和技术的发展有了一定的变化，诚如杨公本人所言："翻阅十数年之功架，又复不及近日"，对于资深太极拳师而言，这是符合事物发展规律的。因此，杨公前期和后期的追随者学到的也自然不同，再加上每人的专注程度不同，领悟深浅不一，所以，第四代师辈们的练法是有区别的，及至侪辈和晚辈在练法上的出入更是有增无减，以致当今的杨式太极拳呈现出风格各异的状况。

本书根据杨式太极拳第四代传人傅钟文恩师（以下简称傅师）的言传、身教、拳照、录像片、著作和杨公的拳照、著作，借鉴有关的书刊、光碟和同仁之教，并结合自己学练和教拳的心得体会，对杨式太极拳传统套路（85 式）的练法逐式进行较为详尽的分解。例如将单鞭由一般的四个动作增加到七个动作，左掤由一般的三张拳照增加到七张拳照；同时，浅述每一拳式的要领、用法、劲点（定式时劲点或劲点的转移）；然后，遵循傅师关于"太极拳是武术，一搭手便知好坏"和"处处要能八面支撑的意思，拳架放好推不动"的教导，斗胆试述行拳走架（每个定式或动作过程中）是否正确的喂劲检验方法。为方便读者查阅，在附录后增设关键词索引栏目，即把书中的要点摘下，每条下标注其出处页码。另外，对杨公的《太极拳体用全书》和傅师的《杨式太极拳》中因刊印和笔录存在的少许问题，加以夹注。

第三部分是由王万宾贤契演练的杨式太极拳传统套路视频，读者可以手机扫描二维码观看视频。其演练得到太极拳家金仁霖老师、顾树屏老师的指导，翟金录、陈世庆、陈铁玲、张翘青、张雅君和徐光等师兄提供了宝贵的意见，杨式叶派太极拳传人刘文忠、江澜先生、杨式陆派太极拳传人倪国勋先生和泰国安般太极拳法创始人邓文平先生给予不少建议，谨向诸君敬致谢忱。对于立志打好这套拳的拳友，请多看、常看傅钟文老师和王荣达二师兄（傅师赞其拳架好、有功夫，打得像杨澄甫老师，能把墙壁推倒）演练的录像，一孔之见，供您参考。

另外，笔者将修撰三十年的组诗"咏傅钟文先师"附后，以示敬仰，学师之德。

前三本拙作（《杨式太极拳学练释疑》《杨式太极拳答问》和《太极歌诀》）与本书如有不一致的地方，请以本书为准。本书中的拳照、录像与文字说明若有不符之处，请以文字为准。

本书第七次印刷前，根据李佳玉、姜建波、周浩欣、石景荣、刘毅、伏利群、叶泳津、张新根、史惠英、张光彩、朱兴义、胡远平、冯林、牛成胜、李国平、殷广鑫、孙茂菊、张卫、董智侠、赵玲华、史红霞、彭莉等读者的赐教和笔者近期的学练体悟，对诗文又作了一些修改和补充，在此一并致谢。

奚桂忠
2024 年 6 月于上海莘庄

目　　录

第一式　预备势

动作过程

动作　自然站立开立步（图1）

预备势，顾名思义就是练拳前的准备姿势，一般为面南站立，本势虽无动作，但切莫等闲视之。傅师钟文（以下简称傅师）指出"不能把预备势看作简单的一般站立"，一定要掌握要领。预备势时对身体各个部位的要求如下。

图1

脚　两脚开立，平松铺地，请勿五趾抓地；脚尖朝南，两脚外侧平行似内扣，不要呈外八字或内八字；两脚涌泉穴［位于足底（去趾）前1/3人字纹的中间凹陷处］宜与两肩的肩井穴（位于人体的肩上，大椎与肩峰端连接的中点）同宽，肩井找涌泉成一条垂线，且平行于人体的中线（鼻脐的连线），两脚不宜并立或开立过宽；身体重心的垂线在两脚涌泉穴连线的中点上，即身体重量平均落于两脚涌泉穴。

踝　脚踝自然放松，两踝似有外撑膨胀的感觉。

腿　两腿自然站立，两膝随着骨盆向前端起自然地微微向前弯曲，大小腿之间的夹角宜为170度，使下肢富有弹性。

胯　胯是腰的两侧与大腿之间的部分。两胯须松平、收落，宜有向两侧平拉且向前包裹之意，将在第十八式斜飞式中详述。

腰　腰在身体的中部（胯上胁下的部分），是联系上身与下肢的枢纽，对动作的调整，重心的稳定、劲力的推动起着关键的作用。腰部应松沉，自然直立，腰脊命门处（位于第二腰椎棘突下凹陷中）宜有满平之感。

臀　骨盆向前端起，臀部下敛，尾骨前收，尾闾中正，脊椎骨从上至下垂直于地面，会阴穴正对地面，臀部不可向后突出或向左右扭摆。

腹 腹部自然放松，宜向内向下微收，不可凸肚。

胸 胸部微含（应是水平方向，不是垂直方向，以免驼背），自然舒松，胸部似有空空的感觉，以便意气下沉，但不可内缩，更不可挺胸，以免气拥胸间、上重下轻、脚跟浮起。

背 背部微展，且宜圆（是左右圆，而不是上下圆，以免驼背），不可凹背，以免立身不中正、劲力传递中断。

臂 两臂松垂于身体两侧，自然伸直，腋下自然松开。

肘 两肘应自然微抻，宜有沉坠或向侧下方撑开之感，做到肘不贴肋。拳谚云："肘尖上抬全身空，肘尖下垂全身松。"

手 两手置于体侧，手掌自然松垂，掌心朝里，指尖朝下。

肩 两肩须平正、松活，松开肩井穴，且有下沉之意，以利手臂轻灵，切莫耸肩、歪肩。

颈 颈部自然松竖，喉头微里收（意想喉头斜找脑后的玉枕穴），头颈后部有微微后撑之意，与练功服衣领宜微微相贴，以利于颈肌放松、气血畅通、下颌自然微含、虚领顶劲、周身轻灵、自然平衡和精神抖擞，颈项不可歪斜、僵直、软塌。

口 嘴唇自然闭合或自然微微张开，但不可紧闭或张大；牙齿轻合，宜保持自然咬合的间隙，以利于咀嚼肌放松和唾液的分泌，不可张口或咬紧；舌头可采用自然平放或轻抵上腭，对高血压患者，宜平放舌头，如果采取舌舐上腭时，舌尖宜轻舐门牙牙龈与齿根交接处的牙龈部位，以轻舐不久便分泌唾液为度，不可卷舌、跷舌或藏舌（将舌舐得太靠后），以免造成紧张，得不偿失。行拳时，口腔中会分泌出唾液，拳论中称之为"口内生津"，谚语云："日咽唾液三百口，保你活到九十九。"唾液是人体的精华，它含有多种酶，具有湿润口腔、帮助消化吸收、抗感染、防癌症和提高免疫能力的作用，如有多余的唾液，应随时徐徐咽下，不要吐掉，但也不必刻意追求唾液的多与少，应顺其自然。

鼻 以鼻呼吸，吐故纳新，呼吸应连绵，顺其自然，不可屏气。

耳 耳轮虚领，耳垂松沉，意想塞住耳朵，听而不闻。

眼 两眼自然睁开，眼睑不要下垂，也不要怒目圆睁，眼睛平视正前方的极远处（傅师来闵行教拳时，要求我们透过树林看到远处的黄浦江），不看地，不看天，更不可东张西望。至于眼法，将在第十五式抱虎归山中浅述。

面 打开印堂穴（位于人体的面部两眉头连线的中点），舒展两眉间，眼睛似含笑，面部表情应和颜悦色、自然大方，神态从容自信，不卑不亢，不要紧锁双眉、横眉立眼，也不要拉长脸庞、面部表情威严。

头 头是全身之首，须自然放正，即头部与水平线大致保持垂直，不可低头、昂首、东倒、西歪。

要　领

1.　"立身中正安舒"

唯有通过正确学练传统套路，才能得到太极拳第一层的知己功夫，即行拳处处如磐石，走架时时含内劲。要得此功夫，首先要符合"立身中正安舒"这条最基本的技术要求，其中涵盖骨架正确和心静体松两个要点。

（1）骨架正确，就是学拳之初通过肌肉和韧带把骨骼调整到正确位置，这是练好太极拳"体"和"用"的基础，"根基打好造高楼"。要达到正确的骨架，主要通过调直脊椎、端起骨盆和肩胛骨不变位三个方面着手，兹逐一浅述之，供君参考。

①通过喉头找后脑勺的玉枕（如咽口水），下颌随之自然微收，将颈椎调至松直；通过大椎骨（胸椎上部第一块椎骨）上领，以调直胸椎；通过尾骨（脊柱的末端部分）前收，以调直腰椎，逐步趋于调直自然生理弯曲呈 S 形的脊柱，头顶、躯干至会阴，形成一条直线，"中轴正直"，可使重心处于远离支撑面边缘，以利提高平衡度，这对于养生和技击至关重要。

②宜意想以两胯关节的连线为平轴，向前托起人体骨骼的底座——骨盆（主要由髋骨和尾骨组成，髋骨下连股骨，尾骨上接腰椎），似建立一个"平台"，人好像始终站在这个"平台"上练拳，有利于敛臀、尾骨前收、腹部提收、松腰落胯、身形正直、练出整劲和富有神韵。

③肩胛骨（人体背部最上部外侧、略呈三角形的左右两块骨头）宜自然地贴合于肋骨上，不可破位。众所周知，练拳时要求肩松且平，以利于肘坠、臂松、身正、胸舒和气沉等；两肩松平，还有一个十分重要的作用，那就是保持肩胛骨归位不变，以确保劲路畅通，如果肩胛骨牵拉破位，劲路则中断。

傅师教导我们说："处处要有能八面支撑的意思""拳架放好推不动"。即是说我们练拳时，应不断地调整以两胯为主的各个关节，使全身的骨架处于一个唯一正确的位置，以保持平衡稳定，处处中定不偏倚，以便从四面八方传来的外力通畅地传至脚下的大地，能接得住，稳如泰山；有了定力，才能发出由脚而腿而腰而手、节节贯串、周身一体的整劲。反之，如果有一处有误，则难以做到中定，劲路则断，必被对方推动、拉倒或压垮，正是"差之毫厘，谬之千里"。因此笔者以为，太极拳虽然不是一项高强度、高难度的运动，但它却是一项高精度的运动，须认真、认真、再认真地传授和学练。

（2）在拳架结构正确的基础上，要求做到"心静体松"。心静体松是太极拳最突出的特点，是练出内劲的基本条件，也是通往太极拳殿堂的一道关口，此关不过，气血难以顺畅周流，内劲难以缠绵不断，也就难以登堂入室。因此，在练拳时务必要求内修心意平静，外修肢体舒松。

心意平静，就是排除杂念琐事抛，思想集中头脑静，从容不迫用意练，意到气到劲自到。要做到这一点，请初学的拳友把意念放在如何使动作规范、符合要领上，逐步过渡到内劲的运行和技击的攻防上，一念代万念，使意念与动作内外相合。

肢体舒松，就是在心静神定的意境下，要求肢体舒松自然，即肌肉舒展、韧带伸长、关节开启。当两脚开立后，请初学的拳友不宜马上做起势，可做数次深呼吸，随后从上到下、从外到内边默念边检查一遍："眉宇松、面部松、两肩松、胸腹松、汗孔松、大腿松、小腿松、十趾松，""百会松、头脑松、食道松、心肝松、胃肠松、两腿骨髓松、涌泉松，""舌根松、浑身松。"当内外放松了，在重力的作用下会向下自然松沉，产生沉着感。当手指松沉到地下，似有被埋的感觉；当松沉到脚底时，脚掌下似有湿面团铺开贴地与大地融为一体的感觉，如此进入了练拳的状态，就可以开始做起势了。

总之，练太极拳，心要静下来，神要定下来，心静神定促体松，身体舒松心更静。在动态中要真正做到放松，并非易事，杨公指出："一个松字，最为难能。"傅师教导我们说："你打拳首先要想到一个松字，要松到脚底板。今天松一点，明天再松一点，要松一辈子。"诚然，行拳走架时要求做到全身松沉、动作轻柔，但松柔不是松懈，也不是软塌，更不是萎靡。正确的理解是，松柔含张力，即松而内劲不丢。兹将"立身中正安舒"概括成小诗一首，与君共勉。

> 立身中正稳如山，心静体松定似仙。
>
> 内劲连绵随意念，方为入室太极拳。

2. "非有虚领顶劲，则精神不能提起"（杨公语）

对于"虚领顶劲"中的顶字，宜理解为名词，即人体最高的部位——头顶，而非从下面拱起的动词。当全身放松后，做预备势时的身体有时会不自觉地出现微微摇晃的现象，这时不宜以五趾抓地去控制身体的微动，而应以头顶的百会穴（位于头顶正中线与两耳尖联线的交点处）虚虚领起（头顶中部最高点领起，谓之中顶，不可前顶、后顶或刻意中顶，以免下颌仰起、里收过多或僵滞失虚领），神贯于顶，劲领全身，有利于富有神韵、立身中正、人体平衡和自然放松，犹如我们捏住一只筷子的底端竖起放在桌子上，筷子会自然出现东摇西摆的现象；而如果我们捏住筷子的顶端把它拎起来，筷子必定中正自然。另外，虚领顶劲结合气沉脚底，宜有一种对拉拔长的挺拔感、舒松感。

3. 呼吸自然

呼吸要做到深长细匀、轻松流畅，切不可屏气，逐渐要求做到自然呼吸与腹式呼吸相结合的拳势呼吸（将在第四十一式双峰贯耳中与君交流）。

4. 充满自信

常见有的拳友一上来，两脚开立后，不是采用内视法，即以意念来控制脚的方向和位置，而是低头看看两脚是否与肩同宽？是否两脚平行？这种现象不仅如前辈所说的那样"低头猫腰，拳艺不高"，而且也是一种缺乏自信的表现。打太极拳要用意，会内观，而且要有自信心，"心中一自信，气宇不一般"。行文至此，想起三位老师的教导——上海武术馆教研室主任冯如龙老师说："打拳，一上台，老子天下第一。"上海舞校国标舞教师曹洪老师说："一下舞池，我就是白马王子。"当今十大诗家之一杨逸明老师说："诗人要不卑不亢，沉着自信。"因此，我们在练拳时宜充满自信，当然这种自信，并非外露、张扬，更非为人处世中的自以为是、狂妄自大。自信加谦逊，必有小成。

5. "视而不见"，"听而不闻"

前辈提出这条要求的目的，是要求我们在练拳时专心致志，毫不关注周边的动静。另外，在不同阶段（层次），对此宜有不同的要求。对于初学者来说，只要求做到不心不在焉、不看东看西、不听前听后，把心思放在拳法、拳理或用法上。待到动作熟练后，可将意念贯注于内劲的转换变化中，这时，即使有人从面前走过，至多能分清是男还是女，但不知道是张三还是李四。同样，旁边有人说话，至多晓得周边有人而已，却不知晓其讲的是什么内容。真正做到"视而不见"、"听而不闻"，那就是练拳达到运用纯熟，进入下意识的境界（犹如游泳或骑自行车时根本不用想），尽管睁着眼睛看，仍什么也没有看见，听了和没有听见一样，对外界的事物漠不关心，心境完全虚静，这是练拳达到"物我两忘""天人合一"的高层境界，是我们修炼的努力方向。正是：

> 目视不相看，耳听不辩言。
> 物吾宜两忘，心静似深潭。

6. 做预备势时，两脚应开立，不宜并立

理由有四。

（1）杨公在《太极拳术》和《太极体用全书》中明示："两足平行分开，与两肩齐，眼向前视，两手下垂，此太极未动之形式也。""两足直踏，平行分开，距离与肩相齐。"

（2）杨式太极拳第四代传人多为开立步演练、传授。

（3）开立步，裆部自然，为无极势，利于立身中正安舒。

（4）太极拳可表演、能健身，但它毕竟属于武术，显见，两脚开立比并立更为稳定，有利于中定和发劲。

总之，做好预备势，是练好套路的重要一环。"先在心，后在身"，我们要在意念的引导下，静心地调整身体各个部位，做到立身中正、心静体松、精神集中和呼吸自然，尽快地进入演练太极拳的拳势状态，然后开始做起势，并贯穿于行拳走架的始终。

用 法

杨公在《太极拳体用全书》中指出："此为太极拳预备动作之姿势……守我之静，以待人之动。"即是说，此为太极未动的拳式，在静态下做好练拳前的准备，调整身心，静待其动。

太极拳拳架中包含无数之用,每势的用法系假想,千变万化,且见仁见智,本教程仅简述其一种或两种,仅供参考。

检验方法

检验方法就是检查拳架演练是否正确,对此,谈点学练体会,权作引玉之砖。

拳架是否正确的检验方法,可分为自检和他检两种,自检法可分为对镜法和体悟法,他检法可分为目检法和手检法,这样共有四种检验方法。

1. 对镜法

就是自己对着镜子(或摄像机镜头)反复地逐招逐式练习,并在镜中自求瑕疵。这是一种十分简便而有效的方法,因此,我们应把镜子当作自己随叫随到、无私奉献的又一位严师净友。

2. 体悟法

(1)在演练预备势时,感觉好像沐浴的热水从头淋至脚底,周身汗孔随之张开;又好像在晒日光浴,全身关节逐渐舒展,手臂似有稍稍变长的感觉,指尖略有胀、麻或热感,从中体味"松为太极拳之灵魂"。

(2)在演练起势至收势的整个套路中,宜悉心体味劲路的走向、劲别的变化、劲点的转移和内劲的大小。

3. 目检法

就是站在拳友的正面、侧面或隅角,看他的动作是否符合众多技术要求(诸如立身中正、沉肩坠肘、上下相随、连绵不断、手走弧形臂要旋、坐腕展掌舒指、实脚转身、幅度角度等等)。

4. 手检法

傅师说:"太极拳是武术,一搭手便知好坏。"要达到先贤"但依着何处,便以何处击之"的神明境界,必须要有太极拳的两层功夫——知己功夫和知人功夫。如前所述,第一层次知己功夫,是通过正确学练传统套路,才能做到中定和练出内劲,只有把规范的拳架与正确的内劲统一起来,才能说把拳练到了身上。如失重心无定力,不能随遇平衡,又无周身一体劲,只能说尚未真正入门,日后岂能练出第二层功夫,正是"皮之不存,毛将焉附"。现根据傅师的教诲和自己学练体会,把它浓缩成四句话,与君不断共求之:

先调骨架后求松，稳似磐石内劲生。

"方法对头加苦练，功夫上手自然成"。

至于太极拳第二层的知人功夫，须通过正确学练推手、快速单式发劲、抖大杆、对练按挤快速发劲和散推手等，才能懂得听劲、化劲、拿劲和发劲。本教程中建议的检验方法，主要是用手来检验拳友的第一层知己功夫，即拳架（定式或动作过程中）的正确性。其方法是：用手喂劲于拳友身体的作用点（手、肩、背、臀或脚）上，如果他能将所受之力通过全身传递到脚下的大地，岿然不动，或者能顺利地完成动作过程，并使喂劲者失重跌倒，则其走架正确。这是以后要逐势推荐的检验方法。现以预备势为例，浅述如何作手检法。

（1）在拳友背后轻轻碰一下他的前臂，如果像春风拂柳随之摆动，其肩必松沉，其臂亦必松，反之则紧。

（2）用右掌心对准拳友的心口，相距约30厘米，然后缓缓地前推、后拉，如果呈放松状态，其身躯会随之微动。

（3）轻轻地前推拳友的胸部、后推其背或侧推其左（右）肩，不应被推倒。

（4）站在拳友的身前，用双手按住其双腕（或请他面对墙壁，脚尖接触墙根，两腕抵住墙面，在无拳伴时，根据傅师"回去推墙壁，找力点"的教导，可采用这种以墙壁或大树为对手"自己打自己"的喂劲法），然后请他以内劲掤住，如果他全身部位调整到正确的位置上，腕上所接之劲则经肩、脊柱、胯、腿传递至脚底下，形成贯穿一气的整劲，身体便岿然不动，反之则身体会向后倾倒。

第二式　起势

动作过程

动作1　劲从脚起腕引领（图2－1）

意想两脚跟略外碾（内动形不动），似碾脚下的蚂蚁，以利于增加踝关节腔的接触面积，劲路畅通接地气，力自脚起，而腿而腰，催动手腕（拇指侧）引领手臂边内旋边向前向上略向里移至腹前，两臂与地面的夹角约为45度，掌心斜朝里，手指斜朝下。同时松沉肩关节并微微向里转动，身躯微微后移，重心也由涌泉穴微微后移至脚心。眼平视前方。

动作2 内旋上举中指领（图2-2）

两掌继续边内旋边以中指领劲向上向前沿脚尖方向举至与肩同高（傅师说："手指与脚趾之间好像有一根橡皮筋"），与两脚同宽，两臂微屈略呈弧形，肘尖下沉，掌心朝下略偏里，手指朝前微展。身躯继续微微后移，重心也继续微微后移，其比例约为三七开（脚掌为三、脚跟为七）。眼顾两掌，随即平视前方。

图2-1　　　　　　　　　　　　　　　　图2-2

动作3 引进落空臂外旋（图2-3A，2-3B）

松肩、沉肘渐屈臂、渐坐腕，带动两掌边外旋边向里向下采引到胸前，两掌心斜相对，手指斜朝上，成半坐腕状，身躯微微前移，重心移至脚心。平视前方，关顾两掌。

动作4 两掌内旋朝下按（图2-4）

两掌继续渐坐腕边内旋边向里向下向两侧按至两胯侧前方（不要放在身前或胯侧，也不要左高右低或右高左低），掌心朝下略偏里，手指朝前（不要朝前偏里，以免亮肘不得力），坐腕、手臂微屈（不要过屈不到位），身躯微微前移，重心略前移回到涌泉穴。平视前方。

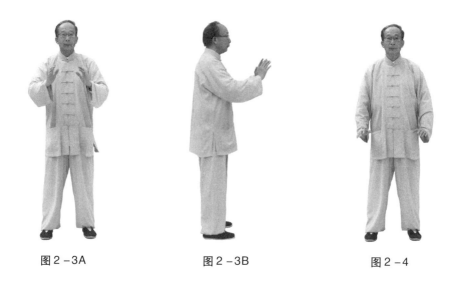

图2-3A   图2-3B   图2-4

要　领

1. 两掌上行时，切不可手腕软塌，手指下垂，成为飘手、丢手、死手，这种练法形似柔美，实则飘浮无力，是练不出内劲的。记得傅师1993年来闵行指导拳术时，见一领拳的拳师两腕软塌下垂做起势，就走开不看了。我问道："老师，怎么不看了?""这种拳怎么看!"傅老师边说边做着"腕懈手垂"的姿势。

2. 上行时，宜意想两掌好像两只拖把向前拖地板，又好像指尖在地上向前画两条平行线，乃至无穷远，以利于节节贯穿、肌肉放松，韧带伸长，还可有效地防治耸肩的常见病。

3. 两掌上行时，用最小的力将手臂领起即可，丝毫不要用多余的拙力；并意想尺骨、桡骨向前向上运行，而手臂上的皮肉好像奄拉松垂地挂在骨头上，有与骨头脱离下沉之感；两掌上行时，亦可意想筋骨往前，皮肉往后。这种"骨升肉降""骨前肉后"的练法，有利于肢体放松，动作既轻灵又沉重，内劲易生。当前臂在作其他拳式的姿势时，亦宜如此要求，愿与读者举一反三之。

4. 上行时，肩为圆心似太阳，手为外圆似地球。

5. 两臂平举后，肘尖须朝下，以利于肩松气沉、骨架正确、内劲通达，不易被人握腕推倒。怎样才是肘尖朝下的正确位置？请君掌心朝上，两臂向前平举，肘微屈，然后转动两前臂的尺骨和桡骨，使两掌内旋至掌心朝下略偏里，此时两肘的位置，就是笔者认为正确的坠肘形态。同时，肘尖宜有一种坠落感、沉重感，好像感受到地球引力的作用。在做起势平举时要有这种感觉，在行拳走架的整个过程中，自始至终都要有这种感觉，这就是拳论中的"坠肘"。

6. 在做动作3引进落空时，宜松肩坠肘，肘尖慢慢对准地面，引领两掌边外旋边坐腕边下来，才能起到引进落空使对方拔根前倾的作用；两肘不宜向后（里）走，以免导致引进落实被人推到。

7. "坐腕，坐腕"，这是傅师在教拳时讲得最多的一个词，并指出"坐不坐腕，味道大不一样"。坐腕，就是手掌下按或前推至定式时，腕部应微微下塌，此时掌心应随之微张、手指微展，有助于气血贯注指梢、内劲充盈和提高攻击力。我们在做起势下行坐腕时，还宜缓慢匀速（手背与前臂的夹角，宜由动作2的180度，逐渐坐至动作3的150度，笔者谓之半坐腕；及至动作4定式时的约120度，为坐腕），不要在开始做动作引进落空时一下子坐腕到位成立掌（指尖朝上，掌心朝前），以免出现速度不均匀、虚实不清、动作呆板僵硬等弊病，而且容易被对方推倒。另外，腕要坐，但不要坐过头，以免气血断、内劲丢。

8. "手走弧形、臂要旋"，这是一条非常浅明、十分重要、但是却易被众多演练者忽视的拳理。

手走弧形。太极拳手掌的运行轨迹多为圆弧形，有整圆、半圆、立圆、平圆、斜圆和弧线。我们在做起势的两掌上行时，以肩为圆心，其运行路线似呈1/4圆的外弧形；两掌下行时应遵循傅师的教导"边向里收边向下"，呈内弧形，与上行的弧线组成一个犹如橄榄状的长椭圆形，这就是拳论中的"手走弧形"。据观察，在上行时，可以说每位拳友都能做到手走外弧形，但下行时能打出内弧形的就不多见了。因此，下行时不要先往里再往下按，以免引进落实和手走直角；也不要像坐滑梯那样，手走直线径直而下。

臂要旋。傅师教导我们说："手的动作好像拧木螺钉，边旋转边向前，才能拧入木头中。"即是说除了预备势之外，在绝大多数动作中（除穿掌等个别拳式外），两掌在做弧形运动的同时，两前臂还应连绵不断均匀地（越均匀越好）内旋或外旋。拙著中以后凡提到手（掌或拳）的旋转，均为手随前臂的桡骨、尺骨而作内旋或外旋，内旋是拇指朝手心方向旋转，外旋是拇指朝手背方向旋转。反之，如果练拳不旋臂，也难登太极殿堂，非危言耸听也，因为旋臂有以下五个作用。

（1）手臂好像拧毛巾那样旋转，使气血运行贯注指梢，产生胀、麻、热或放射的感觉，有利于静脉血液回流至心脏、疏通经络，起到祛病强身的作用。

（2）意到、气到、劲到，一旦有了气血运行感，练出内劲，且日益充盈，则拳味淳厚，练拳成了一种享受，练了还想练，"好像吃了一调羹炒虾仁，还想吃"（傅师语）。

（3）增强手臂肌肉和关节的锻炼效果。

（4）旋臂，可发出充盈而多变的内劲，犹如毛巾的拧绞比挤压更易于使水分流出；旋臂，有助于劲点的转移；旋臂，又利于接劲、化劲和发劲。

（5）"两手转来似螺纹"，功夫日久，随着旋臂转腰胯会产生质量越来越高的螺旋劲，这就是拳论中的"力走螺旋"，有利于变被动为主动、小力胜大力，才有可能体现拳论中的"四两拨千斤"。正是：

> 如同来复线，转动向前钻。
>
> 劲自足跟起，踝腰腕要旋。

做起势时，傅师再三说："不要平上平下"，宜旋掌三次，即上行时两掌内旋掤举，下行时先外旋引采，再内旋下按。傅师说："坐不坐腕，味道大不一样。"同样，旋不旋臂，拳味也大不一样。

9. 上肢端引法。下面结合起势，与各位拳友交流一个学练体会：当手向上或向前运行时，宜以手引领，有助于做到沉肩坠肘；当手向下或向后运行时，宜以肩肘引领，有助于做到两臂松沉。笔者把这种方法称之为"上肢端引法"。例如做起势，当两掌上行时，意在掌，以掌带肘；当两掌下行时，意在沉肩坠肘，引领两掌向里向下运动。在演练白鹤亮翅、搂膝拗步等其他拳式时也宜作这样的意想，将有助于沉肩坠肘、两臂松沉，内劲易生，请君不妨一试。正是：

> 手行向上、外，宜以掌为先；
>
> 手掌朝里、下，肘肩引领还。

10. 当两掌弧形朝前时，命门宜略后鼓，身躯微微后移；当两掌弧形里收时，命门宜略前收，身躯又微微前移，这就是所谓的"有前则有后"。但是，请拳友们注意，这种移动是极其细微的，切莫显露，在拳论中称之谓"形不外露，功蕴于内"，用傅师的话来说："自己能感到，别人看不出。"有形有迹则过！

11. 速度均匀，这是演练太极拳的又一要点。在做起势时，请拳友不要练成上行快（10 秒左右）、下行慢（达 15 秒，甚至 20 秒左右），上下行的时间应一致，且要均匀。

12. 两掌上行时可意想掌心吸住一只气球或两手缓缓从水中浮起，下行时可意想将气球压入水中或两手慢慢在水中沉下，以利于动作松柔、易出内劲。

13. 关于手掌的虚实。杨公在《太极拳术十要》中指出："太极拳术以分虚实为第一要义，如全身皆在右腿，则右腿为实，如全身在左腿，则左腿为实。"对于手掌的虚实，一般理解为至拳式定式时为实，在运行过程中为虚，这是正确的演练方法。但在运行过程中，窃以为还有一种极限位置（不能再延续的分动折叠处）时的手掌宜为次实。例如，做预备势时，为虚掌，手指自然弯曲（其弯曲度傅师教我们用双手抱头），劳宫穴内含，掌心微凹，内劲为弱；当起势手掌做动作 1、动作 2 平举至与肩同高时，手掌宜渐渐变为次实掌，手指微展，大、小鱼际微开，劳宫穴微前推，内劲为次强；当做动作 3 引进落空时，又渐渐变为虚掌；当做动作 4 内旋下按至两胯侧前方的定式位（必定也是极限位）时，逐渐由虚掌变为实掌，手指沿着指尖方向舒展，大、小鱼际拉开，劳宫穴前推，呈展掌舒指状，内劲为强。总之，手上的虚实分得越细微，健身效果就越好，拳味就越浓，造诣就越高。点滴学练体会，供君练套路时参考。

14. "形于手指"，这是杨公名言（其根在脚，发于腿，主宰于腰，形于手指）中最后的一句话，也是一条易被拳友忽视而又十分重要的技术要求。

（1）形于手指的形有两种，一是有形的形，二是无形的形。有形的形有四种状态，如上面第 13 条要领所述，手指一般有自然微曲、微展和舒展三种状态，还有一种状态是手指自然伸直（谓之四骈指，仅在海底针、白蛇吐信和穿掌定式时出现）；无形的形系指把意念和内劲（内气）贯到手指，催动手指有形的变化。

（2）练拳时，手指似在呼吸呈阴阳，是"活指"，宜不断地作细微的变化。

（3）请勿把"形于手指"四个字理解或练成"形于手"三个字。

（4）在演练套路过程中，如果细品（品茶的品，品茶时应将茶水在口中转三转后咽下）"形于手指"，将会延长演练的时间，符合杨公关于"练架子越慢越好"的论述。对于"静心慢练"，请参见拙著《杨式太极拳学练释疑》第 164 ~ 168 页，不再赘述。

用 法

两掌上行，掤粘来手，待机反击，以掤劲将对方抖出；两掌下行，先采后按，引进落空，化力借用，以挂劲拔其根。

劲 点

在浅述劲点之前，与读者一起学习傅师有关内劲和劲点的教导："初学太极拳时，首先要把整套的所有动作和姿势都做准确，然后在做每个动作的同时还要练习运劲""太极拳的劲点是随着动作的不断变换而不断转移的""如数手指""这里所指的劲点，并不是就在此用力、使劲或紧张，而是仍然要求肌肉放松，动作缓慢、柔和，并仍须按照共同要点来做动作。至于运劲，也是'先在心，后在身'，以意贯于这个部位，意到劲到，意之所注处就有所感觉。这也是'内外一致'的一种锻炼方法"。傅师的这些论述，与拳论中的意念指挥、以心运气、以气运劲、意到气到劲到是一致的。内劲固然有劲别的差异，有劲力大小的区别，但在运动过程中始终宜含内劲、连绵不断，不可时断时续，特别是在动作折叠、劲别转换时，应不露痕迹。太极刀术中有"十三势刀如一刀"的拳谚，傅师也有"一式太极拳"之说，即是说，八五拳式似一式，演练自起势至收势的所有动作时，应有松柔的整体劲，且把劲吊牢、时强时弱、连绵不断，犹如放风筝时手中一直拉着绳子，犹如舞动绸带时始终在空中随手飞舞，又如大海中含而不露的波浪劲。对于如何练出内劲，请参阅拙著《杨式太极拳学练释疑》和《杨式太极拳答问》中的有关章节，不再赘述。至于每式的劲点及其转移，又是仁者见仁，智者见智，下面参照傅钟文恩师对揽雀尾劲点所在部位和"数手指"的教导，浅述每一拳式定式时的劲点或动作过程中劲点的转移，供君参考，尚请指正。

当做起势的两掌上行时，傅师指出："首先把注意力放在提腕上，要以意运臂，以气贯到指。"劲点宜由两腕（拇指侧）经拇指、食指、中指、无名指、小指至手背；两掌下行时，劲点宜由手背经拇指、食指、中指、无名指、小指、小鱼际至掌根（小指侧）。

检验方法

兹将起势分成上行、平举、下行和定式四个阶段来检验拳友的动作是否正确。

1. 站在拳友的身前，用双手握其双腕，并向前推压喂劲，如果他能在上行时，于不丢不顶的状况下，使我的重心移到脚跟，并很轻松地使我后倾失重，则说明他上行的动作正确；反之，他的两臂被我压住，动弹不得。

2. 当拳友的两臂平举时，可用中指轻压他的腕背，如其含有掤劲，此时其手臂应富有弹性，随之有轻微地上下摆动。另外，用双手握住拳友平举的双腕，并向前（北）喂劲，不应被我推动。

3. 当拳友平举的两臂下行时，继续推按其双腕，如果他不仅不被我推倒，而且将我的劲力引进化解，使我按劲落空，身体前倾，脚跟拔起，则说明他下行的动作正确。

4. 当下行至定式，拳友的手掌在不用力往下顶的情况下，不应被我托起。定式时，站在拳友的右（左）侧，推按其髋骨，应四平八稳，稳如泰山，不被推动。

第三式　揽雀尾

杨公在《太极拳体用全书》中写道："揽雀尾是太极拳体用兼备之总手。"也就是说，揽雀尾这一拳式是太极拳拳架和推手基本的、典型的综合动作。傅师也曾指出："把揽雀尾练好了，就等于学会了1/3的套路，所以揽雀尾这一式必须学好。"杭州朱廉方老师（笔者曾偕5位弟子赴杭请教）说："我给你们讲解揽雀尾一式，其他的拳式，你们回去举一反三"。

在整个套路中，揽雀尾将重复8次，其中揽雀尾3次，上步揽雀尾3次，斜揽雀尾（在抱虎归山中）2次，其不同之处，将在第七十五式上步揽雀尾中浅述。

揽雀尾由左掤、右掤，捋、挤、按5个分拳式组成。

（一）左　掤

左掤是整个套路中不容易练好的拳式之一，夸张一点说，如果谁把左掤练好了，那么他后面的拳式也可以不看了。为什么？信得过！为了把左掤的练法表达清楚，我把它分解成4个动作。

动作1　左抄斜掤脚外撇（图3-1）

上接起势。侧蹬左腿，重心微右移，左膝始终对着左脚尖，不可里扣，以保证下盘不散；以右脚跟为轴，向右实腿沉转，使脚尖外撇45～60度，脚尖朝向西南或西南偏西，右膝应对着右脚尖随腰胯右转一起向右转动，与此同时，右腿微微下蹲，这时，右脚跟应有向下、向右拧转入地三尺之意，当右脚掌着地踏平，左脚跟随即略离地。收沉右胯，腰胯右转30度，身躯朝向西南偏南。左掌边外旋边向右偏上抄至左下腹前，掌心朝右偏下；右掌宜以右肘为轴随腰胯右转边外旋边经右腹右前上方斜掤至心口前约40厘米，掌心斜朝下，含掤劲，粘住对方手臂。眼随转体平视。

动作2　提脚回抹似抱球（图3-2）

重心继续右移，坐实右腿（重心100%在右腿，这时，胯宜找到脚跟，且与右肩井穴宜在同一立轴上，以利独立稳定）并继续微微下蹲；腰胯继续右转15度（身躯朝向西南）左脚随腰胯右转提起（左脚跟先离地，这叫腰带脚，是实施"腰为主宰"的一条细则），脚尖自然下垂。左掌继续边外旋边向右偏上抄至肚脐前、右掌下方，以手腕（拇指侧）截粘击我腹部之来拳，掌心朝右略偏上，称为抄手；右掌随肘尖边沉边屈臂边内旋边向右向里向左略向上像石磨子似的磨转一个小圈（"这个小圈很难打出来。"傅钟文恩师甚至还说："这个小圆圈，上海滩很少有人打出来"，这个小圈是傅传杨式太极拳风格的特征之一）弧形抹转至右胸前约20厘米，掌心朝下偏左，含抹劲，正好与左掌上下相对成合手，两手相合似抱球，腕高于肘、低于肩，即高（肩）中（腕）低（肘）。眼视前方，关顾右掌。

动作3　开胯出脚似抱婴（图3-3）

右腿继续微微下蹲，随着腰胯左转约15度，松开左胯，左脚尖自然向前探出，脚跟轻轻着地，脚尖朝南稍跷起，这叫右腿腰胯送左脚。两掌顺势合再合至两腕上下相对于身体中线前，两腕相合似抱婴，这时，左掌边内旋边合于右上腹前、右肘下，掌心斜朝下；右掌边外旋边合至左锁骨前、左肘上，好像瞬间的扶臂挤（但切莫把左掤手练成挤手），掌心斜朝下（与左肘弯相对）。眼视前方。

图3-1   图3-2   图3-3

动作4　左掤右采侧弓步（图3-4A、B，图3-5A、B）

左脚内扣近45度踏平，脚尖朝向西南，两脚平行或基本平行，左脚尖与右脚跟在南北同一条经线上；蹬右腿，撑左腿，沉左胯，重心渐左移，腰胯右转约60度，身躯朝向正西，"切莫身左斜"（傅师语），成左侧弓步。左前臂以肘为圆心，左掌边外旋边向左向上向前经右掌下方（两掌心接近）弧形掤至左肩前，不要以左肘引领掤出。傅师教拳时，要我用右手握住左上臂，然后掤出，并边示范边教导说"这才是左掤手"，这种练法符合"走手不走肘"的拳理；傅师又教导说："定式时排在后面的人看不见你的左掌。"也就是说左掌在肩前，不要掤至身体外侧，以免动作散野。这时，左臂微屈，肘尖下垂、略低于腕，掌与肩平，掌心朝右偏上（掌心不宜斜朝上，以免把掤手练成挒手），手指朝西，手背与前臂外侧宜在同一平面上，做左掤时用横劲掤对方肘腕间、胸口或腋下，结合左脚的套封，使其向右倾倒；右掌边内旋边"经左掌上方"（傅师语）向右下方（不宜向外兜圈子）采至右胯侧前上方，掌心朝下略偏左，坐腕，右掌右采以助左掤之势。眼随转体平视前方，关顾两掌左右分开。

左掤是一个一波三折的拳式，为了进一步说清楚左掤式的练法，在上述4个分解动作的基础上，再对脚腰手分别进行叙述。

首先，右腿逐渐下蹲，假设起势时的身高为170厘米，而左掤定式时的高度为

150 厘米，对这个 20 厘米的高度差，宜分 3 次连续下降。即右脚外撇时下降约 10 厘米，腰带左脚提起来时下降约 5 厘米，左脚迈出时再下降约 5 厘米，做到下蹲连绵不断。不要先不下降，等腰胯右转到西南或左脚迈步时才突然下降；也不要先一下子降至 155（或 150）厘米，再右转身、撇右脚、出左脚。其次，左脚随腰胯右转先脚跟离地、提起，再随腰胯左转送出，脚跟先着地。再次，左脚迈出时，不要先里扣 30～45 度再出步，以免移动腿僵滞，而宜迈出后在腰胯带动下里扣 30～45 度，左脚踏平后，左膝微弓，重心略微前移，扣脚移动重心时，人体的高度宜不变；然后蹬右脚、撑左脚，重心务必逐渐地（1－2－3－4－5－6－7）左移，及至形成左七右三比例的左侧弓步。

图 3－4A　　　　　　图 3－4B　　　　　　图 3－5A　　　　　　图 3－5B

腰胯连续转 3 次，即右转带手做抄和斜掤，继续右转带左脚提起；再略左转（其主要目的是开左胯）同时出步，使移动腿呈放松状态下探出，以利于"迈步如猫行"。请谨记不要练成转好后再迈步，也不要转得太多；然后腰胯右转约 60 度，两手作左掤、右采。

左掌宜旋转 3 次，即左掌向右偏上抄至成合手时为外旋，在合再合成似抱婴时宜内旋，然后边外旋边向左前上方掤出，掌心朝右偏上成左掤手；另外，左掌在做抄手、合手、合再合时，左臂宜逐渐弯曲，大小臂的夹角由 170 度左右减小至 120 度左右，以免夹腋；当做动作 4 左掤手时，左臂逐渐伸展至大小臂的夹角约为 170 度。右臂宜旋转 4 次，即自起势做斜掤时为外旋，做回抹时为内旋，做合再合

（似抱婴）时为外旋，做下采时为内旋；另外，右掌在做斜掤、回抹和合再合时，犹如车行盘山公路、盘旋而上，然后向右下方做采手。

上述身高渐低、重心渐移、腰胯渐转、前臂渐旋、两掌渐合渐开的练法，符合"阴阳渐变似双鱼"的习拳准则之一。

要 领

1. 做动作 1 右脚外撇右转身时，浅述五点，供君参考。

（1）侧蹬左腿，重心渐微移，为实脚转身，实脚转身是傅师传杨式太极拳的一大特征（将在单鞭式中论述）。

（2）侧蹬左腿，结合腰胯右转和松肩旋臂，有利于产生左抄劲和斜掤劲。

（3）侧蹬左腿时，宜撑右腿，两腿犹如一根 U 形钢筋倒插在地，两腿似一腿，两脚互为其根，不易被人推倒。

（4）侧蹬重心右移时，宜进一步意想劲自左脚底起，向上经左踝、左膝、左胯、右胯、再向下经右腿至右脚，内劲犹如热水从左脚流到右脚。这种下肢劲力传递法，有利于做到劲自脚起易生根、上下相随出整劲、动作缓慢拳味浓和重心渐移如双鱼（而非跳跃突变），这种拳法宜贯穿于做弓步、坐步、虚步和马步的整个套路中。

（5）右脚外撇应以腰胯右转带动，而非主动外撇。

2. 右掌斜掤时，应做到以手引领和前臂外旋，不要腕肘同时上行，右掌也不宜水平提起，更不可内旋，以免抬肘、耸肩。

3. 当做动作 1 斜掤右转身时，宜采用同心圆原理，即以人体的中轴线（百会与会阴的连线）为圆心，胯（肩）为内圈，肘为中圈，手为外圈，犹如石扔湖中，水纹一圈圈向外扩散，这是实施"上下相随"和"腰为主宰"拳理的一条运转细则，也是提高健身效果和提高武艺的一条颇为重要的技术条件，同样适用于野马分鬃等其他拳式，亦请读者诸君举一反三。

4. 左掌在做抄手时，傅师说"左掌一开始就要翻转"，即手臂应缓缓外旋，不要外旋过快似水中捞物，更不要不外旋（掌心始终朝下）向右平带似抹桌子，以免不符拳理和用法；接着做动作 4 左掤手时也应连绵不断地、均匀地外旋，及至掌心朝右偏上，这也是练出内劲、步入太极殿堂的又一道门槛。另外，在抄手、掤

> > > >

手往返折叠之际，宜向上划一个小圆弧过渡，以便劲别转换时劲力连绵不断。

5. 右掌斜掤、左掌右抄时应以腰胯右转带动，不要以肩转来带动，以免导致肩胯不合成拧腰和上下脱节无整劲。

6. 当做动作 2 第一合时为手脚齐合，当做动作 3 时的第二合再合时为手合脚开（迈出）。

7. 当做动作 3 左脚迈出时，请君端起骨盆，切莫前俯。当左脚着地后，宜含微微的撑劲；在做动作 4 重心左移弓左腿至定式的过程中，这个撑劲宜不丢，以利于植地生根、内劲充盈、尾间中正和上下相随。

8. 做动作 3 两掌合再合成似抱婴，有以下四个作用。（1）可有效地防治迈左脚时两掌"抱球"不动成为"死手"的常见病。（2）脚动手动，符合"一动无有不动"的拳理，使动作顺畅。（3）右掌好像将左脚压出去，以符合"上下相系"的拳理，有助于左脚前迈之势。（4）有利于做下一动作时能更好地开，即更有效地作左掤手和右采手。

9. 当左掌在合再合做剪掌（动作 3）时，还应做到以肘为圆心（以肘为轴），走手不走肘，即两手合再合后，左臂呈弧形，大小臂的夹角约为 120 度，傅师谓之"左肘稍屈"，这种练法可有效地防治左臂夹腋的毛病；同时，有利于演练下一动作做掤手时，确保做到以肘为圆心，以前臂为半径，手走弧形约 50 度，傅师边做边说："这才是左掤手"，才能练出左掤劲。因此，请不要把单手掤练成双手挤或双手掤，左手到位不动成"死手"，然后任凭右手右采，把左掤右采练成独臂将军——右采手。

10. 两掌在做动作 3 出脚剪掌时，傅师教导说"出左脚时才两腕相交"，上下协调一致。另外，两掌应速度均匀，不宜突然快速合再合，更不可"抱球"不动成"死手"。

11. 在做左掌向左前上方掤出（动作 4）时，应做到"手走弧形臂要旋"，"走手不走肘"和"左掌要领起"（傅师语）的上肢端引法，不宜练成左掌不动、不旋或内旋、整臂掤出或以左肘在前引领，以免左掤劲大打折扣、劲点位置有误、抬肘耸肩而被人所制。

12. 在做动作 1 斜掤、动作 2 抱球和动作 3 似抱婴时，右掌宜不断地盘旋上升，而身体宜不断地螺旋下降，两者似有背向而行之意，以利内劲充盈，这就是拳论中的"有上则有下。"

13. 当右掌在作斜挪时，傅师说"好像把井中的水吸上来"，且与右胯收沉宜有对拉之意，以增斜挪劲。左掌在抄手时，好像在池中抄水。当做合手时，意想两掌中间有弹簧。当两掌在分开做左挪右采时，意想有对拉抽丝劲，两掌好像在缓缓地抽蚕丝、拉橡皮筋或泡泡糖。正是：

> 对拉拳架走，似把蚕丝抽。
>
> 勿要丝抽断，轻匀缓与柔。

14. 动作4左掌作左挪时，与右胯收转宜有对拉之意，以增左挪劲。

15. 左挪定式时，左手拇指不可外跷，以免"一指紧、全身紧"，何来左挪劲?! 定式时，左肘宜自然下沉（不宜朝左），且低于左腕，以利于松肩和遇力易化；定式时，左手背与左前臂外侧是平的，不宜凸腕，以免手瘫劲丢。

16. 当左掌挪到、右掌采到的同时，左腿应弓到，身躯也应转到位——朝向正西。但我们绝大多数拳友（包括笔者）在演练这个动作时，犯的错误是左腿先弓到，腰胯也先转到位（身躯朝西），然后两掌笃悠悠地左挪右采，显见，这种脚、腰、手脱节的现象，不符合"上下相随"的拳理。杨公在《太极拳说十要》中明确指出："手动、腰动、足动、眼神亦随之动，如是方可谓上下相随，有一不动，即散乱也。"傅师再三教导说："弓到、腰到再动手，充其量也只是手上的功夫，所以教法中要着重上下相随的教学。"的确，这种肢体脱节、各自为政、支离破碎的练法，只能发出局部肌肉的力，练不出周身一体的整劲，不是完整一气的太极拳，难以登堂入室，言重了。正是：

> 上下须相从，才能内劲充。　　　腿腰到位停，通病手独行。
>
> 同仁如马虎，难免毕生空。　　　杨式拳一套，难习数左挪。

如何防治上述脚、腰、手脱节的常见病？在思想上做到拳思缜密，严格教，认真学，虚心改。在技术上做到"两个不主动"，即手不主动挪（捋、按、捌等），应随腰胯的转动、主力腿的前蹬（后撑）而动，也就是说，腿不蹬（撑），腰胯不转，手就不动；膝不主动弓（坐），前弓时应后腿蹬、前腿撑，后坐时应前腿撑、后腿蹬，侧移时也宜互蹬撑，以利于重心连绵地、均匀地转移，这是一种基本技术，也是一种高级技巧。的确，由脚而腰形于手指，此乃前辈的经验总结，乃不易之论，但它们三者之间的时间差是极小的，犹如开电灯——按钮、通电、灯亮。

17. 左掤定式时，有两种练法，即一种是身朝南、左弓步，另一种是身朝西，侧弓步。这两种练法均为杨公所传，唯先后而已，我辈可按各自的师承演练、传授，"君子和而不同"（至圣先师孔子语）。

用　法

左掌先抄，以防击我腹部之来手，随之"以我之腕贴彼之肘腕中间，用横劲向前往上掤去"，令其跌出；右掌先掤，粘住击我胸部之来手，使其落空，随之向右侧下采，以助左掌掤出。左脚前迈、踩、勾对方下肢。

劲　点

左手的劲点由掌根（小指侧）依次经小指、无名指、中指、食指、拇指、手腕内侧（桡骨侧）及至腕背上部（桡骨外侧），右手的劲点由掌根（小指侧）依次经手腕外侧（尺骨侧）、腕背、拇指、食指、中指、无名指、小指、小鱼际及至掌根（小指侧）。

检验方法

1. 做动作1右转身时，站在拳友的左侧按其左髋向前（西）推，其在转身之前，不应被推倒；其在转身时，犹如推在圆桶上且有沿切线滑出之感。

2. 做动作1斜掤时，站在拳友的右侧，用双手按住其右肩和右肘，如果被其掀至西北方向，说明其掌握了同心圆原理；反之，则被我按住，动弹不得。

3. 在做动作4左掤右采时，站在拳友的左侧，按住其左肩和左肘，他（她）如能轻松地完成动作，说明其练法正确。

4. 至定式时，站在拳友的左侧推其肩头，不应被我推动，且有推在墙上的感觉。

（二）右　掤

动作1　转腰带脚斜抱球（图3-6）

收沉左胯，重心渐渐全部移至左腿；腰胯左转45度（身躯朝向西南），右脚随腰胯左转时弧形提起，脚尖自然下垂。左掌边内旋边随左肘向左后方捆沉下采至左胸前，掌心朝右偏下；右掌也随腰胯左转边外旋边向左偏前弧形抄至右下腹前（不宜超过身体中线），掌心斜朝下，位于左掌右下方，与左掌斜相合，似侧向斜抱球状，不宜练成前后斜抱球（右掌心朝后上方，左掌心朝前下方）或上下抱球，更不要练成两前臂上下交迭，以免继续做右掤时无臂可旋（或练成内旋），以及手走锐角等弊病，导致内劲大减、劲路（劲点）有误。眼顾左掌下采，随即平视前方。

动作2　右掤左推弓右腿（图3-7、图3-8）

右脚向西迈出（迈出时不要收进至左踝旁，而是提腿后弧形迈出），蹬左腿，撑右腿，成右弓步，两脚跟内侧的横向距离近20厘米（假设拳友的身高为1.7米）。腰胯右转约35度，身躯朝西偏南。右掌继续边外旋边向前（西）上方掤至体前，高与肩平，掌心朝里（东）偏上，与印堂穴斜相对，似照镜子，腕略高于肘，中指与前臂在一条线上，右腕不要前凸，中指（手掌）不要呈水平状，更不要斜朝下，以免造成无掤劲的丢手，虎口朝上，好像叉人喉咙，右肘宜与右膝上下相对；傅师指出："左掌放在（右）腕关节梢下，（随）右臂向前推出"，即左掌继续边内旋边随右掌向前略偏下推出，置于右腕关节稍下偏后，为双手掤（前面的左掤为单手掤），左掌中指尖相距右腕（小指侧）约2～3指宽，指尖朝向右脉门，掌心朝前偏下，坐腕，傅师又教导说"左掌不要卧倒，要竖起，才能产生衬劲"。因此练右掤时，左掌不要附于右脉门，以免把右掤式错误地练成挤式（详见《杨式太极拳学练释疑》第十三节关于前辈挤式拳照和图片的质疑）；反之，两掌也不宜相距太大，把双手掤练成单手掤。平视前方，关顾右掌前掤。

图3-6　　　　　　　　　图3-7　　　　　　　　　图3-8

要 领

1. 右掌向左做抄手时，应做到腰为主宰，也就是腰带脚、腰带手，此时好像是右手把右脚牵起来，这种腰带手脚、手牵脚的练法，在拳理上称之为"上下相吸"是实施"上下相随"的细则之一。

2. 当动作 1 右脚提起时，宜左胯找左脚跟，且有对拉之意，在外形上，左脚、左踝、左膝、左腿和左胯的外侧宜在同一垂直平面上，既利于左脚支撑稳定不摇晃，做到"迈步如猫行"；又利于顺应人体的生理结构，即膝尖与脚尖的方向相一致，切不可左右扭动，以免造成膝关节及相关韧带的损伤。另外，在提右脚时，提请同仁（特别是拳师）切莫身体上窜犯起伏的低级错误！

3. 右掌做左抄和前掤时，均应做到走手不走肘，以免耸肩。

4. 当右掌向前上方掤出时，意想以手引领，有利于沉肩、坠肘、松臂、去拙力，久而久之，会出现右臂沉重的感觉（犹如在托熟睡者的手臂时，又如与高人搭手时，有一种沉甸甸的感觉），产生松沉劲，这就是拳论中的"由松入沉""轻灵又沉重"。

5. 在做右掤的整个过程中，请广大拳友（含笔者）注意：右掌和左掌宜不断地外旋和内旋，且越均匀越好。唯有这样，才算符合"臂要旋"的拳理，右掌的劲点才会连绵不断地从掌根依次经小指、无名指、中指、食指、拇指及至腕背上部（桡骨侧），在做动作 2 右掤左推弓右腿时，不宜不旋臂或内旋，以免掤劲减弱或劲点有误；左掌的劲点才会连绵不断地从腕背上部（桡骨侧）依次经拇指、食指、中指、无名指、小指、小鱼际及至掌根，不宜向前平推。以免无螺旋劲，劲点无转移。

6. 做动作 2 右掌前掤时，与两锁骨宜有对拉之意，使掤劲更加充盈；右掤将至定式时，右掌与左掌宜略有上挑与下压的对拉之意，以增掤劲。

7. 右掤定式时，应两臂掤圆，且富有弹性和张力，支撑八面，既能掤发，又有保护自己的作用，正如傅师在教右掤时形象地指出："两臂圆撑似羊圈，不让狼跑进来。"因此，定式时，右臂不要呈三角形；也不要把掤手练成野马分鬃中的捌手，即右掌不要在右肩前，掌心斜朝上，手臂伸直；更不要把掤手练成捋式中的抱臂，即右掌不要在右肩前，掌心斜朝下。定式时宜掤住，即意劲向前，然后又能把它收回来，似放风筝劲不断。

8. 蹬中有撑渐前弓。傅钟文恩师指出："要前去之中必有后撑，否则不能加强反射力量。""前去之中，必有后撑，脚好像植地生根，底盘稳固，拳才得力，下部才能得机得势。""身手腿前去时，裆劲下沉，足底着力，使力经脊背透达到掌指直射。"这就是说，凡做弓步时，当意想（并非用拙力）后腿向前蹬展，前腿应有向后屈撑之意，膝盖切莫主动前弓，如此意想一蹬一撑，使大腿外侧肌肉着力、两踝向左右呈开势、脚跟入地和裆圆，两腿关联似张弓，即两腿犹如一根竹爿（pán，劈成片的竹子），两头插在地上，裆似桥拱，两脚互为其根，前腿似有阻力地渐渐前弓，起到缓冲和增强反弹力的作用，再结合腰胯的转动和大腿内旋，两腿就会相向拧转，才能产生植地生根的扣劲，才能练出周身一体的整劲。因此也可以说，打拳是用脚来打，行拳走架是往地下扎根的过程，根越深则内劲越充盈，正是根深才能叶茂；反之，脚下没有，手上必空。这种把意念关注于后腿蹬展前腿屈撑的练法，还有助于在松沉中连绵不断地转移重心和传递内劲，可有效地防治腿先弓到、手还没到位、上下不相随的最为常见的弊病。正是：

腿似一竹爿，两头插菜田。　　　　后腿向前蹬，前足要后撑。

双足根入地，内劲有渊源。　　　　练出一体劲，又治早弓成。

另外，在后蹬前撑做弓步时，锁骨宜有后移之意，以利于立身中正，肩胯相合和对拉开劲。

9. 弓步，在太极拳中是使用最多的一种步形，弓步的一般要求如下。

（1）前脚尖直朝前方，不可稍斜，以免"差之毫厘，谬之千里"；前腿屈膝前弓，膝尖与脚尖的方向应一致，大腿斜向地面，大小腿之间的夹角不可小于90度；傅师又指出"弓步时腿的曲度以小腿垂直为准，超过就是过劲"，即是说，小腿宜垂直于地面（膝尖不要超过涌泉穴，切切不可超过脚尖成跪膝！以免有失中定、脚跟浮起、下盘不稳、为人所乘、劲不通畅手上空和膝盖容易受伤），以便劲力传递的通道顺畅，易生整劲，且不会损伤膝关节；诚然，小腿不可前倾，但也不可后倾，以免动作不到位。后腿的膝关节应保持曲蓄状态，以利于下肢富有弹性、大腿后部肌肉放松和髋关节转动灵活，后腿不可呈笔直和折弯状，其微屈的程度，宜取决于骨盆端起尾闾中正和劲路通畅；脚尖斜朝前，与前脚尖的夹角为45～60度，窄弓步宜为60度，宽弓步宜为45度；全脚须贴地，脚掌外侧或脚跟切莫离地。

（2）两脚跟内侧左右的横向间距（以下简称两脚横向距离）因步形、用法和身高而异，对身高 1.7 米者来说，顺弓步（出手、出脚在同侧，如左手、左脚在前的单鞭式）约为 10 厘米，为"窄弓步"；拗弓步（出手、出脚在异侧，如右手、左脚在前的左搂膝拗步）约为 20 厘米，为"中弓步"；对于以发横劲为主的拳式（如野马分鬃）近 30 厘米，为"宽弓步"。对于两脚的横向间距，拳师们均要求不可站在一条线上呈"走钢线"状态，这是对的，患此毛病的拳友也很少见；但是，两脚横向间距过大的现象时有发生，横距过大，则易造成肩胯不合身扭曲、重心偏倚失中定、方向不准劲力减、转换不灵起强劲等弊病。为此，我们在练拳时宜记取中庸，勿"左倾"、勿"右倾"。儒家所倡导的"中庸之道"，也是练拳四大准则（松静、自然、阴阳和中庸）之一，是指无过无不及，把握处理事物和行拳走架恰到好处，是把握"度"的准则。

（3）两脚前后的纵向距离，由拳架高低决定，即拳架高，步距小；拳架低，步距大。走笔至此，提请广大习练传统杨式太极拳的拳友，切莫步入误区，即不要一味地去追求低架子、大步幅，以免产生下盘僵滞、身形不整、失中定、身紧无内劲、拳架起伏、转换不灵、动作间断起强劲和易伤膝盖等弊病。要知道，太极拳是内功拳，追求的是处处中定稳似山、时时内劲连绵含，这是太极拳的第一层功夫，且"功夫是没有边的"（傅师语），切莫把外家拳慢打当作传统杨式太极拳！

（4）身躯正直、胯开（合）裆圆、重心降低，以提高步形的稳定性。

（5）拗弓步，两胯呈合势；顺弓步，两胯呈开势。

（6）弓步两腿的承重比例，约为前七后三。

（7）身体重心的垂直线，宜落于两脚跟的连线的前 1/4 上（近前脚跟）、支撑面内，以利于重心稳定，不宜偏倚落在前脚跟上，也不宜落在两脚横向距离的中线上。

（8）两脚的外缘为实，内缘为虚，谓之"外实里虚"，以增稳定性。

用 法

左掌先沉采对方之腕、以肘击近身之人或护左肋，然后随右臂向前推出；右掌先抄，以防击我腹部之来手，随之右腕背向前掤架对方腕背，似同单推手的搭手，使彼不能进，以观其变，或掤发或捋化，随势而用，因此，掤法具有攻防兼备的作用。

劲　点

右手的劲点由掌根依次经小指、无名指、中指、食指、拇指及至腕背上部（桡骨侧），左手的劲点由腕背上部依次经拇指、食指、中指、无名指、小指、小鱼际及至掌根。

检验方法

1. 当拳友左掤接做右掤左转身时，在其左侧用双手按其左肩和左肘，应按不住他，且被其抻采而失重。

2. 当拳友右转身掤出时，在其右侧用双手推其肩和肘，不仅不被我推倒，反而被他掤化而失重。

3. 定式时，与拳友作搭手（练习推手时，互相以右腕背相搭），检查其手含僵劲还是弹簧劲。喂劲时，其动作正确，则巍然不动；反之，就掤不住，动作变形。

（三）捋

我把它分解成三个动作来说，一抱臂，二引进，三落空。

动作1　斜进正出成抱臂（图3-9）

撑右腿，重心微后坐约1/4，前后脚的重心比例宜由7∶3变为6∶4。收沉右胯，腰胯顺势略右转约15度，身躯转正，朝向正西，这种练法谓之"斜进正出"。右掌也顺势以掌根（小指侧）为圆心，边内旋边略向右前方弧形拧伸到右肩前（傅师说"右掌随即翻掌，不要向右面后再翻掌"）、右脚上方偏前，掌心斜朝左下方（约45度），略坐腕，"右手挺起"（傅师语）；左掌外旋使掌心斜朝右上方（约45度），与右肘相对，笔者称之为抱臂。平视前方，关顾右掌翻转。

动作2　引进为主且绞转（图3-10）

撑前腿，好像站在船头撑竹篙，使船向后行使，重心继续后坐约1/2，前后脚的重心比例约为4∶6，切莫后坐太快成左坐步，而两手还在移动，傅师称之为"手脚脱节"。腰胯左转约25度,身躯朝向西南偏西。两掌边绞转(右掌外旋,左掌内旋)边往里略偏左略偏下引进,右掌约与锁骨同高,左掌约与心口同高,两掌的倾斜度由45度增加至60度左右。眼顾右掌左捋。

动作3 落空为主成坐步 (图3-11)

继续撑右腿,重心再后坐约1/4,前后脚重心的比例约为3:7,成左坐步,不要练成五五开的双重步,更不要练成右脚尖跷起的右虚步。腰胯继续左转约20度,身躯朝向西南。两掌继续边绞转边向左偏里略偏下捋化,右掌宜捋至右胸前,掌心朝左偏下(约75度);左掌约于左上腹前,掌心朝右偏上(约75度),两掌心仍相对。眼顾左掌(但不可低头看左掌),随即平视前方。

图3-9   图3-10   图3-11

要 领

1. 做动作1收沉右胯时,裆宜下沉,右脚跟宜含入地生根的钻劲,且与右掌拧伸有对拉之意。同时,腰胯不宜右转太多(身躯朝向西北),以免动作散野。

2. 抱臂,两掌的纵向距离为前臂的长度,横向的距离为前臂的直径,黏住对方左臂的两个活口——肘和腕,抱臂一般是为捋式做准备的过渡动作(以后还会多次出现这种抱臂现象);抱臂,左掌心斜对右肘,又有护肘的作用,拳论中谓之"护中节","中节不护,浑身是空"。

3. 两掌在作拧转成抱臂后，应先将对手往里牵引，其引进的弧线较直，顺着对方的劲力的大小和前进的方向引其重心，是借人之力的劲法，有如顺手牵羊，使之失去平衡"断其根"；然后将对手往左斜捋，即利用惯性和合力顺势向左偏里（东南偏南方向）弧形捋化，其弧线较弯，使其落空而向前摔倒，其来力越大，摔得越重。在拳理上叫做"引进落空"。

因此，在做捋式时，不要一开始就往左外捋，因为这时对方处于重心稳定状态，难以将其捋倒；况且，由于两掌远离身躯，"自己就不能得力"（傅师语）；再者，引进时两掌偏离身体中线，易被人所制。另外，在做捋式时，也不要一直向自己身前引进太多，易被人推倒，成为"引进落实"。

4. 在做"引进落空"过程中，两手还应做到：

始终宽不变，两掌纵、横间。

手要弧形走，臂宜不断旋。

（1）两掌的上下、前后和左右距离始终保持不变，在拳理上这叫"两膊相系"，在用法上是两掌粘住对方的肘腕先化后发。因此，在定式时，两掌的距离不可变小或变大，不可左手高右手低，更不可练成右掌心斜朝上（左）！

（2）两掌在做弧线运动的同时，还应做到不停地、均匀地从约45度旋到约75度。这种旋臂的练法其产生的螺旋劲比直劲大，在引进落空的同时加绞转，增强捋化的作用；另外，这种绞转的练法，有利于两掌平稳地、均匀地过渡到下一挤式，可有效地防治下接做挤时突然快速翻掌的常见病。

5. 如前所述，凡是重心前移做弓步时，宜蹬后腿、撑前腿；同样，凡是在重心后移作坐步时，宜撑展前腿，后腿有屈蹬之意（膝盖切莫主动后屈），两脚互为其根。这种撑中有蹬渐后坐的练法有利于做到下盘稳固、劲自脚起，从而练出充盈的捋劲；这种练法又可有效地防治后坐过快手脚不相随、前脚尖跷起、前膝里扭与脚尖不相合的三个常见病。

另外，重心后移作坐步时，尾骨宜有朝前之意，以免患身体前俯的常见病。

6. 做动作1成抱臂时，傅师说："要以腰带动手的圆转"，也就是说右掌根（小指侧）应在右胯的收沉和拧转时带动圆转（因此，笔者在"腕胯同转"后面加上三个字，即腕胯同转胯主动），不可随肩右转翻掌，以免不符合肩胯相合、腰为主宰的拳理；做动作2引进、动作3落空时，也应以腰胯带手，两手始终在身体中线两侧，不要散野，以免不符用法。

7. 在做将时，左臂宜撑圆含下掤（非左掤）之意（不要丢下去），以利"掤劲不丢（掤的广义理解，即任何手法在向外、向上或向所有方向时，都含有弹性劲）；同时宜有微含胸之意，以利化劲，但外形不要显露；做将时须"肘不贴肋"和"肘不离肋"，以便于肘的活动和有利于肘尖护肋。

8. 两掌在做右掤动作 2 和将式时，傅师形象地说："两手好像在摇橹，走的都是圆弧形，没有棱角不能停"。

9. 坐步的一般要求：

（1）前脚尖直朝前方，不可跷起；前膝尖也朝前方，不可内扣，以确保脚踝、小腿和大腿的外侧在同一平面上。

（2）后脚尖斜朝前 45～60 度。

（3）膝尖找脚尖，后膝尖与后脚尖须同向，以确保脚踝、小腿和大腿的外侧也在同一平面上，利于劲力通达和防止损伤膝关节。

（4）傅师教导说"两尖相对裆自圆"，即要求两膝与两脚尖的方向相同，则形如拱桥裆自圆，又符"外三合"的拳理。

（5）立身中正，不可前俯后仰、东倒西歪。

（6）坐步的前脚为虚，后脚为实，两脚的承重比例约为前三后七；对前脚而言，脚掌为虚，脚跟为实，其虚实比例也是前三后七。

（7）身体重心的投影线，宜落在两脚跟连线的后 1/4 上（近后脚跟），不可偏倚落在后脚上，也不宜落在两脚横向距离的中线上。

（8）成坐步时，左胯宜后抽找脚跟，骨盆端起，尾骨前送，同时左腹股沟有松沉内吸之意，以利身含定力处处稳，手含整劲时时发，又可防治左膝尖内扣的弊病。

用　法

两掌翻成抱臂，左掌粘住对方左腕背，右腕粘贴对方左肘，如同双推手中的将式，随之两手同时作引进落空，以化其力，顺势借力，令其失去平衡前跌，所以说，将是先化后发，是一种以守为攻、小力胜大力的手法。

劲　点

右手的劲点由腕背上部（桡骨侧）依次经拇指、食指、中指、无名指、小指、小鱼际及至掌根（尺骨侧），左手的劲点由掌根依次经小指、无名指、中指、食指、拇指、腕背上部及至手背。

检验方法

1. 当捋至定式时，可在拳友的右侧推其肩头，如果被推倒，说明他没有做到中定，即重心偏左于底盘的边缘。因此，我们在做捋时，应做到"重心自维持，莫被他人乘"。

2. 定式时，横推拳友左手腕或臀部，如被推动，说明他的拳架不正确、身体未松沉，所喂之劲不能顺畅地传至脚底（大地）。

3. 定式时，握其双腕并前推之，如被推动，则身无整劲。

（四）挤

动作1　两臂旋转略前弓（图3－12）

蹬左腿，略弓右腿，前后脚重心的比例约为4∶6。腰胯右转约15度，身躯朝向西南偏西。右掌继续外旋，掌心朝左偏上；左掌继续内旋，以掌根为圆心翻转，掌心朝右偏下，这时，两拇指上扬，左掌心与右腕脉门相对，相距约15厘米（掌腕不宜相贴），左掌翻转时，不要以左肩为圆心，"潇洒"地向东南方向兜个大圈子，以免动作散野、内劲必丢、延误战机、中看不中用。眼视前方。

动作2　掌心脉门渐相贴（图3－13）

继续蹬左腿，弓右腿，前后脚重心的比例约为6∶4.。腰胯继续右转约20度，身躯朝西偏南。右掌继续外旋，掌心朝里偏上；左掌继续边内旋边向前，逐渐使左掌缘与右腕内侧先后作点接触、线接触，随即使小鱼际、掌心先后轻贴右脉门，为面接触（不要用左手指贴右脉门，以免发劲不得力；也不要以左掌根贴右脉门，以免发劲时滑掉）。关顾两掌渐合。

动作3　合成一劲向前挤（图3－14）

继续蹬左腿，成右弓步，前后脚重心的比例约为7∶3。腰胯继续右转10度，身躯朝西。意想右腕背贴住对方胸部，左掌心斜搭于右手里侧脉门处，由胸前向前挤出，两臂撑圆，两肘略低于两腕，手指斜朝上。平视前方，关顾两掌前挤。

图 3 － 12　　　　　　　图 3 － 13　　　　　　　图 3 － 14

要　领

1. "左掌应渐渐地贴近右腕内侧"（傅师语），不宜早早相贴，慢慢前挤。

2. 两手应边旋边轻贴，与身躯形成一个封闭环形，然后向前挤，两手不要分开，也不要紧紧贴住。遵循傅师的教导："挤出后，左掌与右腕之间要似挨非挨，似松非松。"并参照推手关于粘随的要诀，即双方仅以皮肤接触为度，定式时可意想两手间的湿毛巾微微挤出水来。

3. 两手前挤，宜以左手为主手。

4. 定式时，两臂不宜呈水平状，以免抬肘耸肩不得力；右手的四指不可呈下垂状，以免影响掤劲。

5. 两掌在前挤时，命门宜微微后鼓（俗称"后撑"，以便产生张力，但这个后撑是极其微小的，因此笔者把它称为命门后鼓），与两臂有对拉之意，一般以背部轻贴内衣为度。这只是自己感觉到而已，切莫让人看出背部后移，在拳理上称为"形不外露，功蕴于内"。

6. 在蹬左脚、沉右胯、合左胯的同时，左膝宜呈开势，即左膝尖与左脚尖为同向（外三合之一），左腿微屈，以利于劲路畅通，称之谓胯合膝开。

7. 定式时，宜做到骨盆端起、沉肩松胸、肩胯相合（不可上正下斜）和左腿微屈，以利于接住对方的喂劲。至定式时，如果意想尾骨找对方身体中线的落点，则可伺机将其发得更远，点滴学练体会，供君参考。

用　法

两手挤人上臂或身躯，右臂屈肘直腕，左掌坐腕合力前挤，为进攻的手法，再结合腰腿劲，顺势一齐发劲，使对方应手而后跌，跌出是远还是近，由己功夫深浅定。

劲　点

左手的劲点由手背依次经腕背上部（桡骨侧）、拇指、食指、中指、无名指、小指、小鱼际至掌心，右手的劲点由掌根（小指侧）依次经小指、无名指、中指、食指、拇指至腕背。

检验方法

1. 在拳友前面推按其定式时的右腕背，应巍然不动。

2. 在拳友前面拉其定式时的左腕，仍安如磐石。

3. 在拳友前面下压其定式时的腕（甚至可以跳起下压），其拳架应稳似泰山。

（五）按

动作1　缓缓分掌略后坐（图3－15）

收沉右胯，随即腰胯左转约10度，身躯朝西偏南。随即重心略后移，前后脚的重心比例约为6∶4。右腿微撑，左腿微屈。右掌边内旋边向右前方伸出至右肩前，掌心朝下偏前；左掌略外旋，两腕交叉，前伸似剪，左掌心沿右手背经手指分开至左肩前，掌心朝下偏前，两臂自然伸直，两掌距离比肩稍窄，两拇指间距约10厘米，意贯指尖。眼视前方。

动作2　两掌回抹成坐步（图3－16）

继续撑前腿，蹬后腿，重心逐渐后移成左坐步。腰胯随重心后移自然而然地左转近20度，身躯朝向西南偏西，不宜朝西，也不宜朝向西南偏南。松肩沉肘屈臂，带动两掌边外旋边略向下回抹至胸前，半坐腕，两掌心斜朝前，手指斜朝上，两拇指相距仍为10厘米。眼顾两掌回抹。

动作3　边旋边按成弓步（图3-17）

蹬后腿，撑前腿，重心渐前移成右弓步。腰胯右转约30度，身躯朝西。两掌根稍弧形向下作一小圆弧与心口齐平（不要向下至腹部作一大圆弧过渡，以免动作散野，不符用法；也不要按照原路径直向前，以免动作折叠时产生棱角，内劲易断），手高肘低，随即边内旋边向前略向上呈浅弧形按对方胸部或肘腕，坐腕竖掌，掌心与肩同高，朝前偏里，两臂似直非直，两拇指的间距仍保持10厘米之隔。平视前方，关顾两掌前按。

图3-15　　　　　　　图3-16　　　　　　　图3-17

要　领

1. 上述练法表明，按是由挤的右弓步变成左坐步，犹如在船头撑竹篙；再由左坐步变成按的右弓步，犹如在船尾撑竹篙。也就是说重心在弓步桩与坐步桩之间来回移动，谓之活桩，再结合两腿互蹬撑和下肢劲力传递法，要求重心逐渐地、缓慢地、均匀地转移，即由前七后三坐至前三后七，再由前三后七弓至前七后三。练活桩时，建议注意以下两点：其一，请始终保持三个平面，即背部、右腿右脚外侧、左腿左脚外侧分别在同一平面（呈垂直、略前倾或倾斜状）上；其二，脚下着力，膝不受力。如此经常单练数百次，对于提高拳艺和增强体质，大有裨益，读者诸君不妨一试。

2. 回抹后坐，意气松沉至左脚底，蓄势待发，入地越深，反作用力就越大。前按弓步，应意想劲自脚起，裆走下弧形，节节贯穿，形于手指，意远劲长。双手前按，脸似后移，"汗衫贴背"（傅师语），且与锁骨有对拉之意。

3. 按至定式时，右小腿宜垂直地面，右膝不可超过涌泉穴，更不可超过脚尖，以免自伤膝关节和易被人所制。定式时，肩胯应相合，左臀不可后凸。定式时，两掌宜在朝前的同一平面上，不宜右掌在前，左掌在后。如何防治上述三种常见病？下面开一张简单易行、行之有效的药方——在做蹬左腿、弓右腿的同时，只需做到收沉右胯，吸腹股沟（下腹右侧与大腿内侧贴近似咬手指），不仅有利于下盘稳固脚生根，上述三个常见病亦可药到病除。这种练法，我把它称之为蹬后腿、收前胯，也适用于搂膝拗步、玉女穿梭等拳式，请君举一反三。正是：

凸臀膝过趾，右掌在前留。

药到三疾愈，只需右胯收。

4. 两掌左右分开时，应以两肘为轴，"走手不走肘"，且应缓缓分开，不宜快速分开。

5. 至于做按时两手掌的练法，由于见智见仁，以致风格各异。在论述这个专题之前，与君一起学习杨公在《太极拳体用全书》中明示："手指朝上，手心向前，沉肩垂肘、坐腕、含胸、全身坐于左腿，速用两手心按其肘及腕部，向前逼按去，屈右膝。"两掌在做交叉分开、后坐回抹和弓步前按时，两掌的距离始终比肩稍窄，两拇指的间距约为10厘米，即两掌的运行轨迹俯视图（从上往下看）是两根平行线（详见《杨式太极拳学练释疑》第38～40页）。当后坐回抹时，两掌应均匀地、连绵地外旋（不要不外旋，掌心始终朝下），至胸前（不是腹前）时两掌心斜朝前（不是斜朝后且宽于肩，以免不能按住对方的腕肘），手指斜朝上；当弓步前按时两掌应均匀地、连绵地内旋，至肩前定式时，两掌心朝前偏里（不是朝前），坐腕竖掌展指。这种练法乃傅师传杨式太极拳的演练风格，因为：

（1）傅师在教授时，要求我们两掌平进平出，两掌抹回至胸前的掌心应斜朝前。

（2）傅师在《杨式太极拳教法练法》（1989 年出版，傅钟文、傅声远编著，姚明华执笔，后来改名为《嫡传杨式太极拳教练法》）中对此多次指出；"两掌分开，距离比肩稍窄，掌心都朝下。""左腿坐实，两掌斜相对，在胸前不在腹前。""平正按出，宽度不变。""两掌回抹和按出，从外形上看好像是向上向下的弧形，这是因为后坐和向前弓腿的关系，其实两手基本上是平来平去的，弧形不大。""抹回和按出，两手不要大起大落，使手的移动路线的弧形过大，这样不符合直接按出的要求，大起大落会造成散乱，也拿不着对方，发劲也不能专注一方，按出时两手横向距离不要太开，约一拳之隔。""错误：抹回或前按时两手距离过大过小，主要原因是对用法不理解。纠正：以我两手心按对方肘、腕部的距离为准（按出时两拇指相距约一拳），所以过大会使自己动作落空，劲点不集中。"

（3）《杨式太极拳教法练法》中，傅师的三张拳照以及录像中的练法与上述文字是吻合的。

（4）王荣达二师兄（笔者曾问傅钟文恩师谁的拳打得好？吾师在众多学生中点了四个人的名字，王师兄名列首位）、张哲清师兄（张师兄教我时明确指出："平进平出是指手，而不是指身体，回抹后两掌心应斜相对，两手掌之间的距离不变。"）和扎西姐（咸阳太极拳学会创会会长、总教练）均按上述方法演练。

（5）上述练法符合杨公的明示："用两手心按其肘及腕部，向前逼按去。"

6. 关于掌型。在杨式太极拳整个套路的手形中，钩最少，拳次之，而以掌为主。掌形看似简单，所以容易被忽视，其实它的作用是十分重要的，前辈把杨式太极拳掌型形象地称为"荷叶掌""瓦片掌"。

（1）掌形的要求

①五指自然舒展，沿着指尖方向延伸，且向掌心侧微屈，微屈的程度因人而异，不宜统一。手指太直则僵硬，太屈则松懈，均影响劲贯指梢。

②五个手指应在同一平面上，即不要呈兰花指，因为只要有一指外跷，就僵硬，只要有一指内蜷，就松懈，内劲随之分散。

③五指的方向应基本一致，虎口撑圆，拇指向里微屈，自然伸展，切不可外跷，与食指呈"八"字形，以免僵硬、气断、劲无，正是差之毫厘，失之千里，岂不可惜！拇指外跷，还易被对方握住而受制于人。那么，如何防治拇指外跷这个多发病？下录简单而有效的方法，与君共享——放松大鱼际，拇指会自然而然

地向里微屈（而非主动里屈）。

④四指（食指、中指、无名指和小指）自然并拢，四指间可稍分开，不可并紧，也不可分得太开呈鸡爪状。

⑤放松指关节。

⑥掌心微凹，不论是虚掌还是实掌，都要呈荷叶状。

（2）如何做到"荷叶掌"？意想自己是如来佛，伸出的手掌是面照妖镜，当五个指肚发出五道佛光聚集到前面妖怪的脸部时，妖怪是蛇、是牛还是狐狸精原形毕露。在练拳、走路或空闲时，经常作此意想，五指肚常相聚，则兰花指、拇指外跷等掌的常见病可日趋减少，从而逐渐练就舒展柔和自然美的最佳掌型——荷叶掌。拳谚云："十指松，全身松。"反之，一指紧，全身紧；一指丢，全身丢。如果手病不除，"内气潜转"难以达到手上，内劲难以充盈，拳艺也难以提升，这并非危言耸听。

7. 在按至定式时，宜意想大椎和两肩肌肉将两手臂连接起来，两臂似一臂，笔者谓之两臂关联法，以利于产生周身一体劲。

8. 傅师教导我们说："每一拳式的连接，运行过程又要如书法之'藏头护尾'，运转圆润而有含蓄，但又须式式清楚不能含糊，虽有定式，而又不可刻板呆滞，要式式连贯，轻灵运转，要求开展与紧凑相结合，防止散乱，防止僵硬，须知'轻灵'不是飘浮，'沉着'不是呆板。"即是说，练习杨式太极拳，要求动作连绵、劲力不断，如风吹芦苇，似行云流水，每一个动作既要做到家，打到位，但又不能出现停顿、折断和棱角等现象，特别是上下两势过渡处尤为重要。著名书法家林仲兴老师教导说"练字必须处理好转折处"。同样，我们要练好太极拳，必须处理好运动中来回折叠这一环节，才能使内劲连绵，富有韵味。正是：

往复有折叠，衔接走小圈，

勿停行略缓，内劲须连绵。

下面就拳论中的"往复须有折叠"谈五点浅见。

（1）当前后两个动作运行的路线来回往复时，应顺势以一个小圆弧来过渡连接，使之圆活地将前后两个动作圆顺地连起来。不可直来直去拐尖角，以免出现"死角"，也不可呈大圆弧连接，使拳架散野、漂浮，失去拳味，劲力中断。例如，左掤的左掌向右抄接着向左前上方掤出时，宜以左掌根（拇指侧）为圆心，顺势向左上方做一个小圈。又如，右掤定式接做捋时右胯宜顺势向右下方微微拧转一小圈，带动右掌边内旋边以右掌根（小指侧）为圆心顺势略向右前方拧转，做一个小圆弧，然后做引进落空的捋法，以利于动作过渡时，做到腰主宰，欲左先右和内劲不丢。如果右掌径直返回，易断劲；如果右掌大展大开（向右前方越过右肩侧），貌似动作潇洒，实则过度、散野、丢劲、乏味。

（2）拳式与拳式之间、动作与动作之间，应连绵不断、松柔地、和缓地衔接，不可停顿、断续或突变，以免"断劲"。在演练右掤至捋至挤的往返转折时，好像放风筝，柔和地放出收回，不宜突放、突收，以免将风筝线绷断；好像舞动绸带，始终在空中随手飞舞不坠落；又好像牵牛鼻子那样柔和地牵引，不宜突然用力，以免被牵之牛不跟随、发犟劲。

（3）前后两个动作往复折叠时，前辈们要求"似停非停"。即是说，这时的运行速度应稍稍减缓（切莫加快），好像汽车在转弯时应略为减速一样。例如在右掤接做捋式时，好像前涌的海浪遇到了巨大的礁石，因受阻力而略减速，然后，海水在空中翻转后又从容地返回大海；当捋承接挤时，好像返回的海浪又遇到了礁石而减速，然后再按原来的速度回到海中。如此周而复始，连绵不断。

（4）折叠，也是一种内劲转换连接的方法，就是说把前后两种不同劲别的内劲连接起来，例如右掤劲变换成捋劲，捋劲变换成挤劲，劲力应缠绵，不可中断。另外，在意念的引导下，劲点在不断地变化，如右掤定式时，右手的劲点是在近右手腕背上部（桡骨侧），当做捋的动作 1 抱臂时，劲点宜经过拇指、食指、中指、无名指、小指移至右掌根（小指侧）。总之，在动作往复折叠时，要求有承上启下之意，才能有连绵之形，才能有不断之劲。

（5）参照唱歌技巧，当吸气转呼气和呼气换吸气时，也有一个折叠，即呼吸转换时宜有一个似停非停的吸气支点和呼气支点，以便呼气与吸气之间平稳地、和缓地过渡。

用　法

按法是先化后攻，即接劲后坐，向里偏下沉化，使其落空，收蓄待发，随之双手顺势向前偏上按对方胸部或肘腕，使其后仰跌出。

劲　点

右手的劲点由腕背依次经小指、无名指、中指、食指、拇指及至掌根，左手的劲点由掌心依次经小指、无名指、中指、食指、拇指及至掌根。

检验方法

1. 当拳友做动作 2 两掌回抹至胸前和做动作 3 两掌前按之后，平推其双掌或拉拽其两腕，如果他的拳架结构正确，应不为所动。

2. 请拳友在身前用双手按我胸部，听其劲力是沉稳的、连绵的，则说明是劲自脚起而腰而手，发出的是周身一体的整劲；如果其劲力是浮浅的、断续的，则说明仅为手上局部的拙力。

3. 用两掌按住对方定式时的两掌，并以右掌喂劲，他不仅没有被我推到，反而他的右掌随之击我，说明他做到了两臂关联似一臂。

第四式　单鞭

单鞭是整个套路 85 式中最多的拳式，重复多达 10 次，约占 12%，我将它分解成 7 个动作，与读者进行交流。

动作过程

动作1　右胯收沉掌前俯（图4-1）

松沉右胯，右脚尖略自然浮起。两手掌随坠肘边下压边前俯（手掌前俯与锁骨宜略有对拉之意），掌心朝下偏前，（不宜练成平掌，更不要练成手掌下垂，以免丢劲），手背宜与前臂外侧在同一平面上，腕高与乳头齐平。眼视前方。

动作2　实脚转身掌抹转（图4－2）

随腰胯左转，以右脚跟为轴，实脚里扣近135度，里扣时脚尖与右膝尖上下相对，不可膝尖领先于脚尖。两胯松平，腰胯左转近135度，身躯朝向近东南，左转时应立身中正，转轴与地面垂直，不可突臀前俯、耸肩或斜肩（左高右低）。两手掌随转体向左略向上抹转半个椭圆，腕高不过肩，手臂朝向近东南，开始抹转时，两掌宜微微向右弯，意在左掌根外缘（小指侧），为主手。眼随转体平视前方，关顾左掌。

动作3　两掌回抹右转身（图4－3、图4－4）

右脚掌着地踏平，重心继续渐移至右腿。腰胯右转约60度，身躯朝南偏西。两手掌随转体边沉肘屈臂边向右略向下回抹后半个椭圆，腕不低于乳头，回抹时两手掌略外旋边渐渐竖起，至胸前，回抹时，两掌宜微微向左弯，意在右掌根外缘（小指侧），为主手。抹转椭圆时，两手掌的距离应相等，总须前手领，后手随，"两膊相系"不散乱。眼随转体平视前方，关顾右掌。

图4－1　　　　　图4－2　　　　　图4－3　　　　　图4－4

动作4　左脚提起成吊手（图4－5）

逐渐坐实右腿；左脚掌在原地向左辗转，脚跟自然里扣离地提起，脚尖自然斜向下垂、小腿宜垂直于地面，大小腿的夹角不小于90度，脚尖与膝盖的方向保持一致。腰胯左转约15度，身躯朝南。右掌边内旋边沿椭圆的切线方向（南偏西）前伸边屈腕五指撮拢成吊手（不宜称为勾手，因为勾手的指尖朝上），指尖朝下，腕同肩高；同时，左掌边外旋边向右抄至右胸前（请拳友注意，不要旋得太快、抄得太快，以免患左掌停顿一会儿的常见病），掌心斜朝上，与脸相对，似照镜子，手指斜朝上（约45度，不宜呈水平状，以免抬肘；不可斜朝下，以免丢手无掤劲），置于右腕左下方，与右肘左右相对成掤手。眼顾吊手，随即平视前方。

动作5　开胯出步始对拉（图4-6）

坐实右腿，膝盖须与脚尖上下相对，不可里扣，以免拳架摇晃、劲路不通和扭伤膝关节；左脚随身躯左转开胯向左前方（东偏北）弧形迈出，脚跟先轻轻着地，微微后撑，脚尖朝东，两脚跟的内侧横向距离约为10厘米。腰胯继续左转约15度，身躯朝南偏东。左掌边内旋边向左前掤出约30度，掌心朝西偏北，手指与地面的夹角约为60度；右吊手略向右后方展开约10度，两手应同时开始向东西方向对拉，"一动无有不动""一开皆开"。眼视前方。

图4-5　　　　　　　　　　　　　　　　图4-6

动作6　继续对拉近弓步（图4-7）

蹬右腿，撑左腿，重心渐渐前移，前后重心的比例约为6：4，接近左弓步。腰胯继续左转约30度，身躯朝向东南；左掌继续边内旋边竖起边向左前方经面前弧形掤出，转动角度约60度，至左肩前，掌心朝南偏东，手指朝上偏右（约75度）；右吊手继续向西对拉约15度，朝向西南偏南。眼顾左掌掤出，平视前方。

动作7 左推右拉顺弓步（图4-8）

继续蹬右腿，撑左腿，成左弓步。腰胯略右转近15度，身躯朝向东南偏南，身躯正直，两肩应齐平，不可右高左低。左手掌边继续内旋边向前（东）略为推出约15厘米（左掌推出时不可翻掌过快，更不可突然翻掌练成飘手），坐腕竖掌，掌心朝向东南，左臂微屈；右吊手随腰胯略右转继续略向西拉10度左右，朝向西南，腕背与肩齐平（不可太高、太低，以免耸肩、无神采且影响两手的对拉开劲），右臂自然伸直，肘微坠。眼视前方，关顾左掌前推。

图4-7   图4-8

要 领

1. 实脚转身的练法，是傅师演练风格的一个主要特征①，下面与同仁交流以下五个问题，现状的差异及其由来？采用实脚转身的理由？如何实脚转身？重心如何转移？如何对待社会上的两个观点？

---

① 《杨式太极拳》一书，1963年3月由人民体育出版社出版。由傅钟文演述、周元龙笔录、顾留馨审阅，是杨式太极拳的权威著作之一，但其中图18和图68及其相应的文字有误，即揽雀尾接单鞭和抱虎归山接肘底看捶时，错误地画（述）成虚脚转，须改为实脚转身。

（1）现状的差异及其由来

目前，揽雀尾接做单鞭转身时，有虚脚转和实脚转两种练法，这两种练法均为杨公所传，虚脚转在前（如杨振铭等前辈），实脚转在后（如傅师等）。从攻防含义上来理解，虚脚转利于化，实脚转利于攻，两者均可，至于主攻还是主化，应根据实情而定。我辈可根据各自的师承演练和传授，"君子和而不同"（孔子语）。

（2）采用实脚转身的理由

①从用法上讲，假设敌人从身后击来，我应立即转身避开来拳，使身法灵敏、快捷、令人防不胜防。

②从拳理上讲，实脚转容易产生缠丝劲，使下盘稳固，"植地生根"不飘浮，如果在泥地上打拳，会在地上碾出一个个圆形的浅坑，吾师称之为"落地梅花"。实脚转能很快地做到劲自脚起，使劲力连绵不间断，其练功效果显著。

③再从健身角度上来说，实脚转增加了运动量，增强了腿部力量，提高了锻炼效果。实脚转身的练法，加强了盆底肌的训练，对提高男女的性能力都有很好的促进作用，具有防治痔疮的功效，对男性来说，还能起到保护前列腺的作用。

（3）如何练好实脚转身

下面讲11点学练体会，供拳友参考。

①左转身扣脚时，以脚跟为轴碾转，脚跟外侧为实，脚跟内侧为虚。

②放松自然。

③骨盆有端平、尾骨有向前之意，以利立身中正转盘稳。

④做动作1时，宜放松右大腿肌肉和收沉右胯，使下盘稳固和减小摩擦面积，同时做到两轴垂直，即脊柱和右小腿垂直于地面，有利于旋转，这种松沉实胯转身的练法，傅师称之为"逢转必沉"。但是，傅师又明示后学："不要把逢转必沉练成身体向下'妈—妈'（沪语，系朝下坐一坐的意思）""形不外露"。另外，在实脚转身时，重力应调整到脚跟，以利于植地生根；同时，减轻膝的压力，是有效地防止膝关节损伤的方法之一。

⑤右胯找右脚跟，且与右肩井穴宜在同一垂线上，如同门轴上的三只铰链，这时，右脚、踝、膝、大腿和胯的外侧宜在同一垂直平面上。

⑥大腿和脚尖应随腰胯一起转动，膝盖与脚尖的方向始终保持一致，切莫超前，以免扭伤膝关节，这时，膝盖应放松，右膝好像没有了。

⑦腰胯左转带动右脚里扣时，宜以左胯为主动，好像骑自行车（开汽车）向左转时，以左手为主带动龙头（方向盘），较为轻松、顺畅。

⑧右脚里扣时，以脚跟为轴辗转，脚尖宜自然微微浮起，不可跷得太高，以免造成踝紧、膝紧、胯紧，从而影响整身劲法和里扣角度。里扣时，随着腰胯左转，宜以右大趾内侧领劲。

⑨实脚转身时，应头正、两肩平、两胯平，以利于做到虚领顶劲、肩胯相合和动作稳定。

⑩当右脚里扣即将到位时，宜收沉左胯和收腹，以利于做到肩胯相合身不扭、身躯到位近东南和扣脚到位近东南。

⑪（杨公在《太极拳说十要》之四中说："太极拳术以分虚实为第一义。"），傅师说："虚实分得越细，拳艺就越高。"在动作1之前为右弓步，对两脚而言，右脚为实，左脚为虚；当做动作1松沉右胯时，右脚跟为实，脚掌为虚；当做动作2实脚里扣时，对右脚跟来说，脚跟外侧为实，脚跟里侧为虚。

（4）实脚转身时重心如何转移

众所周知，杨式太极拳转身撇（扣）脚时，有虚脚转和实脚转两种风格。采用实脚转身时，其重心的转移又有三种练法，现以按式接做单鞭为例，进一步与拳友交流。第一种练法是保持原来的承重比例不变，即右脚里扣，左转身及右转身、两手划一个椭圆时，其重心保持不变，仍为前七后三（假设按式弓步的比例为前脚七、后脚三）。第二种练法是在稍减少右腿承重的过程中实现旋转，即当左转身时，重心稍后移，为前六（或五点五）后四（或四点五），右转身时，重心再逐渐前移。本专题讨论的所谓虚与实，是指两脚支撑身体重量的比例，因此，上述两种练法均为实脚转身。但笔者以为下面的第三种练法更为适宜，即在继续逐渐增加右脚承重的过程中进行转身扣脚。具体练法如下：当腰胯左转近135度带动右脚里扣近135度、两掌向左画前半个形如鲫鱼背的椭圆时，重心逐渐右移71~72%，及至约85%。当右脚踏平、右转身约60度、两掌向右画后半个形如鲫鱼肚的椭圆时，重心继续渐右移86~87%，及至约95%。当左转身约15度、右掌向南偏西推出成吊手时，重心再渐渐右移96~97%，及至100%，坐实右腿，左脚随即提起。演练单鞭实脚转身要重视重心的转移技术，习练其他拳式亦然，因为掌握重心移动技术，是任何一种层次拳者无法避免的基本技术，又是一种高级技术，是技巧中的技巧，其核心是"不露痕迹"。具体要求有三：其一，重心应绵绵不断地向前、朝后或侧移，不宜停顿；其二，重心转换犹如太极双鱼图那样的逐渐转换，此消彼长，不宜突变或不变；其三，尽量缩短双脚平均分担重心的时间，即不可双重。那么，如何检验这三条技术要求？请君不妨站在两台磅秤上一试。上述浅见，仅供读者诸君参考，并请教正。

（5）如何对待社会上的两种观点

①"实脚转身会损坏膝关节。"对此不敢苟同，因为笔者实脚转身练了三十多年，且年逾古稀，仍能"快四快三满场飞"，"爬山赛女儿"；四千多从学的拳友，没有一个把膝盖练坏的，练好骨质增生等膝病的倒有几例。的确，在社会上（特别是在医务界）有这样的说法，即太极拳会把膝盖打坏，就连著名太极拳（竞赛套路）世界冠军如今也装上了人造关节。殊不知膝关节受损，非太极拳之故，乃练法不当也。正是：

足膝方向不一致，膝盖超前架过低，

体重压于膝盖上，膝尖主动转和移。

②"实脚转身是正宗的杨式太极拳。"笔者更不敢苟同这种门同伐异、自诩正宗的观点。如上所述，虚脚转身和实脚转身都是杨公所传，唯先后而已，都是真正的杨式太极拳，都是一家人。正是：

君子和而有不同，同门可叹互相攻。

见仁见智寻常事，请勿矜夸我正宗。

2. 两掌抹转椭圆时要做到肩胯相合。肩胯相合，是拳论中的"外三合"之一。可以通俗地理解为：如果把身躯比作一扇门，则两肩是门上方的两只角，两胯是门下方的两只角，当门在开启或关闭时，上下四只角总是互相对应一起动的。

在演练单鞭抹转椭圆时，我们有些拳友往往是肩能转到位，而胯不能转到位，形成拧腰现象，这叫肩胯不合，违背了"外三合"的拳理。那么，如何才能做到肩胯相合呢？笔者以为，应以胯为主导肩相随，因为胯转肩必跟着转，反之，肩转胯未必转。当单鞭的两掌抹转前半个椭圆做左转身，以及回抹后半个椭圆做右转身时，意想两胯如同汽车的方向盘（或自行车的龙头）向左旋转近135度，左转时宜收沉左胯，为主动；然后向右旋转约60度，右转时宜收沉右胯，为主动。

这时，两肩如同车轮，必随之而动，这样，可有效地防治上述拧腰之常见病。如果按此方法演练，日久自然会产生如下的感觉——两臂好像不是长在肩上，而是长在腰胯上，肩好像消失了。有了这种感觉，有助于做到松肩、坠肘、手臂松，有利于练出和增强内劲。

在练习单鞭时，要求做到肩胯同转胯为主，在演练云手等其他拳式时，也应做到肩胯相合胯主导。

3. 做动作2、动作3抹转时，傅师关照："后脚跟不要动（拔跟）。"

4. 抹转椭圆时，两掌要略有上下波动。笔者在《释疑》第50~51页中根据傅师教导写道："两手掌随转体向左略向上（但腕高不可过肩）抹转前半个椭圆，两手掌随转体和屈臂向右略向下（但腕低不过乳头）回抹后半个椭圆。"其目的有二：其一，"往复荡动，以称转动之势"（傅师语）。其二，向左抹转有掀起对方之意，向右回抹有下采对方之意。因此，请拳友在做来回抹转时注意，这个椭圆不是水平的，而是略为倾斜的，即左高右低，其高度差约15厘米。另外，两掌在抹转时，应腕高肘低，两肘须下沉，似在地上划圈，特别是在回抹时，请君的两前臂切莫呈水平状，以免抬肘耸肩气上浮和不利于手走弧形。

5. 做动作6左掌掤云时，须做复合运动，即边前移边左转，且以平移为主，"犹如木螺钉，边朝前边旋转，才能拧入木头中"（傅师语）；又如电钻的钻头，边前进边转动，才能完成钻孔任务。另外，左肘、左腕须以中轴为圆心作同心圆。做到了上述要求，才能有效地将按住我肘腕的对手掤翻，否则必被对方按住，难以掤出。这个要领也适用于做其他拳式，请拳友们在演练时举一反三。

6. 左掌在做动作5、动作6向左掤云和做动作7向前推出时，手指应自斜朝上渐渐地、均匀地竖起，掌心也应渐渐地、均匀地内旋，及至坐腕竖掌掌心隅；切不可掤云时抬肘横掌（四指呈水平状）臂不旋，及至定式时突然快速翻腕竖掌成"飘手"，如操似舞！同时，右吊手应随之渐渐地、均匀地后移，与左掤手成对拉之势，且应做到一开皆开、同开同止。

7. 立身中正。在做单鞭的扣脚、迈步、前弓至定式的整个过程中，身躯须始终垂直于地面，不可后仰或前俯。当实扣右脚向左转身时，应做到"逢转必沉"，即收沉右胯，使两转轴（脊柱、右小腿）垂直于地面，这样，劲力容易贯注于地，脚下就有根；在逢转必沉的同时，宜领起百会，以利于身体保持中正和富有神韵，笔者谓之逢沉必领。当做弓步移身时，应意想骨盆端起、尾骨前移，肩胯齐进，肩部不可主动前移，以免前俯两肩斜，这时，两腿似船向前行驶，而身躯似人站在船上，犹如"人随船移"。另外，要保持单鞭的立身中正，还应做到两手对拉，同起同止。

8. 胯呈开势。傅师在教单鞭时说："右大腿外撑"，单鞭将至定式时，右胯根宜后抽，不宜裹胯，且与左掌前推有对拉之意，傅师称之为"撑头"，以增强左掌贯串一气的内劲。另外，因为定式时为顺弓步（左手左脚在前），两胯呈开势，身躯隅向；而拗弓步（右手左脚在前，如左搂膝拗步）的两胯呈合势，身躯正向。正是：

> 如成拗步后，前胯要沉收；
>
> 顺步应相反，须将后胯抽。

9. 五指如何撮拢？先令拇指指肚与小指、食指的指肚微贴，然后使无名指指肚贴于小指指甲上，最后把中指指肚贴于食指、无名指的指甲上。

吊手的要求如下：

（1）五指自然下垂捏拢，不可朝前或朝后，也不可用力捏拢。

（2）不要以五指尖撮拢，手指弯曲过多成灯笼状，既不美观，又易僵硬。

（3）拇指的指关节应微向外，不可向里挺直，以免僵硬。

（4）撮拢后，五指尖似呈梅花花瓣状。

（5）右吊手的腕关节应自然弯曲，略高于肘。

（6）手背微绷。

10. 定式时，两臂的夹角约为135度，两臂关联似张弓。不可太大，以免弓断臂不联，对夹角太大的现象，傅师指出："主要原因是右手后移过多，向右转腰过多，其结果形成挺胸"。反之，两臂的夹角也不可太小（呈90度），以免两臂不成弓，影响左右平衡、三尖相对、对拉开劲和胸开心意开。

用　法

两掌左右往复荡动，粘化和牵动对方左臂，随之以右吊手抓住对方右腕，并将其挂开，或以助左掌掤、推，或以腕背击人胸部、下颌；左手腕背粘人来臂掤化，当其劲落空、身体失重时，顺势向其胸部逼去，令其跌倒。

劲 点

傅师指出："左右荡动手指也应贯劲，因之不能松塌，但也不能用僵劲。"至于如何运劲，谈点学练体悟，供同好参考。上接揽雀尾按式，其劲点在两掌掌根。当两掌成坡掌向左抹转前半个椭圆（形如鲫鱼背）时，左手的劲点宜由左掌根依次经掌根小指侧、掌缘、小指、无名指、中指、食指、拇指，右手的劲点由掌根依次经掌根拇指侧、拇指、食指、中指、无名指、小指；当向右回抹后半个椭圆（形如鲫鱼肚）时，左手的劲点由拇指经腕内侧及至掌根小指侧，右手的劲点由小指依次经掌缘、腕外侧及至掌根拇指侧；当作动作 4 左掤手的劲点在腕背（桡骨侧），右吊手的劲点在指尖；定式时，右脚蹬地产生的劲力贯至左手，劲点在掌根（小指侧）；左脚撑地产生的劲力贯至右手，劲点在手腕外侧（尺骨侧）。

检验方法

1. 做动作 2 实扣右脚左转身时，站在拳友做揽雀尾定式的左侧，用双手按住其左肩和左肘，看他是否能够轻松地向左转动，并使我失重。

2. 做动作 3 回抹右转身时，站在拳友的右侧，用双手按住其右肩和右肘看他是否能够轻松地右转身，并使我失重。

3. 做动作 4 右掌向南偏西方向前伸时，站在拳友的身后，用中指轻轻地点一下其前臂，如果随之掉下，说明其动作松柔、轻灵，对喂与的细微劲力反应灵敏，拳论中"一羽不能加，蝇虫不能落"的境界，是我们孜孜以求的。

4. 做动作 5、动作 6 左掌掤云时，站在拳友左侧，用双手按住其左肩和左肘，看他是否能够轻松地完成动作，并能使我失重。

5. 单鞭定式时，在拳友前（东）面平推其左掌，他应纹丝不动；再在他右后侧（西南方向）平推其右腕，他仍应稳如泰山；在拳友南面，向西北方向平推其右腕，如果左掌随之移动，说明他符合两臂关联法。

第五式　提手上势

动作过程

动作1　实脚扣转肘撤沉（图5－1）

重心逐渐左移，以左脚跟为轴实脚内扣30～45度；右脚逐渐变虚，当左脚掌内扣一着地，右脚跟随即离地。收沉左胯，腰胯右转约15度，身躯朝南偏东；两肘下坠屈臂，右吊手边松开变成坡掌边随坠肘向下向里下沉至右腰侧前方，掌心斜朝下，略坐腕；左掌随转腰松肩坠肘向下向里下沉至左腰侧前方，掌心斜朝下，略坐腕，两腕宜略高于两肘。眼顾两掌下沉。

动作2　坐实左腿合提送（图5－2）

坐实左腿，膝尖与脚尖同向；右脚略提起，向左前方（南）弧形迈出半步，脚跟轻轻着地，宜微含后撑之劲，脚尖朝南，微微自然浮起，不可跷得太高，以免踝紧、膝紧、胯紧，影响全身的放松，两脚跟内侧的横向间距约为5厘米。腰胯左转约15度，身躯朝向东南偏南。两掌继续边外旋边同时向三个方向（向里向上向前）做合提送，右掌至右锁骨前，掌心朝左；左掌至左上腹前，掌心朝右。眼视前方。

动作3　右顺虚步成抱臂（图5－3）

重心略前移，右膝微屈，成前二后八的右虚步。腰胯继续左转约15度，身躯朝向东南。两掌边略内旋边继续做合提送，在身体中线前相合，右掌在前，中指尖高与鼻尖齐平，掌心朝左略偏前下方，略坐腕；左掌在后，高与心口平，掌心朝右略偏前下方，略坐腕，与右肘相对成抱臂状①，有搓合之意。眼顾右掌，随即向前（南）平视。

图 5-1　　　　　　　图 5-2　　　　　　　图 5-3

要　领

1. 做动作 1 实脚扣转肘撤沉时，宜松沉左胯，左肩井穴、左胯与左脚跟在同一垂线上，使左大腿、小腿与踝关节的外侧处于同一平面上，并意想骨盆端起、尾骨前收，以利臀敛身正劲路通。

2. 在做动作 1 两手掌下沉时，宜由肘引领，肘略低于腕，此时好像老鹰收翅合拢，又好像两肘各挂着一只秤砣往水中沉下去，不宜两手先下带动两肘下沉，两手下沉时应做到松肩坠肘劲不丢；同时，两手掌宜下沉至与腰齐平，傅老师教导说："先下后上，这才叫提手上势"，因此，两掌不宜只向里，将边合边提边送

---

① 《杨式太极拳》一书中提手上势的终止动作为右肩隔角靠（图27），应改正为两掌合提送（图24），其理由有三：其一，傅师生前都是这样教弟子和学生的。其二，1989 年出版（由傅钟文、傅声远著、姚明华执笔）的《杨式太极拳教法练法》（2000 年再版时改名为《嫡传杨式太极拳》）中，在把虚脚转身改为实脚转身的同时，把提手上势的终止动作改为两掌朝前合拢（图26）。其三，杨公在《太极拳体用全书》中明示：提手上式……同时将两手互相往里提合，是为一合劲，右手在前，左手在后（图7）。

的提手上势练成单纯的合手。

3. 做动作 2 时，右掌宜有提起右脚之意，以利于上下相随、动作协调。

4. 做提手上势时，两肩应齐平，右肩不可耸起。杨公指出："沉肩者，肩松开下垂也。若不能松垂，两肩端起，则气亦随之而上，全身皆不得力矣。"笔者对这段至理名言，学练体悟如下。松肩，是一条重要的习拳要领，在行拳走架中，应松开肩井穴，有向下放松之意，肩关节宜有沿上臂朝肘尖方向抻出松开之意；同时，愚以为，宜保持肩胛贴肋不破位，即肩胛骨始终须贴于肋骨上，不可破位，以免劲路中断接不住。只有肩部放松，胸、背、臂才能放松，才能使上身轻灵、下盘沉稳，才能有松沉双肩似无肩的感觉，才能使骨架正确练出整劲；反之，肩如不松，气则上浮，肩胛变位劲路中断，必被人制。正是：

> 松开肩井穴，平正上肢舒。
>
> 但到松沉日，双肩有若无。

5. 杨公在《太极拳术十要》中指出："坠肘者，肘往下松坠之意，肘若悬起，则肩不能沉，放人不远，近于外家之断劲矣。"这就是说，不论是哪一招式，不论在行拳过程中，还是在定式时，都必须做到坠肘，即肘关节应保持微屈，且有下垂之意。反之，如果两肘不松垂，出现抬肘或称为扬肘、亮肘，两肘外撑远离身躯，导致两肋暴露，失去护肋的作用，还将导致耸肩、气血上浮、下盘不稳、减弱合劲和坐腕的作用，正是"肘尖上抬全身空，肘尖下垂全身松"，在拳论中也称为"肘不离肋"。正是：

> 肘似挂只砣，始终往下垂。
>
> 肘抬肩必耸，露肋自身危。

诚然，肘不可悬起，但又不可将上臂紧贴肋部，产生夹肘现象，以致双肩不灵活、肘部无回旋余地、胸部肌紧张，从而影响动作自如、攻防灵敏、经络畅通和气血调和。在拳理中这叫作"肘不贴肋"。

在做提手上势时，不仅要做到"坠肘""肘不离肋"和"肘不贴肋"，还应注意"虚腋"。虚腋，有两层含义，其一是开，就是说腋下始终保持一定的空隙，以利于肩部灵活、气血畅通。在定式时，腋下应留有一定的间隙，左肘尖距左肋约15 厘米，右肘尖距右肋约 30 厘米，并应有下坠之意。第二层含义是开中有合，即腋下宜有合意，正如前辈们所说的"腋下好像轻轻地夹着一只馒头"，这么轻轻一夹，有利于肩胛骨贴肋不破位、两臂相连劲路通。一得之愚，供君参考。

在练提手上势时，身躯切莫起伏和前俯。

做动作2、动作3时，两手掌应每时都在做边朝里边朝上边朝前同时向三个方向的复合运动，直至定式成抱臂状，谓之合、提、送。不要先向里合，再向上向前提、送；也不要只合而无提、送，练成合手。

7. 将至定式时，两手向前上与左胯向左后抽转宜有对拉之意，有利于左脚植地生根，以增强左脚和右手贯通的整劲；又利于做到腰到手到，上下相随，一到无有不到。

8. 定式时身躯朝向东南，不要朝南，以便符合傅师的教导："含蓄其势，以待对手变化，对方进，我就将，或将右手心翻向上，用左掌合于我的右腕上挤出也可以。如果身躯朝南，对方从前面攻来，就易将到自己身上；反之，如果身躯太斜，则影响两手掌的合劲。"另外，请初学的拳友注意，定式时身躯朝向东南，但面部须朝向正南。

9. 成右虚步时，左膝切莫里扣，以免不符合外三合、裆不圆、劲路不通和易伤膝关节。

用　法

假设对方用左手击我胸部，转身避之，两手下沉，挫其来力，随之以两手相合，搓拿对方肘与腕，使其脱臼断臂，或含蓄其势，以待其变。

劲　点

定式时，劲点在两掌心（大鱼际侧）。

检验方法

1. 定式时，站在拳友的前面（南方），用双手握住其双腕平推喂劲，如果他不被我推动，则说明他脚下生根、骨架正确、身含整劲，有了整劲，就有定力，才能发劲。

2. 站在拳友的左右侧，平推其肩，也不应被推至失去重心。

第六式　白鹤亮翅

动作过程

动作1　两掌相合提右脚（图6-1）

收沉左胯，重心渐渐移至左腿；当坐实左腿，右脚掌着地，踏平，随即脚跟离地提起，脚尖自然下垂。腰胯左转约30度，身躯朝东偏南。左掌随肘后撤边内旋边采抹至左胸前，掌心斜朝下，腕高于肘、低于肩；右掌边外旋边抄至肚脐前，掌心朝左偏下，与左掌上下相合似抱球状。眼顾左掌采抹，随即平视前方。

动作2　边贴边挤半马步（图6-2、图6-3）

右脚向前偏右迈出，脚跟先着地，脚尖内扣踏平，朝向东南，然后蹬左腿、撑右腿，成半马步，其重心的比例约为右六左四。腰胯右转约30度，身躯朝向东南。右掌继续边外旋边向前偏上掤至右胸前，掌心朝左偏上，拇指朝

图6-1

上，上臂与前臂的夹角约为100度；左掌继续边内旋边逐渐贴于右前臂里侧，手指斜朝上，为扶臂挤（揽雀尾中的挤为扶腕挤），两臂撑圆。眼顾两臂前挤，随即平视前方。

动作3　右侧弓步隅角靠（图6-4）

继续略左蹬右弓，成右侧弓步，其重心比例约为右七左三；身躯平正微微右移（此时不宜转腰胯），以右肩外侧向西南方向作贴身靠。眼视前方。

图6-2　　　　　　　　图6-3　　　　　　　　图6-4

动作4　滚架下采左虚步（图6-5A、图6-5B）

重心渐渐移至右腿，坐实，并渐渐蹬展；左脚跟先提起，随即脚尖离地，向东南方向弧形提起，当身躯慢慢转至朝东偏南、右掌上掤至右耳前、左掌下采至左腹前时，左脚掌着地（不宜以脚尖点地，以免影响左腿松柔和掤架劲），脚尖朝东，随即右腿继续渐渐蹬展，重心前移，左膝微弓成高位虚步（身体的高度高于提手上势的右虚步），前后脚重心的比例约为前二后八，"前脚并非全虚"（傅师语）。腰胯逐渐左转45度，身躯朝东。右掌边内旋边在身前向上偏前弧形斜向翻滚，掤架至右额前上方，掌心朝前偏下（不宜斜朝上，以免抬肘耸肩），手指斜朝上，手背与前臂外侧宜在同一平面上，略挺腕，劲点在掌缘，笔者称之为斜切掌（以后还会在扇通背、撇身捶和玉女穿梭等式中出现），手臂呈弧形撑圆；左掌边略内旋边向左下方弧形采按至左胯侧前方，掌心朝下略朝右，坐腕，手臂也要呈弧形。眼顾右掌滚架，随即平视前方。

图6－5A   图6－5B

要　领

1. 在演练白鹤亮翅时请避免以下两个常见病：一个是做动作1两掌相合时，左掌后撤走得快、内旋翻得快，而形成停顿不动的毛病，成为死手，内劲必断无疑；另一个常见病是做动作4掤架转身时，腰胯左转过快，即身躯已转向正东，两手掌还在笃悠悠地上下运动，这种手腰脱节、各自为政的练法，必无整劲。

2. 靠是太极拳掤、捋、挤、按、采、挒、肘、靠八法中的一种。凡是以肩、背或臀部进攻对方的方法都称为靠。在传统杨式太极拳整个套路中，只有白鹤亮翅中的一个靠。根据傅师关于"先挤后靠"的言传，做白鹤亮翅挤到后，肩已贴近对方，随即以右肩侧微微平移靠击对方胸部，为肩靠劲。靠击时肩的方向是朝向西南，为隅角靠。进身向隅角以肩靠击贴近我身之人时，须身正肩平，不可向右倾斜，即不可右肩低、左肩高，或者右肩向右探出，以免有失中定和肩胯不合；肩靠时，不宜右转身，以免把肩靠练成背靠；肩靠时，应微微向西南方向作隅角靠，不宜靠得太多，以免不符贴身靠的练法和易被人所制。

3. 做挤靠时，右掌不宜掤至右肩侧前方，即右上臂与右前臂的夹角不宜过大（达170度），以免在做动作4时把在身前向上偏前弧形斜向像卷竹帘似的滚架练成撩手似招手，不符旋臂的拳理和攻防的用法。另外，做动作4时，傅师教导说："右掌上提不要向右分开，可想象我的右肩已靠在墙上，右手前臂不可能越墙而过，只能向上偏前斜向翻滚作掤架；右掌也不要分得太开，至右肩外侧，然后向左上方兜圈子向里插，这种兜圈子的练法看似很潇洒，但无掤劲而言，又不符合用法，中看不中用。"再者，右掌"亮翅"时，不可手指朝左成横掌，掌心也不可斜朝上，以免抬肘耸肩、肩胛破位、劲路中断；也不可立掌且掌心朝前或朝左，如果练成这种招手状或举手状，哪来掤劲；定式时，右腕掌缘略挺，不要前突呈坐腕状，以免断劲和不符用法。

4. 做动作1～3时，请勿起伏，待到做动作4时，身体才渐渐上升至高位虚步。

5. 定式时，两掌宜在身前的同一垂直平面上（不要右掌在前，左掌在后），内含上下之分意，兼有左右之开意，身体似有膨胀的感觉，谓之"两臂撑圆人似球"。

6. 两尖相对裆自圆，在做动作4腰胯左转45度时，右膝不可随之里扣，以免膝尖与脚尖上下不合、尖裆、劲路不通和扭伤膝关节。

7. 定式时宜收沉左胯，以利于肩胯相合，右臀不可后凸（即肩朝东，胯朝东偏南），以免骨架不准、右掌接不住劲和发不出整劲。

8. 作白鹤亮翅时，还要求做到气沉脚下神贯顶的"对拉拔长"，这在《杨式太极拳学练释疑》中已有浅述。

用　法

先捋其臂，两臂合劲有前挤之意和意贯肩靠，再以右斜切掌上展护头部或击人下颌（不宜以指尖戳人），左掌下采护腹或以助右掌向上掤架。

劲　点

定式时，右手的劲点在掌缘（而非指尖），左手的劲点在掌根（小指侧）。

检验方法

在定式时，下压拳友的右掌掌缘、上抬其左掌、合压其两掌和横推其左肩或左髋，应是压不下、抬不起、合不拢和推不倒。

第七式　左搂膝拗步

动作过程

动作1　掌砍来拳略下蹲（图7－1）

撑左腿，蹬右腿，重心略后移，右腿同时微微下蹲。顺势收沉左胯，随即右转约15度，身躯朝东偏南。松右肩、沉右肘，引领右掌边外旋边微微向前下方划一个小圆弧，随即继续边外旋边向左下方沿身体中线前呈外弧形下切至胸前（不宜落在右肩前），掌心朝里偏左，拇指朝上，以掌缘拦截击我“空门”的来拳（傅钟文恩师说：“练这个动作时，好像京戏中的正捋胡须）；左掌边外旋边随腰移至左腹前，掌心朝下偏右。眼随转体平视前方，关顾右掌下切。

动作2　坐腿转腰右掌撩（图7－2）

右腿继续微微下蹲，坐实右腿；左脚跟微微浮起，脚尖着地。腰胯继续右转约30度，身躯随腰胯继续边右转边向下呈螺旋形拧转，朝向东南，两肩应齐平，不可左高右低。右掌继续边外旋边向右下方撩至右胯侧上方，手背斜朝后；左掌继续边外旋边移到心口前，掌心斜朝下。眼随转体平视前方。

图 7 - 1   图 7 - 2

动作 3 左脚提起两掌合（图 7 - 3）

继续坐实右腿；右胯后抽，随着腰胯继续右转约 15 度时，带起左脚稍后移（不要回收太多至右踝内侧），小腿自然下垂，脚尖斜朝下，离地不要超过一拳高。身躯朝向东南偏南，头随身转，不要扭头拧脖子。右掌继续边外旋边向右斜角（西南方向）舒展地上举至右肩外侧，手臂微屈，腕与肩同高，掌心斜朝上；左掌继续边外旋边向右合于右胸前，掌心朝右偏下（与地面的夹角约 60 度），手臂宜撑不宜瘪，虎口与右肘左右相对，左肘宜与左膝上下相对。眼视前方，关顾右掌上举，但不要扭头看手。

动作 4 右掌"摸耳"迈左步（图 7 - 4）

右腿再略下蹲，松开左胯送左脚向前偏左迈半步，脚跟先轻轻着地，踏平，脚尖朝东，有微向后撑之意，两脚跟内侧的横向距离约 20 厘米。腰胯微左转约 15 度，身躯朝向东南，立身中正不凸臀。右掌随屈臂略内旋回环里收至右耳侧前方，虎口对耳朵（相距约 10 厘米），掌心朝北偏东微朝下；左掌边略内旋边向左下方采至腹前，掌心斜朝下（约 45 度）。眼视前方。

图 7 - 3

图 7 - 4

动作5　搂膝推掌拗弓步（图 7 - 5、图 7 - 6）

松右胯，蹬右腿，撑左腿，收左胯，重心渐前移成左弓步。腰胯左转45度，身躯朝东，不可后仰，右肩不可前探。右掌边内旋向前（东）偏下推至右肩前偏里，掌心朝东偏北，手臂微屈，垂肘，坐腕，傅师在教这个动作时又形象地说："好像京戏中的反捋胡须"；左掌随转腰胯和展左臂边内旋边向下经左膝前上方随即向左后方呈马蹄形搂采至大腿侧上方（左掌的高度，由于每个人的手臂长度不同，一般为高于大腿15厘米左右），手臂微屈、藏肘、坐腕，掌心朝下略偏右（约10度）。眼顾左掌搂至膝前，随即向前平视，并关顾右掌前推。

图 7 –5

图 7 –6

要　领

1. 为了确保"劲自脚起"，在做搂膝拗步的弓步时，请君注意以下五点。

（1）前脚尖应朝向正前方，不可偏斜，以免产生分力；后脚尖外撇 45 ~ 60 度，以利于力点集中。当后脚蹬地，犹如船夫在船尾撑篙，后脚应全脚掌贴地，脚掌外侧切不可掀起或脚跟离地。

（2）重心前移时，宜松沉实（后）腿之胯，以便实腿更加稳固，使脚与地面产生的反作用力好像抽水机一样，形成周身协调、完整一气的整体劲，且松沉越深，反射的蹬撑劲就越大，正如根深才能叶茂。

（3）蹬中有撑。如前所述，后腿向前蹬时，前腿应向后微撑，与后蹬腿似有对抗之意，两脚互为其根，其反作用力才能由脚而腿而腰而手，脚下有了，手上才会有，才能产生整劲，才能有效地防治前膝主动前弓（先弓到）上下不相随的常见病。

（4）做拗弓步时，应蹬右腿，送右胯，收沉左胯，两胯呈合势，且有右胯边转边下压左脚跟之意，这种练法既有利于下盘稳固、肩胯相合、易出整劲，又可有效地防止右肩向前探出、前膝超过脚尖、身体前俯和重心偏前等低级错误。正是：

拗步右足蹬，还须左胯沉。

可防膝过趾，又利脚生根。

（5）弓步定式时，后腿应自然伸直（微屈）。对于前辈的"膝盖微屈"，其意是提醒我们不要挺直而处于僵直状态，以免身体前俯以及动作、劲力出现"过"的现象；但是，也不要曲解成膝盖弯曲，此为"不及"，成为"软腿"，后腿弯曲，劲力必然不足。那么，如何才是符合"中庸"原则的恰当位置？笔者以为，只要意想骨盆端起、两胯相合、脊柱中正、膝找脚尖，劲路畅通，后腿自会做到直中含微屈的正确位置。对初学传统杨式太极拳的拳友来说，拳架不宜太低，步幅不宜太大，因为此时功夫尚浅胯不松、拳架一低、步幅一大，身法必乱，动作必紧，内劲必断。

2. 练习动作 4 屈肘"摸耳"时，右掌心应朝北偏东，不可朝东或朝下，以免做下一动做弓步推掌时无臂可旋，内劲必弱，拳味必淡；更不可掌心斜朝外（拇指朝下），以免亮肘。

3. 做动作 5 右掌前推时，浅述六点学练体会。

（1）连绵不断、均匀地内旋。

（2）虚掌逐渐变为实掌。

（3）右掌前推宜与右锁骨和左胯有对拉之意，以增内劲，并能有效地防治右肩向前探出肩胯不合的探肩病（被人一拉即倒）。

（4）劲自脚起运于手，脚不蹬，胯不旋、手不妄动。

（5）身肩不宜跟着右掌走，以免产生身前俯、肩前探之弊。据实测，右掌前推的距离为 2 尺左右，而右肩前移的距离约为 6 寸，拳论中谓之"肩移三寸，手移一尺"。

（6）右掌推到定式时的位置，由以下三个方位（上下、左右、前后）所决定。

①右掌心的高度宜与肩齐平，以掌击人胸或肩。

②右腕宜与右脚跟前后对齐，使后脚与地面的反作用力节节贯串至前掌。因此，定式时，右掌不要太高或偏全右肩外侧，以免耸肩、劲力分散，甚至击不到对方的胸部。反之，右掌也不要向里偏移至身体中线前，以免减少与左掌的力偶对拔劲（即右掌向前，左掌向后，且不在一直线上）。

③右臂微屈，不可过直，应"曲蓄而有余"。

4. 左掌做采搂时五条技术要求。

（1）左掌下采至腹前时，应做到松肩沉肘；同时，掌心应斜朝下（里），不可朝下，以免做搂膝时无臂可旋和抬肘；更不可掌心斜朝外（拇指斜朝下），以免亮肘不得力。

（2）傅师在教拳时再三指出："左手搂得不要太高，不要把搂膝拗步练成搂腰拗步。" 更不要练成搂胸拗步！以免失去搂膝护下身的作用。

（3）王荣达二师兄说："练拳时的两手，不能只重视一手，而忽视另一手的作用。" 据观察，当右掌前推时，有90%的拳友是边内旋边前推；而左掌作搂膝时，至多只有10%的拳友是边内旋边搂膝的，即在做动作4、5时，绝大多数演练者的左掌心始终是朝下偏右，臂不旋，何来螺旋劲?! 因此，笔者再次重申，请读者在教拳和演练搂膝等拳式时，须认真做到上述浅明而十分重要"臂要旋"的要求；同时，请拳友在习拳时不要仅仅注重主手而忽略次手！有一次教左搂膝拗步时，笔者突发奇想，说："请各位拳友把意念放在搂膝上，把左掌作为主手。" 效果倒蛮好，其合格率明显上升，正是歪打正着。

（4）左掌应边搂膝边逐渐伸展手臂，似有丢鞭子的感觉，以利动作潇洒不拘谨、不抄近路走 n（马蹄）形和防治搂腰的常见病。

（5）当右掌向前推按将至定式时，左掌应向后搂采，以助右掌前推，也可作以左掌击人的意想，笔者谓之力偶劲。正是：

两手行切线，如旋方向盘。

对称成力偶，以助按朝前。

5. 头莫独自转动，即头部不应脱离身体而单独转动，在做搂膝拗步等大多数拳式时，要求做到头身同转，"犹如捻捻转（一种玩具），首尾共同旋"，即面部（鼻子）与身躯（肚脐）的方向是一致的，头部的旋转幅度，不宜超过身躯的旋转幅度，以免扭头拧脖子，"虚领顶劲" 顿失，眼神难以灵动。当动作3右掌平举至西南方向时，不可扭头看手；当动作4"摸耳"出步时，不可头先转朝东。

6. 在演练动作1～动作4时，身躯宜逐步地、均匀地螺旋下降勿突变，即身体的高度由高位虚步连绵不断地呈螺旋状下降至弓步的高度，中间不宜有停顿和突变的现象。据观察，这又是一个被广大拳友所忽视的"高度渐变"细节！

7. 当坐实右腿时，左脚跟宜随着身体螺旋下降时逐渐抬起及至左脚自然提起，慢起慢落。不宜先不动然后突然快速提起，也不宜左脚过早提起而停顿成为"死脚"。

8. 当做动作 1（掌砍来拳略下蹲）屈臂回收时，宜微微里收下颌，微微后弓脊椎，为合呈蓄势，此时臂部的伸肌被抑制，利于屈臂，谓之"吞身"；当做动作 5（搂膝推掌拗弓步）右掌击出至定式时，下颌宜微微向外，脊柱微微向前，为开呈发势，此时臂部的伸肌反射性增强，利于手臂伸长和发劲，谓之"吐身"；再结合吸气（呼气），有利于动作轻灵（沉稳）、拳架紧凑（开展）和内气鼓荡。在做吞身和吐身的同时，尚请诸君注意"劲蕴于内，形不外露"这条技术要求，即"自己能感觉到，别人看不出"（傅师语）。

9. 在演练左搂膝拗步时，常常会出现脚腰手不协调、前膝主动前弓、两手不同步和"上动下不动"的现象，即左腿弓到腰胯转到，但手还在左搂右推，或者左手已搂到位，右手还在途中笃悠悠地前推，其左弓与右推到位的时间差，何止一拍、二拍。这种脚腰手各自为政、支离破碎的练法，何来周身一体的整劲!？"充其量只是手上的功夫"（傅师语）"动手不是太极拳""到老一场空"。因此，愚以为，只要拳思缜密，认真做到后蹬前撑、膝不主动、重心缓移、转胯匀缓、腰带双手和齐起齐止等技术要求，定能防止局部运动的习惯，方可防治这个在公园中、赛场上、影碟里屡见不鲜上下不相随的通病。

10. 拗弓步与顺弓步的区别

（1）异侧手脚在前的弓步为拗弓步（如搂膝拗步），同侧手脚在前的弓步为顺弓步（如单鞭）。

（2）拗弓步两脚跟内侧的横向距离约 20 厘米，顺弓步约 10 厘米。

（3）拗弓步后腿的腿肚子斜朝后，顺弓步后腿的腿肚子斜朝里。

（4）拗弓步的两胯呈合势（收前胯），顺弓步两胯则呈开势（抽后胯）。

（5）拗弓步的身躯为正向，顺弓步的身躯为隅向。

（6）主手掌心的朝向，拗弓步为朝前偏里，为正立掌；顺弓步为斜朝前，为斜立掌。

（7）拗弓步主手的劲点在掌根，顺弓步则在掌根小指侧。

用 法

身体右转，以避来拳，左掌挂开来手，随之搂开其手或脚，以护裆部；右掌砍拦来手护心腹，随之撩击右后侧之敌方的阴部，再收至右耳侧前方，向其胸部按去。

劲　点

定式时，右手的劲点在掌根，左手的劲点在掌根（小指侧）。

检验方法

1. 右掌做动作 1 下切时，平托其肘，如肢体不放松，则下不来；肢体一松，则托不住。

2. 习者在做动作 4、动作 5 左脚跟着地时，按其左肩和左肘，应能顺利地完成动作。

3. 定式时，平推拳友的右掌、两肩头或平拉其右腕，他应四平八稳，不为我的推拉而动。

第八式　手挥琵琶

动作过程

动作1　稍做跟步成坡掌（图 8-1）

收沉左胯，身躯略前移。重心渐渐全部移至左腿，坐实；右脚跟先离地，提起朝前偏左约一脚宽（8 厘米左右）处落下做垫步，做跟步时，脚掌先着地。右掌随身体边前移边松腕成坡掌，掌心斜朝前偏左；左掌顺身势边向前移边松腕成坡掌，掌心朝下偏右。眼顾右掌前移。

动作2　左挑右采成抱臂（图 8-2、图 8-3）

右脚掌外缘、脚跟先后着地踏平，脚尖朝向东南，重心渐渐后移，坐实右腿；左脚跟在右脚跟着地时离地，随即稍往右后方收近间隔一只脚的宽度（约 8 厘米)，脚跟轻轻着地，脚尖略为自然跷起，膝微弓（请拳友们注意，这时的重心不要前移）。腰胯随重心后移逐渐均匀地右转约30度，身躯朝向东南偏东。左掌边外旋边向前上偏右挑至左锁骨前，大小臂的夹角约为120度，掌心朝右；右掌边外旋边沉肘屈臂向后向下呈外弧形（略向右再略向左）采至右腹前、左肘内侧，掌心朝左。这时，两手成抱臂状粘住对方的腕关节和肘关节两个活口，两掌心前后遥对。眼视前方。

动作3　双手提送成虚步（图8-4）

重心略前移，前后腿的重心比例约为2∶8，成左虚步。腰胯继续右转约15度，身躯朝向东南。两掌一齐边略拧转边向前偏上撅出，右掌边略继续外旋边略向左前上方（形如鱼钩）提送，腕略高于肘，掌心朝左偏上①，拇指尖高与左肘齐平，四指斜前偏上；左掌随转体边略内旋边向前上方弧形提送，中指尖高与鼻尖齐平，略坐腕，手指斜朝上，左臂微屈，掌心朝右偏下，两掌心仍前后遥对，犹如手抱琵琶挥弦状。面部朝东，眼顾左掌，随即向前平视。①

图8-1

图8-2

---

① 《杨式太极拳》一书中手挥琵琶图35画法有误，即把右掌心错误地画成朝左偏下，应改正为朝左偏上，这是傅师传杨式太极拳的特征之一。

图 8-3   图 8-4

要 领

1. 腰胯均匀地、连绵地右转 45 度，且要求上下相随，这是演练手挥琵琶的一大难点，最常见的弊病是，腰胯右转 45 度过快，即身体早已转向东南，而两手掌还在动。如何做到腰到手到？当做动作 2、动作 3 时，右脚跟应缓慢落地，及至踏平；同时，宜意在下肢劲力传递法，腰胯随之自然、均匀地渐右转；当将至定式时，可寻求两掌提送与右胯向右后方撑转时有一种对拉的感觉。另外，可寻找右胯与右脚跟对拉的感觉，则右脚跟、右胯与两手腕打通了，易形成周身一体的整劲；可寻找松沉右胯劲至脚底，随之依次反射到腰胯、脊椎、肩臂、手掌的感觉；也可寻求意气下沉，掫劲前发的感觉。

2. **重心转移无痕迹**。我们练拳，必须掌握好重心的转移，这是任何一种层次的拳手都不能回避的一项基本技术，又是一项高级技巧，其核心是不露痕迹地进行转移。当做跟步时，左腿的重心逐渐由 70% 增加到 100%，坐实左腿；当右脚提起落地后，右腿重心逐渐由 0 增加到 100%，坐实右腿，略提回左脚，然后右腿的重心由 100% 减少至 80%，成左虚步。因此，当动作十分熟练后，从某种意义上说，打拳是用脚来打，"脚下阴阳变"，即在脚上做重心变化的减加法，而且这种变化必须像太极双鱼图那样逐渐地、均匀地、无痕地此消彼长、此长彼消。

3. 做跟步时，请拳友注意以下四点。

（1）右脚向前稍做跟步，不宜上得太多，原因如下

①杨公指出："右足略提起随落下……左足随身收近，足跟点地。""屈右膝坐实，左脚随稍往后提，脚跟着地。"

②杨振基、李雅轩、牛春明等前辈的练法均相同，即"右脚提向前约一个脚印的位置落下……左脚提起稍往后落下"，"右脚稍起，不停，即落步坐实，左脚趁其落势收回半步"，"提右脚，仍落原地……左脚成虚，收回约一脚之地"。

③傅师在 1989 年出版的《杨式太极拳教法练法》（后改名为《嫡传杨式太极拳教练法》）一书中，对这个小动作竟有五处表述，"右脚稍提起，基本仍在原地落下"，"右垫步基本上提起后仍在原地落下"，"右垫步基本上提起后仍在原地落下"，"重心前移提右腿，右脚后踏原地落"，"前进后退都要留有余地，所以右脚上步基本上在原地踏下，不能上步过多，否则左脚不能稍往后提，有损于收蓄其势"。

④傅师在教陈世庆师兄（常随师赴外地教拳，在傅师主讲的高级讲习班上代师示范太极拳）时明示："上一脚许，是指向前上一只脚的宽度，不是一只脚的长度。"

⑤跟步过多，容易出现身体前俯、拳势起伏、重心过前而易被人所制等弊病。

⑥如果跟得过多，左脚势必向前落下，与祖传"随身收近""稍往后提"的练法相悖。

（2）提右脚做跟步时，感觉右腿轻灵地、缓慢地好像从淤泥或雪地中徐徐地拔出来，又好像脚底粘有糯米饭，做到慢起慢落，不要快起快落。

（3）身躯顺势微微前移时，可意想松沉左胯、尾骨向前和右胯送右掌，以确保立身中正不前倾，初学时可面对墙壁习练，当心鼻子撞墙！

（4）做动作 1 跟步时，也是一个上下相随、一动无有不动的联动，即左胯里收下沉，右胯随之前合，送右掌前移，同时带右脚提起。

4. 行拳犹如放风筝，例如，当做动作 1 右掌前移时似放出风筝，当做动作 2 右掌弧形后采时似回收风筝，当做动作 3 右掌前送时又似放出风筝，在一放一收风筝的过程中，手中的风筝线始终不紧不弛地绷着，唯程度不同而已；同样，在行拳的整个过程中，手上好像始终牵着一只风筝，时收时放，不使拙力不丢劲，以

利于动作柔顺、内劲连绵、富有内涵。

5. 定式时，右脚、踝、膝、大腿和胯的外侧宜在同一垂直平面上，且应做到两胯呈开势和骨盆端起，以利于双膝与双脚同向、立身中正、松腰落胯、裆圆下盘稳和形成周身一体劲。

6. 手挥琵琶与提手上势的区别。傅师在教拳时经常问："你包的是饺子还是馄饨？"即要求我们在练拳时要分清楚，不要让人看不清你练的是哪一个拳式。的确，对初学传统杨式太极拳的拳友来说，提手上势与手挥琵琶也是一对容易混淆的拳式。其主要区别如下。

（1）提手上势是承接单鞭，实扣左脚，坐实左腿，然后成右虚步；手挥琵琶是承接左搂膝拗步，先坐实左腿，右脚稍做跟步，然后再坐实右腿，成左虚步。

（2）提手上势的腰胯转动两次，即右转约 15 度，再左转约 30 度；手挥琵琶仅转动一次，即右转 45 度。

（3）两手掌的运行路线，提手上势两掌应"先下后上"，即两掌撤沉后，边向里合、边向上提、边向前送，做合、提、送至定式时才成抱臂状；手挥琵琶右掌先下采，左掌上挑，两手相合呈抱臂状，然后一起向前向上作提、送。

（4）定式时，提手上势右掌在上，左掌在下，左掌心朝右偏下，与右肘相对，劲点在掌心（大鱼际侧）；手挥琵琶是左掌在上，右掌在下，右掌心朝左偏上，与左肘相对，劲点在掌心（小鱼际侧）。

（5）提手上势是以搓劲为主，两手似绞毛巾被，其用法是两掌搓合将对方脱臼或断臂；手挥琵琶是以撅劲为主，两手似向前一起抛物，其用法是两掌拿住对方的两个活口——肘和腕，一齐边略拧转边向前偏上发放，将对方掀出。

用　法

对方以掌或拳击我胸腹，即后坐侧身，以空其掌（拳），同时两手管住对方腕与肘两个活口，顺势撅其臂向前发放，将其掀倒或掷出。傅师在家中的客厅里教手挥琵琶时对我说："我可以把你掷到门外的天井中，杨老师（澄甫）可把我掀出墙外"。

劲　点

定式时，右手的劲点在掌心（小鱼际侧），左手的劲点在掌心（大鱼际侧）。

检验方法

1. 握住拳友的双腕并前推，不能把他推动，则说明其拳架结构正确含整劲；反之，两手向前上方发出的是手上局部之"拙力"，不但不可能将对方掀倒，而易被人一推就倒。

2. 站在拳友的左、右侧，平推其肩，也不应被推至失去重心。

3. 在拳友后面推其背部，仍安如磐石。正是：

朝君八面按，是否被推翻？

拳架如规范，巍然稳似山。

第九式　左右搂膝拗步

左右搂膝拗步由左搂膝拗步、右搂膝拗步和左搂膝拗步组成。

（一）左搂膝拗步

动作1　坐腿提脚两掌合（图9－1、图9－2）

收沉右胯，带动身躯略右转约15度，朝向东南偏南。重心渐后移，坐实右腿；左脚掌宜慢慢着地，随即脚跟、脚掌、脚尖依次离地，稍提起略后移，小腿自然下垂，脚尖斜向下。右掌随右转身、松右肩、沉右肘，边外旋边弧形向右后方撩至右胯侧，随即向右上方举至右肩外侧，手臂微屈，腕与肩同高，掌心斜朝上；左掌随屈臂边略内旋边向里偏下合于右胸前，掌心朝右偏下，虎口与右肘相对。此时，面部应与身躯同向，即朝向东南偏南，眼平视前方，关顾右掌，但不要扭头朝向西南看手，也不要仍然朝东。

接下来的"开胯迈步摸耳朵"和"搂膝推掌拗弓步"与前面第七式左搂膝拗步的动作4和动作5相同（图9－3～图9－5）。

图9－1

图9－2

图9－3

图9－4

图9－5

（二）右搂膝拗步

通常，拳友演练的右搂膝拗步比左搂膝拗步要差一些，这是因为右搂膝拗步在整个杨式太极拳传统套路中只有两个，而左搂膝拗步却多达七个；其次，拳师们在传授右搂膝拗步时，大多讲得比较少，有的甚至只是一笔或一句（除左右不同外，与左搂膝拗步相同）带过。

兹根据师传、拳理、拳法和体悟，将右搂膝拗步分解成四个动作，并按其练法归纳成小诗一首：

转体撇足左掌撩，掌合脚起靠旋腰，

胯开迈步应"摸耳"，搂到弓成是要着。

上接左搂膝拗步。

动作1　转体撇足左掌撩（图9-6A，图9-6B）

"逢转必沉"，收沉左胯，腰胯左转约30度（身躯朝向东北偏东）带动实（左）腿螺旋向下拧转，左脚以脚跟为轴，脚尖外撇45度，当左脚踏平，右脚跟随即离地，右膝随之略内旋，重心逐渐移至左腿。骨盆端起莫凸臀，虚领顶劲头勿摇，两肩水平忌高低，肩胯相合不拧腰。左掌边外旋边向左后偏下撩至左胯旁（不可停顿、快速外旋成掌心朝天或向前掤出），手背朝向西北；右掌边外旋边向左偏下移至身体中线前，掌心斜朝下。眼随转体平视，先关顾右掌向左挡开来势，随即关顾左掌撩击对方。

图9-6A　　　　　　　　　　　图9-6B

动作2 掌合脚起靠旋腰（图9-7）

坐实左腿；右脚随左转腰带起，悬提至左踝旁、右肩下方，小腿自然下垂，脚尖不可点地，不可抬脚过高。腰胯继续左转约30度，身躯朝向东北偏北，两肩齐平，不可摇晃。左掌继续边外旋边弧形向左斜角上举至左肩外侧，手臂微屈，腕同肩高，掌心斜朝上；右掌继续边外旋边屈肘合于左胸前，掌心朝左偏下，虎口与左肘相对，两掌心遥相对。眼顾左掌，但不可扭头转向西北正视左掌，随即平视前方。

动作3 开胯迈步"摸耳朵"（图9-8）

松开右胯，腰胯微右转约15度，身躯朝向东北，右脚尖向前（东）偏右（南）慢慢探出，脚跟先轻轻着地，再脚掌着地，全脚放平，两脚跟的内侧横向距离约为20厘米。左掌边内旋边屈臂收至左耳侧前方（相距约10厘米），掌心朝南偏东，不可掌心朝下、手指朝前，也不可掌心朝东、手指朝上；右掌边内旋边向右下方采至腹前，掌心斜朝下。眼视前方，但此时的面部不可转向正东成拧脖子。

图9-7

图9-8

动作4　搂到弓成是要着（图9-9、图9-10）

左腿自然蹬直，收右胯，撑右腿，成右弓步。腰胯继续右转约45度，身躯朝东，双肩齐平，左肩切莫向前探出。左掌继续边内旋边向前（东）偏下推至左肩前偏里（据不完全统计，在练左搂膝拗步时约有二成拳友患右掌经右肩外侧向前推的弊病，而在练右搂膝拗步时则有四成左右的拳友患左掌经左肩外侧向前推的弊病，因此，请初学的拳友在演练此式时务必要"摸耳朵""反捋胡须"，向前推出），手臂微屈，垂肘，坐腕，掌心与肩平，并与左脚跟齐，掌心朝东偏南，另外，在左掌前推时，不宜故作颤抖发假劲（右掌前推时亦然）；右掌继续边内旋边向下向前经右膝前上方呈马蹄形搂回至右大腿侧上方（不应在大腿上方抄近路搂过去），手臂微屈，藏肘，掌心朝下略偏左，坐腕。眼顾右掌搂至膝前，随即向前平视，并关顾左掌前推。

其要领和检验方法与第七式相同，只是左右相反。

图9-9

图9-10

（三）左搂膝拗步

动作与前面的右搂膝拗步相同，只是左右相反（图9－11～图9－15）。

图9－11   图9－12

图9－13   图9－14   图9－15

要 领

1. 在做左、右、左三个搂膝拗步的连接时，应实脚转身，不宜后坐虚脚转，以免不符合连续进攻的用法。

2. 当右搂膝拗步接做左搂膝拗步实脚外撇右转身时，右胯宜顺势再向右下方呈螺旋状微微收沉，使右脚跟拧转入地，以利下盘扎实稳如山、肩胯相合身不扭；当重心继续渐渐前移至坐实右腿时，右胯宜顺势沿顺时针方向向右上方呈螺旋状微微抽转，以利于腰带左脚轻灵提起；当右腿独立时，右胯宜找右脚跟似有对拉之意，且与右肩井穴位于一根垂线上，以利于膝尖、脚尖相合、独立稳定似立轴；当前迈左步时，宜略开左胯送左脚迈出，以利于移动腿放松行如猫；当左脚着地后，宜松沉右胯，以利于增加起于脚的反作用力；当右蹬左撑前弓时，右胯宜压左脚跟，以利于做到"其根在脚，发于腿，主宰于腰，形于手指"；当至左弓步定式时，宜收左胯、送右胯，两胯呈合势，以利于肩胯相合含整劲。上述右弓步至左弓步的胯法，也适用于其他众多的拳式，请读者诸君举一反三，不妨一试。

3. 如前所述，在演练左右搂膝拗步时，有三个最为常见的弊病，即右（左）肩不随腰胯转，而主动前探（超前成探肩）；左（右）掌平搂不旋臂，掌心始终朝下；左（右）膝主动前弓（提前弓到）且超过脚尖。夸张地说，这也是演练整套拳中的三个顽症；再夸张一点说，如果这三大毛病不除，焉能练出太极拳的第一层功夫（处处身含一体劲，时时中定稳如山），其结果必将是"充其量只是手上的功夫"（傅师语）。正是：

> 行拳三痼弊：肩胯两分离，
> 运手无旋臂，弓先又跪膝。

检验方法

在手挥琵琶接做左搂膝拗步时，站在拳友的右侧用双手按住其右肩的右肘，看他（她）是否能自如地转身，并使我失重后仰。

第十式　手挥琵琶

与第八式手挥琵琶相同（图 8－1～图 8－3，图 10－1）。

第十一式　左搂膝拗步

与第九式左右搂膝拗步中的（一）左搂膝拗步相同（图 9－1～图 9－4，图 11－1）。

图 10－1

图 11－1

第十二式　上步搬拦捶

在整个套路中，有六个搬拦捶。其中第十二式的右脚于身后向身前迈出，谓之上步，因此，本拳式宜改为上步搬拦捶；而其它五个搬拦捶的右脚均在身前提起迈出，谓之进步，故称为进步搬拦捶。

动作过程

动作1　左撩右挂实脚转（图12-1）

收沉左胯，左脚尖外撇45度，重心渐渐移至左腿，右脚跟离地。腰胯左转30度，身躯朝向东北偏东。左掌随转体边外旋边向左后方撩至左胯旁，掌心朝右；右掌边松腕边略外旋边向左后下方挂至右胸前，掌心朝下偏左。眼顾右掌左挂，但不可低头看手。

动作2　腰带右脚盖右拳（图12-2）

坐实左腿，腰胯继续左转15度，带动右脚提起至右肩下方，脚尖自然下垂，这时，身躯朝向东北。右掌继续边外旋边握拳边向左后下方盖至左腹前，拳眼斜朝上，拳心斜朝下（不是朝下偏右，以免抬肘、不得力），为第一拳，谓之盖拳；左掌边内旋边向上（高与肩平不过耳）、向右下方合至左胸前，掌心斜朝下。眼视前方。

图12-1

图12-2

动作3　隅角出步渐贴腕（图12-3）

右脚向右前（东南）隅角方向迈出，先以脚跟着地，踏平，脚尖朝向东南。腰胯右转约30度，身躯朝东偏北。右拳边外旋边向右前上方搬至心口前，拳眼朝上偏左；左掌逐渐向右手靠拢，掌心贴于右腕里侧上方。眼视前方，关顾右拳搬出。

动作4　右肘为轴双手搬（图12-4）

蹬左腿，弓右腿，重心逐渐前移至左三右七的比例。腰胯继续右转约30度，身躯朝东偏南。右拳搬出时应以右拳为主、左掌为辅，合力继续以右肘为圆心边外旋边向右偏上搬至右胸前，拳眼朝上。右拳高不过肩，以粘化来拳或以拳背击人，为第二拳，谓之搬拳；左掌坐腕，以掌心附于右腕里侧（不宜以掌根附着，以免搬时滑掉；也不宜以手指附着，以免不得力）；此时，左掌不要俯放在右腕上，以免增加右臂的负担而减少搬劲；更不要左掌与右腕分离练成单手搬，以免难以产生合劲。眼视前方。

图12-3　　　　　　　　　　　　　　　　图12-4

动作5　左拦右抽追左步（图12-5）

重心继续前移，坐实右腿；左脚经左肩下方、右踝内侧弧形向前迈出，脚跟轻轻着地，踏平，脚尖朝东。腰胯右转约30度，身躯朝向东南。同时，左掌边内旋边朝前拦出，坐腕竖掌，掌心斜朝前；右拳继续边外旋边向右下方搬压，随即回抽至右腰胯侧前方，与左掌有对拉之意，以助左掌向前拦击，拳心朝上略偏左。眼顾左掌前拦。

动作6　转腰前弓平冲拳（图12－6）

蹬右腿、撑左腿，成左弓步。腰胯左转约45度，身躯朝东。右拳边内旋边向前偏上打至心口前（不在右胸前，更不在右肩前），以增威力（击人心窝），拳眼朝上，右臂微屈，为第三拳，谓之冲拳；左掌边外旋边向胸前回收贴于右前臂中间（近肘）内侧，以增右拳攻击力，掌心斜朝右。眼视前方，关顾右拳打出。

图12－5　　　　　　　　　　　　　　　　图12－6

要　领

1. 拳法。如何运拳是一个基本的，又是一个十分重要的技术要求，请初学的拳友注意以下四点。

（1）如何握拳？拳字的上半部分像个什么字？像个"卷"字。握拳，就是说把小指、无名指、中指和食指慢慢卷起来，以指尖碰到手心为度，然后用拇指轻轻地锁住整个食指的第二指节和半个中指的第二指节（锁多锁少应视每个人拇指的长度而定，不宜统一规定），此时的拳为虚拳，但绝不能握成空心拳、老太婆拳（拇指盖在拳眼上）。

（2）一般来说，在动作的大部分过程中为虚拳，为柔，当至定式时渐渐变为实拳，为刚，成实拳时，拇指宜多锁一点点，意想微微握紧拳心中的小气球或蟋蟀，但千万不可用力握紧，把小气球捏破或把蟋蟀捏死，以免成为"僵拳头""死拳头"，然后又渐渐松握成虚拳，为柔。如何来体会拳的虚实呢？可将食指插入拳友的拳眼中，请其渐渐握紧和渐渐松开，听其运劲，是否恰如其分。

（3）拳面应平整，指节不可突出拳面。

（4）做冲拳时，劲点在拳面，拳背与前臂应在同一平面上，手腕不可弯曲（呈凹腕或凸腕状），以免击人时产生分力和伤腕。但是，在做盖拳时，劲点在拳轮，腕背宜微凹（拳背与前臂外侧的夹角约为170度）。在做搬拳和撇拳时，劲点在拳背，腕背宜微凸（拳背与前臂外侧的夹角约为190度）。正是：

> 下盖凹弧度，搬时腕略凸。
>
> 冲拳平四面，腕背凹凸无。

2. 右手在做动作1盘挂和动作2盖拳时的运行轨迹，宜呈略向右弯曲的浅弧形，形似锦鲤鱼的腹部；而在做动作3、动作4搬拳时的运行轨迹，宜呈略向左弯曲的浅弧形，形似锦鲤鱼的背部。其次，右手在做盘挂、盖拳和搬拳时，宜逐渐均匀地外旋。再则，右手在盖拳后接做搬拳的折叠时，宜走小圆弧形，形似鱼头，以便符合手走弧形臂要旋和内劲连绵不间断的要领。

3. 作搬拳时，宜以肘为圆心拳引领，请勿以肩为圆心肘引领。做动作4搬拳至定式时，右拳的拳心须朝左（拳眼朝上）切莫练成拳心朝上。傅师在教拳时经常提醒我们："你包的是饺子，还是馄饨？"即要求我辈不要把搬拦捶的搬拳练成撇身捶中的撇拳！

4. 右手的连续动作为：盘挂—下盖—右搬—下压—抽拉—平冲拳；左手的连续动作为：撩—合—逐渐贴腕协助右拳做搬—前拦—回收。

5. 做动作5左拦右抽追左步时，请注意以下七个细节：① 右拳不要抽至常见的腰间或胯旁，以免右肘超出后背和右肩耸起，拳论中谓之"后不露肘"。② 右拳抽回后，拳眼不要朝上，以免前冲时无臂可旋，影响螺旋劲的产生。③ 大小臂的夹角宜为100度，不宜小于90度，以免引起耸肩和动作拘谨。④ 前拦时，应手到脚到，上下相随，左脚跟落地宜略先于左掌，随即脚掌着地踏平时左手掌才拦到位，不要练成手先拦到，再出脚，以免单腿支撑，拦掌不得力。⑤ 前拦左掌追左步时，宜后抽右胯，且与前拦之左掌有对拉之意。⑥ 不可跪膝，以免脚跟浮起自伤膝、骨架不准劲路断，易被对方抓住左腕推倒或拽倒，自己站立不稳，岂能将人前拦击倒?! ⑦ 请勿练成左弓步，以免做下一动作时的右冲拳成了"空中楼阁"。

6. 右脚迈步时，因为是连续上步，所以右脚尖务必要朝向东南隅角，且右膝须与其方向一致。

7. 因为搬式发的主要是横劲，所以两脚跟内侧的横距比一般的步子要宽一点，为 25～30 厘米，而直距相应要小一点，为宽弓步。正是步型横距各不同：

> 拗弓约二十，减半顺弓时，
>
> 虚步宜为五，劲横近廿七。

一般拳书和拳师都要求两脚有一定的横向距离，不要站在一直线上，这是对的，患这个毛病的拳友不足百分之一。但是，有些拳友忽视了另一个极端，即横距过大的拳友十有二三，以致造成身形扭曲、重心偏倚、有失中定、难成整劲和形成分力等弊病，愿与读者共戒之。

8. 迈太极步的补述。

（1）左脚上步时，应"脚走弧形"，不要直线前迈，以免移动腿不松柔，迈步难以达到轻灵似猫行；也不要靠近右踝旁绕道前迈，以免形成尖裆，且路线过长，不符合技击要求。根据演练太极拳四大准则（静松、自然、阴阳和中庸）中的中庸思想，左脚应提起至左肩下方，即左肩井穴、左胯和左脚宜在同一垂线上，有助于移动的左腿自然放松和立身中正安舒。

（2）当左脚提起时，宜以胯（膝）引领；当左脚前迈时，宜以脚尖前探引领，以利迈步轻灵，笔者谓之"下肢端引法"。

（3）脚的进退，宜先提膝后提脚跟，膝关节宜放松，以利动作轻灵。

（4）左脚提起后，宜后抽右胯，与右脚跟有对拉之意，且与右肩井穴在同一立轴上；另外，在外形上宜做到右脚、踝、膝、大腿和胯的外侧在同一立面上，以利支撑腿稳定。只有实腿支撑稳如泰山，虚腿移动才能做到松、轻、缓、匀，行似猫步。

（5）左脚在提起和前迈时，宜意松左肩，以利重心转移平稳，迈步轻灵。

（6）脚尖与膝尖方向应一致。

（7）移动脚提起时，似有胶粘之感缓缓提起；前迈时，不松脚踝不落脚跟（脚尖切莫高高跷起），脚跟落地时好像飞机软着陆降落；前脚掌着地踏平时，宜有踩沙子或亲吻大地之意。

（8）当左脚由后向前提起至左肩下方时，宜有荡（荡秋千的荡）步之意；当左脚由左肩下方向前迈出时，宜有趟（趟水的趟）步之意，以利移动腿放松，步履既轻灵又沉着。

其他迈太极步的众多要求，请参阅《杨式太极拳学练释疑》《杨式太极拳答问》和《太极歌诀》中的有关章节。

（9）在迈步过程中，左腿似有放长之感，甚至会有此腿好像不是自己的感觉。下面建议读者诸君的右（左）脚独立于台阶的边缘，左（右）脚松垂，手扶人肩或墙壁，然后像钟摆似的摆动虚腿，以寻找上述之感觉。

9. 做动作6右冲拳时，须蹬地内劲上传，由脚而腿而腰形于手；同时，右拳须边旋臂边冲出，犹如电钻的钻头，只有做边旋转边前进的运动，才能完成钻削任务；再者，做平冲拳时，应沉肘，以免耸肩不得力。

用　法

守中寓攻，攻守互蕴。这是太极阴阳互为其根在拳法中的体现，搬拦捶也体现了这一特色。实脚转身避来拳，并以右拳拳轮盖住击我胸腹之来手，称为盖，左掌在上护右腕；随之以右腕粘化对方左腕，使击来之拳落空，或以拳背击人胸部，左掌助之，称为双手搬，亦守亦攻；随即实腿送虚腿作追步，左掌向前拦击其胸或拦开其臂，称为拦；再以右拳拳面平冲对方心窝，称为冲。上述三种连环的拳法（盖、搬、冲），称之谓"紧三捶"。傅师教导说："如果把搬拦捶这一拳式真正学到家，一招鲜，就不怕与人交手。"

劲　点

盖拳后的劲点在拳轮（尺骨侧），搬至定式时的劲点在右手腕背，拦至定式时的劲点在左手掌根（小指侧），捶至定式时的劲点在右拳拳面。

检验方法

1. 做动作1时，在拳友的右脚跟离地前，站在其右侧，按住其右肩和右肘，喂一个水平方向的劲，他不应失重。按其左肩亦然。

2. 当右脚提起后（动作2），按拳友的右肩朝西北方向喂劲，如其骨架正确，虽呈独立状，仍巍然不动。

3. 做动作 3 和动作 4 的搬拳时，用双手按拳友的右腕右肘，看他是否能顺利地完成搬的动作，并将喂劲者扳倒；反之，他身上只要有一处断劲，则被按住，动弹不得。

4. 在做动作 5 左掌前拦后，可参照第八式手挥琵琶的检验方法。

5. 做动作 6 弓步平冲拳时，站在拳友的前面（东方）平推其左掌和右拳面，均不应被我推动。

第十三式　如封似闭

动作过程

动作 1　臂交如封坐中间（图 13 - 1）

撑左腿，蹬右腿，重心渐渐后移至五五开。收沉左胯，随即腰胯右转约 15 度，身躯朝东偏南。右拳边变掌边外旋边向左切边沉肘屈臂抽回，掌心朝里偏上；左掌边外旋经右肘下沿右前臂向前格去，以拇指侧挫击对方手腕，以求解脱，掌心也朝里偏上。这时两前臂（近腕处）交叉成十字封条状，右前臂在里，护于胸前，但不可贴近胸部，以免造成"引进落实"。眼视前方，关顾两掌一格一切。

动作 2　两掌似闭成坐步（图 13 - 2）

重心继续后移，成右坐步。腰胯自然右转约 15 度，身躯朝向东南偏东。两掌随沉肘屈臂边内旋边向左右分开边抹至胸前，半坐腕，两掌心斜朝前，两掌稍窄于肩，两拇指的间距约为 10 厘米。眼顾两掌抹回。

动作 3　两掌前推成弓步（图 13 - 3）

蹬右腿，撑左腿，成左弓步。腰胯左转约 30 度，身躯朝东。同时，两掌像揽雀尾的按一样边内旋边向前、稍向上浅弧形推出，掌心朝前偏里，坐腕竖掌，掌心与肩平。平视前方，关顾两掌前按。

图 13 - 1　　　　　　　　图 13 - 2　　　　　　　　图 13 - 3

要　领

1. 左掌前格时宜含掤劲，右拳左切时右臂宜撑圆，两掌宜有相剪错击之意。

2. 在练如封这个动作时，请拳友们不要患以下三个常见病。

（1）两掌尚未十字交叉就马上分开，没有把"封"打出来，滑过去了，动作就不到位。究其原因有二：其一，没有遵照杨公的练法，即"至两手心朝里斜交，如成一斜交十字封条形，使敌不得进，犹如盗来即闭户，此谓之如封之意也"。其二，乃因人们在习拳时往往注重主手而忽视次手之故，即是说，在教和练"封"这个动作时，一般把注意力放在左掌的穿和格上，不注意右掌随收沉左胯向左后方"切"这个小动作！

（2）封势定式时，重心应在两脚中间，即瞬间的五五开，常见的毛病是仍为弓步（前后重心比例约为七三开）或已成坐步（前后重心比例约为三七开）。

（3）两掌运行路线的长度与速度的关系。对两掌来说，因为右掌左切的路线短于左掌前格的路线，因此，左掌的运行速度应快于右掌的速度，这样才能做到两掌同时到位，才能避免右掌停顿的常见病。但是，对单掌来说，其运行的速度应该是均匀、连绵的，不可忽快忽慢。在做封式时是这样，在做其他拳式也应如此，以确保做到动作协调、上下相随、同起同止和连绵不断。

3. 演练似闭这个动作，请同仁避免以下三个错误。

（1）似闭时，两掌心不可斜朝后（应斜朝前），理由有四：① 不符杨公关于似闭的用法（变为两手心向敌肘腕按住，使其不得走化，又不得分开，此谓之似闭，似闭其门不得开也，随急用长劲，照按式按去）。② 不符合傅师的练法（随分随着两臂内旋，渐渐使两掌心翻过来相对）③ 这种两掌心始终斜朝后的练法不符合手走弧形臂要旋的拳理。④ 因为掌心斜朝后接做按式时，势必突然快速内旋，又不符合动作缓匀，特别是往复折叠须略缓行的拳理。

（2）似闭时，两掌不可分的太开（大于肩宽），以免又不符合杨公"向敌肘腕按住"的用法，又不符傅师"稍狭于肩"的练法，再说，这种形如潇洒的练法，导致动作散野、门户大开。

（3）做似闭时，常见拳友两腿后坐快、两掌似闭慢，患上下不相随的弊病。做弓步时，傅师教导说："前去之中，必有后撑"，前膝莫主动；作坐步宜同理，即后坐时，后腿宜前蹬，后膝莫主动，这种练法不仅有利于植地生根，劲从脚起，还是一帖防治上述常见病行之有效的药方，请君不妨一试。

4. 在练按式时，要做到弓到按到。傅师指出："左腿先弓到，两掌还在慢慢前按，这是上下不相随，这种按出只有手的力量，不能劲起脚跟。要手到脚到，手按要有前弓（弓宜改为撑）后蹬的配合，所以前去之中，要必有后撑。"笔者以为，这种把意念关注于后腿前蹬、前腿屈撑的练法，即后有蹬劲、前有撑劲，它不仅有利于做到弓到按到，还结合腰胯转动能使两脚入地根愈深、下盘稳固整劲增。

5. 肩胯齐进退。傅师在教如封似闭时还指出，后坐和前弓时，肩与胯要上下对准，齐进齐退，以免身体好像摇船那样前俯或后仰。愚以为，纠正的方法如下：

前弓常俯体，后坐仰身躯。

若要身中正，常思尾骨移。
· · · · · ·

用 法

左掌先从右臂下面以桡骨（近腕处）格开握我右拳之手，右拳变掌斜切，以助解脱对方的擒拿（俗称脱铐），两手呈斜十字交叉，犹如贴于门的封条，使之不得进，称之为如封；随之两掌心粘住对方肘腕，似闭其门不得开，称之为似闭；再转守为攻，将其按出。

劲　点

如封定式（十字交叉时）右手的劲点在拇指与食指连接的虎口处，左手的劲点在腕部外侧（拇指侧）；似闭定式（两掌心斜朝前）时，两手的劲点在掌缘（小指侧）；推至定式时，劲点在两掌根。

检验方法

1. 站在拳友的前面平推其如封分式的左腕背和似闭分式的双掌，均应不被推动。

2. 参照第三式（五）按式检验方法 2 检验之。

第十四式　十字手

动作过程

动作1　收沉左胯成坡掌（图14－1）

收沉左胯，左脚尖自然微微浮起，两掌边略内旋边松腕成坡掌，掌心斜朝下。眼顾两掌成坡掌。

动作2　两臂撑圆实脚转（图14－2）

腰胯右转90度，身躯朝南。重心渐左移，左脚随腰胯右转同时内扣90度，脚尖朝南，此时左脚、踝、膝、大腿和胯的外侧宜在同一垂直平面上，左脚尖着地时，右脚跟随即稍离地。两掌随右转体向右向上移至额前，掌心朝前偏下（不宜偏上，以免亮肘），四指斜朝上，两拇指的间距约与头同宽，两虎口相对成"小圆"，两臂屈撑成"大圆"（两臂不要平行上举像投降姿势）。眼随转体向前平视。

图 14 - 1　　　　　　　　　　　　图 14 - 2

动作 3　两掌下采提右脚（图 14 - 3）

坐实左腿；右脚跟稍离地，脚掌在原地碾一个小圈，然后轻轻提起。两掌自额前边外旋边向左右弧形下采至腰部侧前方，掌心朝下。眼视前方，关顾两掌。

动作 4　两掌合抄落右脚（图 14 - 4）

左腿微微下蹲，右脚脚尖先落地，略宽于肩，以利于接做抱虎归山内扣左脚时动作顺遂，脚跟缓缓着地踏平，两脚与肩同宽。两掌继续边外旋边向下、向里弧形抄至肚脐前，两腕上下交迭，（相距约 10 厘米），左掌在上，掌心均朝里偏下。身体中正，不可前俯。眼视前方。

图 14 - 3　　　　　　　　　　　　图 14 - 4

动作5　交叉前掤腿渐伸（图14-5、图14-6）

两腿渐渐蹬起，两膝微屈，同时，重心渐渐右移至五五开（请拳友们注意，此时为瞬间双重，不要像收势那样站煞。傅老师要求我们到此"不要休息一会儿，患双重的毛病"，随即连绵不断地接做下式抱虎归山时，重心宜逐渐左移，实扣左脚右转身，不可有丝毫地停顿）。两掌边外旋边向上边向前合掤至锁骨前，两腕交叉相贴呈十字形，右掌在外，两掌心朝里偏上，手指斜朝上，与锁骨宜有对拉之意，两臂撑圆含掤劲。眼视前方，关顾两掌合掤。

图14-5

图14-6

要　领

1. 两掌向右上方移动时，宜有"右掌根走、左虎口随"的意念，及至掌心朝南偏下时，手掌应与额头同高，不可过高或分得太开，以免"造成自己的胸部虚空"，但是，两手也不可偏低，以免遮住自己的视线；更不可练成两手与腹同高，以免不符用法。当两掌下行时，不可低于胯部，立身应自然正直，不可凸臀、前俯。

2. 当两掌向左右分开画立圆时，宜以肘为圆心，不宜以肩为圆心，更不宜两掌左右平拉开，以免动作散野，"门户"大开，易遭人攻击；反之，两掌也不要由前直线平行落下。两掌分开时，傅师教导说"略向上画一个小圆弧，然后再用肘带动分开"，以便符合左掌折叠时以小圆弧过渡和上肢端引法的要求。另外，两掌在划立圆时，宜有摸着球体表面运动的意念，以利于做到"手走弧形臂要旋"和"劲力连绵不间断"。

3. 做动作2实脚转身时，左胯应里收下沉，以利于植地生根和避免起伏；做动作3提右脚时，左胯宜后抽，以利于独立稳定和避免跪膝之弊。

4. 右脚着地后，重心须缓慢地、均匀地右移，以免产生常见的双重现象。

5. 定式时，傅师要求我们"两膝微屈"，大小腿之间的夹角宜为150度，不宜直立或屈膝过多。

6. 至定式时，交叉前掤、两腿微伸、命门后鼓与瞬间双重（随即重心左移做抱虎归山）协调一致，有利于产生其根在脚的前掤整劲。

用 法

转身避来脚，两掌上架，以右腕（尺骨侧）粘化从右侧击我头部之来手，随之下采、合抄护腹，再结成十字形掤粘对方手臂或顺势以腕背击其胸部。

劲 点

做坡掌移掌时，右手的劲点由掌根经掌根小指侧及至手腕尺骨侧（小指侧），左手的劲点由掌根经掌根拇指侧及至手腕桡骨侧（拇指侧）；做采掌时，劲点在小鱼际；做抄掌时，劲点在手腕桡骨侧；做掤掌时，劲点移至腕背。

检验方法

1. 站在拳友作如封似闭定式的右侧，用双手按其右肩和右肘，看他是否能轻松地右转，并使我失重。

2. 在拳友前面用双手下压其上架的掌缘，不应被我压垮。

3. 站立拳友面前平推其定式时的右腕背，不应被我推倒。

第十五式　抱虎归山

抱虎归山由斜右搂腰拗步、抱臂、捋、挤、按五个分拳式组成。

（一）斜右搂腰拗步

动作1　左抽右掤实脚扣（图15-1）

左腿渐渐屈膝下蹲，重心渐左移，同时左脚以脚跟为轴实脚内扣60～90度，当左脚掌一着地，右脚跟随即离地。腰胯右转45度，身躯朝向西南。左掌随沉肘边外旋边向左下方抽撩至左胯侧，掌心朝右；右掌边内旋边略向右前上方斜掤至右肩前，掌心朝左偏下。

动作2　螺旋下降两掌合（图15-2）

腰胯继续右转约25度，随转腰左腿继续微微下蹲坐实，右脚提起。左掌边略外旋边向左上方举至与左肩齐平，肘微屈，掌心斜朝上；右掌边内旋边向左下方划弧合至左胸前，掌心斜朝下（60度），两掌呈合势。

图15-1

图15-2

动作3 隅向迈步"摸耳朵"（图15-3）

左腿再微微下蹲，松开右胯，送右脚向西北方向迈出，脚跟着地。腰胯再右转约20度，身躯朝西。左掌边内旋边屈肘收至左耳侧前方，掌心朝右偏前；右掌边内旋边下移至上腹前，掌心斜朝下（45度）。

动作4 右搂左推斜弓步（图15-4）

右脚踏平，蹬左腿，撑右腿，收右胯，成斜向的右弓步。腰胯继续右转约45度，身躯朝向西北。左掌边内旋边向前偏下推出，沉肘，坐腕，掌心高与肩齐平，掌心朝向西北偏北；右掌边内旋边向下、向前经腹前弧形搂至右腰侧前方，坐腕，掌心朝下略偏左。

图15-3   图15-4

（二）抱　臂

动作1　两掌外旋略后坐（图15-5）

略收沉右胯，随即腰胯略左转约10度。撑右腿，蹬左腿重心略后移，前后腿的重心比例约为6.5∶3.5。左掌边外旋边随肘下沉向右下方切至心口前，掌心朝右；右掌边外旋边向右抹一个小圆弧，随即继续边外旋边向左上方抄至右胸前，掌心朝左偏下。

动作2　右掌探出六四开（图15-6）

重心继续略后移，至前六后四的比例。腰胯继续略左转约10度，身躯朝向西北偏西。左掌继续边外旋边向下切至上腹前，掌心斜朝上（与右肘相对）；右掌边内旋边向里、向上、向前经左腕里侧、沿身体中线前向西北方向呈螺旋状探出，至右肩前，掌心斜朝前下方，略坐腕，与左掌一前一后遥对呈抱臂状，准备接着做捋式。

分拳式之三、四、五为捋、挤、按，其练法同第三势揽雀尾，不再重述。只是方向不同，揽雀尾的按是朝西，抱虎归山的按是朝向西北，所以，也称之为斜揽雀尾（图15-7～图15-13）。

图15-5　　　　　　　　　　图15-6　　　　　　　　　　图15-7

图 15 － 8　　　　　　　　　图 15 － 9　　　　　　　　图 15 － 10

图 15 － 11　　　　　　　　图 15 － 12　　　　　　　图 15 － 13

要　领

1. 做分拳式斜搂腰拗步时，请注意以下 6 点。

（1）动作 1 ~ 4 左脚里扣、螺旋下降、隅向迈步一直到成斜弓步整个过程，要注意保持正确身形，做到虚领顶劲、松腰敛臀，尾闾中正，不可前俯后仰。

（2）做动作 1 左抽右掤实脚扣时，左脚内扣的角度要把握在 60～90 度之间，不可不足 60 度或者超过 90 度。傅老师指出："如左足里扣不足，造成出脚方向偏西，或是右脚硬往偏北方向迈出，就造成开胯过大，两脚形成别扭站不稳"。反之，如果左脚里扣过多超过 90 度，不仅易造成夹裆、不稳等现象，还将影响下面一式的步形。再者，如果里扣超过 60 度不足 90 度时，在做动作 4 时可以左脚掌为轴蹍左脚跟至 90 度，使左脚尖方向朝向正西。

（3）做动作 1 时，左掌向左下方抽撩，与右掌略向右前上方斜掤宜有一个对拉的开势，似有拉不开的感觉，以利于做到右掌掤劲不丢和增强左掌撩击对方下身的劲力，同时又符合动作连绵、内劲不断、一动无有不动、一开皆开的拳理，还可以有效防止右掌无所适从、软塌无内劲或停顿成死手的常见病。正是：

左掌下抽中，微微右掌掤。

对拉含内劲，右手不宜停。

（4）做动作 1、2、3 时，身体应连绵不断边右转边下沉，呈螺旋形拧转入地。

（5）做动作 3 隔向迈步"摸耳朵"时，隔向迈步的两脚切莫踏在同一条斜向（隔角）直线上，患"迭步""走钢丝"的毛病。检查时应站在拳友的西北方向看，两脚间务必要有一定的横向距离，但又不宜横向距离过大，走向另一极端。

（6）做动作 4 右搂左推斜弓步定式时，"右掌的高度较右搂膝拗步的右掌要高一些，约与腰同高"（傅师语），故称之谓"搂腰拗步"。

2. 做分拳式抱臂时，请注意以下两点。

（1）做抱臂动作 1 时，转腰胯和后坐不要太多，即不要一下子就坐到位，以免在做捋式时仅靠手做引进落空，因为在这种状态下，身躯已无处可退，腰胯也无处可转了。这种手主动走、只动手不动腰腿的练法，如操似舞，充其量如傅师所说的"至多只是手上的功夫"，断然出不了周身一体的整劲，"到老一场空"，这就是拳论中的"动手不是太极拳"。

（2）做抱臂动作 2 时，右掌探出不要径直提起，也不要呈外弧形，即向右兜圈子上提，傅师在其著作《杨式太极拳教法练法》中指出："右掌前伸时，要竖掌，就是略有斜掌螺旋前伸"，因此，笔者理解为右掌向左上方斜探时，宜先外旋，再内旋，呈螺旋状探出，以增强前探的内劲，其感觉大不一样，请君不妨一试；同时，右掌前探与左掌下切宜有对拉之意。

3. 太极拳外形的练法包括身法、手法、步法和眼法，其中眼法是指眼睛在行拳走架中配合动作的方法（笔者在39岁时左眼眼底出血，复发二次必失明。遵医嘱，始学太极拳，35年来尚未复发，真是感恩太极不尽）。下面结合抱虎归山，浅述眼法，与君交流。

抱虎归山开始时，意想左掌撩击对方腹部或下身，目光随之关顾左掌抽撩（但不可低头看手），然后按顺时针方向关顾左掌上举（也不可扭头看手），随即平视前方。当眼见对手自右侧以拳或脚击来，意念命令右掌向右下方搂去，随即平视前方。当右掌开始右搂时，意欲以左掌击人胸或肩，关顾左掌出击，当击到位时，经过左指尖平视前方（西北方向）。又见对方从正面以左手拦截我的左掌或击我头部，意念指挥两掌粘住其肘和腕成抱臂；在作引进落空时，应关顾右掌，傅师在教拳时，叫我"眼神不能野"，也不可低头看手；当将至定式时，目光稍关顾左掌，"眼神不能散"，随即眼球沿顺时针方向环转，平视左前方再平视前方（西北）。如果对方回抽被我所捋之臂或未被我捋倒，我意将对方挤倒，眼睛平视前方，关顾两掌挤出。见对方用双手压我右前臂，意令双手粘着边后坐、边回收、使其落空、蓄势待发，目光渐渐由远收近，关顾两掌回抹（但切莫低头看手）。当我欲以两掌推对方肘腕或胸乳时，眼视前方，关顾两掌前推，前推到位时，经过指尖平视远方。关于眼法，众说纷纭，见仁见智。现根据傅钟文恩师的教导，以及自己的学练体会，我把它归纳成八句话：

> 两眼睁开要自然，瞻前不看地和天。
> 左瞧右盼瞳仁转，远眺近观视线牵。
> 防守目先心在后，进攻眼后意为先。
> 捋挪挤按随眸走，主手时时入眼帘。

下面对这八句话略作展开，供君参考、评说。第一句话很好理解，练拳时眼睛应自然睁开，不要怒目圆睁、故作精神、神经紧张，也不要眼睑下垂、半开半闭、毫无神采。第二句话是讲在动作过程中，目光一般是平视前方，关顾主要的手；在定式时，目光宜经过前面的主手，平视远方，傅老师来闵行教拳时，叫我们目光要透过树林看到前面的黄浦江，正是"目穷千里外"。第三句话是说，目光应该根据动作的变化而灵活多变，有时要左顾右盼，但不可扭脖子，而是转动眼球向两侧关顾，有利于做到"虚领顶劲"意气扬、眼观六路察敌情和保护视力之功效。第四句"远眺近观视线牵"，就是说，结合套路的动作，目光有时平视远方，有时要顾及主手，这是眼法的开与合（放与收），既符合拳势要求，有助于精神焕发，又改善了眼部的血液循环和新陈代谢。视线在收放时，应该像在放风筝时的一放一收，连绵不断。平视远方，并不是直盯远方，因为呆视远方，眼睛不能灵动，影响动作灵动和健眼效果；平视远方，也并不是老是平视远方，以免意念无所专注，影响神聚和内劲。眼顾主手，有助于气贯指梢、劲力连绵，但不可以盯着手看，正如傅老师在教拳时所说"譬如我要取你口袋里的一支钢笔（当时我和陈武师弟下班后去老师家学拳，常常在胸袋里别支钢笔），眼睛不先看笔，怎么能拿到笔，但又不要死死盯牢看"。因为盯着看手，势必造成一叶遮目，不见森林，违背了"顾三前，盼七星"的拳理；盯着手看，眼肌张弛减少，不利于改善眼功能；盯着手练拳，有时还会出现头晕的不良现象。第五句、第六句是说眼与意念的关系，我把它归纳为"意眼相随，互为先导"八个字。即是说，在防守时，先看到对方的手或脚，大脑中枢神经立即作出反应；而当进攻时，我意想攻击对方的什么部位，目光随之。第七句和第八句话是讲眼与手的关系，笔者以为"手随眼行，眼顾主手"的提法比较妥当。也就是说，目光应先到达动作预定的方向（部位），但仍要顾及主手，定式时的主手宜有随视线向前延伸的感觉。

用　法

左掌以手背撩击对方下身或肘击其肋部，右掌反拿其腕，随之右掌搂开对方来手（脚），同时左掌向其胸部按去，然后，右掌探出击人面部或拿其肘，左掌拿其腕，为抱臂，准备作引进落空。

劲　点

左手作下撩时的劲点在手背（指侧），右手作斜掤时劲点在腕背（拇指侧）；右搂腰拗步定式时，右掌的劲点在掌根（小指侧），左掌的劲点在掌根；抱臂定式时，右掌的劲点在掌心（小鱼际侧），左掌的劲点在掌心（大鱼际侧）。

检验方法

1. 平推拳友右搂腰拗步定式时的左（右）肩，应巍然不动。

2. 拳友演练抱臂定式时，站在其前面（西北），用双手握其两腕，并前推后拉或者侧推其右（左）髋，均应稳如泰山。

3. 捋、挤、按的检验方法同第三式揽雀尾中相应的检验方法。

第十六式　肘底看捶

动作过程

动作1　右胯收沉掌成坡（图16-1）

收沉右胯，右脚掌略浮起。两掌前俯成坡掌，掌心朝下偏前，腕与乳头齐平。眼视前方。

动作2　实脚转身掌抹转（图16-2）

以右脚跟为轴，随腰胯左转实脚里扣近135度，腰胯左转近135度，身躯朝向近正南。两手掌随转体向左略向上抹转半个椭圆，腕高不过肩。眼随左转体平视前方，关顾左掌。

动作3　两掌回抹右转身（图16-3）

右脚掌着地踏平，重心继续渐移至右腿。腰胯右转约60度，身躯朝向西南偏西。两手掌随转体边屈臂边向右略向下回抹后半个椭圆，腕不低于乳头，回抹时两手掌渐渐竖起，至胸前。眼随右转体平视前方，关顾右掌。

图 16 -1   图 16 -2   图 16 -3

以上三个分解动作可参照单鞭的分解动作 1～动作 3。

动作 4 坐实右腿提左脚 （图 16 -4）

坐实右腿；左脚跟自然里扣提起，脚尖自然下垂。腰胯左转约 45 度，身躯朝南偏西。两掌边略内旋边前伸，掌心朝下略偏里，肘微屈。眼顾右掌，随即平视前方。

动作 5 腿似马步第一掌 （图 16 -5）

开胯迈步左手接，松开左胯旋左腿，左脚向正东方向摆脚迈出，脚跟先着地，随即重心渐渐左移前弓至约五五开似马步。腰胯左转约 30 度，身躯朝南偏东。左掌边外旋边向左平移至朝南偏东，手背朝左，拇指朝上，以腕背平接对手的右腕或以手背击人脸或胸，这是第一掌；右掌边外旋边跟随左掌向左平移至南偏西，掌心朝左偏下，四指朝前偏上，两掌同向运动，掌心遥相对，间距约与肩同宽，两肘稍沉微屈。眼顾左掌左移。

动作 6 腿似弓步第二掌 （图 16 -6）

重心继续左移，左腿前弓，右腿自然伸直，似弓步。腰胯继续左转约 30 度，身躯朝向东南。左掌边内旋边向左平移掤至东南偏东，掌心朝右偏下；右掌继续边外旋边向左弧形平移拦至东南偏南，掌心朝左，四指斜朝上，虎口朝上，平接对方左手或击人胸（脸），这是第二掌。眼顾右掌平移。

图 16 – 4　　　　　　　　　　图 16 – 5　　　　　　　　　　图 16 – 6

动作7　腰胯左转掌左移（图16 – 7）

重心继续左移，右脚跟离地。腰胯继续左转约30度，身躯朝东偏南。左掌继续边内旋边向左平移采至东偏南，掌心朝下；右掌边内旋边向左平移拦至东南，掌心朝左偏下。眼视前方。

动作8　右脚跟步抱臂状（图16 – 8A、图16 – 8B）

重心继续前移，坐实左腿；右脚尖随收沉左胯提起在右肩下、左踝侧后方着地做跟步，脚尖朝向东南。腰胯继续左转约15度，身躯朝东。左掌边外旋边撤肘向左后偏下、右后偏下呈外弧形采抹回到心口前，掌心朝右下方，与右肘相对；右掌继续边内旋边向左偏前平移拦至正东，掌心朝左下方，两掌成抱臂状。眼顾左掌向左下绕。

图16-7　　　　　　　图16-8A　　　　　　　图16-8B

动作9　虚步盖拳扑面掌（图16-9、图16-10）

重心后移，坐实右腿，左脚跟提起略向左前方落下，成左虚步。腰胯右转约30度，身躯朝向东南偏东。左掌经右臂里侧边内旋边向前偏上击出，掌心斜朝前（东南），食指尖与鼻尖齐平，坐腕，臂微屈；右掌边外旋边握拳收回，宜盖于左肘下偏右，为藏拳，拳眼朝上偏里，与左掌前击有对拔之意。眼顾左掌击出，平视前方（东）。

图16-9

图16-10

这一式的动作又比较复杂，腰胯要转动四次，手有三击掌，脚要移动三次，为了初学的拳友（特别是自学者）便于掌握，我已把这一式分解成九个分解动作，现对脚、腰、手分别连续、完整地加以叙述。

先讲脚。上接抱虎归山，朝向西北的右脚尖尽量实扣（最好达到135度，即右脚尖朝南），当右脚掌着地，左脚跟随之离地；坐实右腿，左脚稍提，开胯旋腿，略向东缓缓迈出，脚跟轻轻着地，与右脚跟宜在同一东西方向的直线上，脚尖朝东，两脚夹角约为90度；重心渐渐前移，坐实左腿，右脚提起，脚跟先离地，随腰胯左转自然地向右前方做跟步，宜在左脚右后方落下，脚尖先着地，朝向东南；重心渐渐后移，坐实右腿，膝盖也朝向东南，左脚略提起，脚跟先离地，稍向左前落下，脚跟着地，脚尖微跷起，左膝微弓，两脚跟内侧间距约为5厘米，成左虚步。

再讲腰。腰胯要转四次。即左转—右转—左转—左转—再向右抽转，定式时身躯宜朝向东南偏东。

最后讲手。两掌前面的动作似同单鞭，双掌前俯成坡掌，随即向左抹转半个椭圆至正南，再向右回抹后半个椭圆至朝向西南偏西，这时，两掌心朝前偏下。

左掌随腰胯左转边外旋边向左弧形平移，当左掌移到南偏东时才侧立起，手背朝左，拇指朝上，横挡来手或击人胸或脸，俗称反手耳光，此为"第一掌"；然后边旋臂边随左转身向东、向北、向南弧形画约3/4个圆圈至心口前，掌心斜朝下，虎口朝上，与右肘左右相对；最后边内旋边经右前臂上方向前偏上螺旋探出，击人面部或胸部，掌心斜朝前，坐腕竖掌，俗称扑面掌，按照三掌的时间顺序此为"第三掌"，左掌的运行轨迹好像英文小写字母"e"。

右掌边外旋边跟在左掌后面向左平移，至朝向东南偏南时才斜立，掌心朝左，虎口朝上，四指斜朝上，平接对方左手或击人胸或脸，俗称正手耳光，此为"第二掌"，随即边内旋边向左平移弧形画1/4个圆圈至正东，"与其左手相接"成抱臂状，掌心斜朝下；最后，右掌经左掌下方边握拳边向里牵人下盖至左肘下方偏右，拳眼朝上偏里，右掌的运行轨迹好像倒写的英文大写字母"U"。

要 领

1. 两掌从西南至正东的路程中，宜一半是外旋、一半是内旋，且要求均匀、连绵地旋臂。在两掌向左平移时，高不过肩，两掌不要立起（掌心相对）再左移，以免造成动作呆板、手臂僵硬、虚实不清（详见拙著《杨式太极拳学练释疑》第100~103页）和违背"臂要旋"的拳理。平荡时，还须做到腰为主宰、劲自脚起和松肩坠肘，两臂才能松柔沉着含内劲。

2. 当做动作8右掌平移至正东时，左掌应外弧形收至心口前，掌心宜朝右下方（不宜朝后或朝上），与右肘相对成抱臂状，以护中节，"平接对方的右腕，向右推开"，或挤或捋，随机应变，然后随腰胯右转、左掌边内旋直接向前偏上有效地击出，以免向前掤出或穿出后突然快速翻腕成定式，其扑面掌犹如摆出而非打出，颇不得力。

3. 将至定式时，左掌前击与右胯抽转宜有对拉之意，有利于做到"上下相随"，有利于"裆劲下沉，足底有力"和产生整劲。另外，左肘尖宜与左膝上下相对。

4. 在身法上应做到上下相随，转腰胯时常见的不足之处是最后右转过快，即腰胯已转到位，两手还在移动，甚至行将定式时腰胯不是右转而是左转，这样难以练出整劲，易被人所制。另外，在转身时"中轴不摇晃"，即应做到立身中正。

5. 定式时的身躯不应转正朝东，以免减弱左掌的前击劲，又不利于舒胸顺背，再者，骨架不对，必被对手推个仰面朝天；反之，身躯也不应过于侧向（朝向东南偏南），以免骨架不准和做下势倒撵猴时无腰可转了。定式时，还应做到肩胯相合（不可肩正胯斜）、肘（右）不贴（右）肋、两肩平松（不可右肩低、左肩耸）和虚腋（右腋不可夹紧）。

6. 练太极拳要做到稳健又灵活，必须掌握好身体重心的转换。如前所说，掌握重心是不论高层次还是低层次的拳友都无法避免的基本技术，但又是一种高级技术，是技巧中的技巧。重心转换的核心是不露痕迹的渐变，而不是突变，拳论中称之谓"脚下阴阳变"。笔者以为，用手打拳是低水平的，用胯打拳是中档次的，用脚打拳又上了一个层次。因为拳论曰："动手不是太极拳"，"脚打七分手打三"，说明脚比手的作用重要得多；又因为"其根在脚，发于腿，主宰于腰，形于手指"，如果脚下无，手上必空。

抱虎归山定式时，左右腿重心的分配比例约为3:7，随即重心渐渐由70%~80%~90%移到右腿，当坐实右腿，其重心100%在右腿；同时，左脚的重心相应地由 30% ~ 20% ~ 10%，及至零时，左脚离地提起。当左脚向东迈出后，重心又渐移至左腿，坐实左腿时，右脚离地提起。当右腿做跟步着地后，重心又慢慢移至右腿，当坐实右腿后，左脚才离地提起。当左脚跟着地后，重心渐渐前移 20%，成左虚步。

总之，两腿重心的转换，应像太极双鱼图那样，此消彼长，此长彼消，虚实分清，切不可突然变化。傅师再三指出："两脚不要双重，要此起彼落，像翘翘板一样。"在做肘底看捶时是这样，在演练其他拳式时也应做到重心渐变。正是：

上步连三次，重心须缓移。

虚实常变化，过渡没痕迹。

用　法

前三个动作的用法与单鞭式相同。

随之以左腕平接对方右腕，向左推开或以手背击人，谓之反手耳光；然后以右手平接对方左手或以掌心击人，谓之正手耳光；最后右掌握拳击人肋部或将人拿回藏于左肘下，蓄势待发，再及时以左掌击人头部或胸部，谓之扑面掌。

劲　点

做第一掌时的劲点在手背，第二掌的劲点在掌心，做第三掌的劲点在掌根（小指侧），做藏拳时的劲点在拳轮（近尺骨）。

检验方法

1. 当拳友左手向左击第一掌时，我用身子挡其左臂或用双手按其肘腕，他的左手仍从容地继续向左运动，且将我失重掀起。

2. 握住拳友定式时的左腕向西平推或侧推左（右）肩，不应被推倒。

第十七式 左右倒撵猴

（一）左倒撵猴

动作过程

动作1 重心后移拳变掌（图17-1）

松沉右胯，重心渐渐后移，左脚掌宜随之缓缓落地。同时腰胯微右转约10度，身躯朝向东南略偏东。左掌顺势边微向前按压边松腕成坡掌，掌心斜朝下；右拳边外旋边变掌经腹前向右下方弧形收至右胯侧前方，臂呈弧形，掌心斜朝前。眼顾左掌微伸，向前平视。

动作2 两掌平举左脚提（图17-2）

坐实右腿，腰胯继续右转约20度（身躯朝向东南偏南），带动左脚慢慢提起，收至右踝内侧、左肩井穴下方，脚尖自然下垂。左掌渐渐外旋，掌心朝右偏下；右掌边内旋边向下向后经右胯旁弧形下撩，随即向右后方（西南）弧形举至右肩外侧，腕同肩高，臂微屈，掌心斜朝上，两掌心的劳宫穴宜遥遥相对。眼顾右掌上举。

动作3 左脚后退"摸耳朵"（图17-3）

继续坐实右腿，左脚向后偏左退步，大趾先着地。腰胯左转约45度，身躯朝东偏南。左掌边继续外旋边略里收至胸前（近身体中线），掌心朝右偏上；右臂边内旋边屈臂，右掌收到右耳侧前方，略坐腕，掌心朝左偏前。眼随腰转，平视前方。

动作4 撵化握力随推之（图17-4）

左脚边渐渐踏平边脚跟里扣45度，脚尖朝向东北；向后撑右腿，屈蹬左腿，重心渐渐移至左腿，成左坐步；同时，右脚以脚跟为轴实脚擦地内扣，脚尖朝东，两脚跟内侧横向距离约为20厘米。腰胯继续左转45度，身躯朝东北偏东。左掌边继续外旋边略向里经腹前收于左胯侧前方，掌心朝上略偏右，大小臂夹角宜为120度；右掌继续边内旋边向前、略向左下方推出，坐腕，掌心同肩高，掌心斜朝前。眼顾右掌前推，平视前方（东）。

图 17 -1

图 17 -2

图 17 -3

图 17 -4

要　领

1. 做动作 1 重心后移拳变掌时，请注意以下五点。

（1）左掌微前伸是接第 16 式肘底看捶扑面掌击出的延伸，是原有劲力（意念）的加长，为长劲。因其动作幅度较小，再加上意念主要集中于转腰及右掌回收，所以常会出现"前手停、后手动"的常见病。为此，我们在演练时，左掌应顺势稍做按压，此时，掌心不可外旋朝上，以免在做动作 2、3 和动作 4 时，无臂可旋，且难以走化"敌人用右手紧握我左腕"。

（2）当右掌回收至右胯侧前方时，手臂应呈弧形（大小臂的夹角约 120 度），臂含沉劲，肘含顶劲。不要像"拉抽屉"似地径直抽至右腰间或右腹旁，以免产生臂不圆（大小臂夹角小于或等于 90 度）、动作拘谨不舒展、耸肩出肘（肘尖超出背部）掤劲丢等毛病。

（3）腰胯应慢慢地、微微地右转，不要转得快、转得多（身躯朝向东南偏南），以致造成右掌接做下撩、后举时无腰可转的常见病。

（4）右腋应虚开，右臂不要紧贴身躯；同时，也不要忽视左腋虚开。

（5）两肩应齐平，右肩切莫低于左肩。

2. 做动作 2 两手平举左脚提时请注意以下十一点。

（1）右掌下撩时应"掤劲不丢"，意在手背，为阴掌，右掌是朝右下方撩击对方裆部，因此不要从腰际向右侧翻转举起，以免耸肩和有悖用法。同时，应以腰胯右转带动右臂运动，才能悟到内劲缠绵永不丢。

（2）两臂宜有相对撑拉之意，其夹角约为 135 度，如果太大（达 180 度），则动作散野，又不符合用法。

（3）两臂展，中指延，心意开，身中正，稳如松，意气扬。

（4）傅师教导说："两手平举挑扁担，左脚退到中间。"即是说，左脚不要不动，任凭右掌独自回抽、下撩和后举，这样不仅有悖"上下相随""一动无有不动"的拳理；而且，在做动作 3 左脚后退"摸耳朵"时导致收腿速度过快，不符"慢起慢落似猫行"的迈步要求。

（5）左脚提起，不可提得过高（傅师说："不要超过火柴盒的高度"），以免移动腿不松、拳架起伏和下盘不稳。

（6）左脚宜移至左肩下方，并放松膝关节和踝关节，以便移动腿自然松垂。

（7）应保持左虚步时的高度，坐实右腿，以免出现身体起伏的低级错误。

（8）身躯和面部均朝向东南偏南，不可转向正南，以免动作散乱。

（9）眼顾右掌，但"不可扭头看手"（傅师语），以免造成歪头、麻花脖，"虚领顶劲"顿失，又将造成无法关顾左侧敌情的被动局面。

（10）右腿独立支撑时，要求做到松肩坠肘，骨盆端起，胯找脚跟，足底踏平，呼吸自然不屏气，身躯稳固不摇晃。

（11）脚、腰、手、头、眼应协调一致。

3. 做动作3左脚后退"摸耳朵"时请注意以下四点。

（1）右掌务必收至右耳侧前方，然后下接动作4向前推出，如果仅收至右肩外侧向前击出，不仅动作散乱，劲力大减，还可能击不到目标。

（2）右掌至耳旁时，应竖起，掌心朝里偏前，然后边内旋边前推。不可练成俯掌，以四指前戳；也不宜练成掌心朝前，然后向前平推无旋臂。

（3）傅师在教拳时又说："右手摸耳朵，左脚往后退"，上下相随。

（4）退步要点：①左脚退步（不宜称为"撤步"，因为撤步是后脚向后移动，而此动作是前脚经后脚内侧退一步，因此宜称为"退步"）时，左腿应自然伸直膝微屈。如果过度屈膝后退，一则导致步幅减小，动作拘谨，降低运动量；二则导致收势时，回不到原地（偏东）。②左脚退步时，右脚要保持屈蹲状态，不要起伏。③提左脚、退左脚都应做到慢起慢落，点起点落，轻起轻落，步幅自然，抬脚莫高，速度均匀，不可忽快忽慢，更不可在中途停顿。退步提脚时，随着重心渐渐后移至右脚，左脚掌渐渐变虚，及至脚尖自然微微浮起（但不可跷得太高，以脚尖离地不超过一指宽为度），随即脚跟、脚掌依次离地。左脚提起经右踝旁、左肩井穴下方呈内弧形（不要走直线或外弧形）后退，请勿在左肩外侧下方后退，以免横距大、纵距小和移动腿不松；左脚着地时，先轻轻落大脚趾，似有侦探之意，然后二趾、中趾、四趾、小趾、脚掌外沿、脚跟依次着地；脚跟着地时，重心仍在前，不要坐在左腿上。④左脚后退时，脚底应斜朝下，似有踹人脚踝之意，不宜亮脚底（即脚底朝后），以免踝紧、膝紧、胯紧和易被对方踩踏。⑤左脚应向身左后侧落步，以确保两脚间有一定的横向距离（约与肩同宽），不可与前脚踏在一条直线上，以免身体左右摇摆。但是，两脚间的横向距离又不可太宽，以免重心偏移，有失中定，影响右掌前推之劲力。⑥身躯在后退时，应立身中正，不可前俯。

4. 做动作4 捋化挤力随推之时请注意以下九点。

（1）两掌宜在胸前相搓交错而过，且有对拉之意。

（2）左掌在做收回时，应不断地、均匀地、缓慢地外旋，及至定式时掌心才朝上略偏右，切莫翻动过快，以致造成掌心一直朝上收回的常见病。左掌回收时，应走弧形，撩人阴部，不可经肋旁直抽（大小臂的夹角小于90度），以免耸肩、动作拘谨和不符用法。收回至定式时，左肘尖不可超出背部。

（3）右掌前推与锁骨宜有相对运动之意，既可隐含一股对拉劲，又能防治右肩前探之病。

（4）重心后移时，尾骨宜有前移之意，以免撅臀身前俯。

（5）撑中有蹬渐后坐。如前所述，做弓步时，应蹬后腿、后脚擦地撑转、撑前腿、渐前弓和前膝莫主动。同理，做坐步时，后坐之中宜有前蹬之意，即右脚边撑边擦地实脚内扣（不宜成坐步后再扣脚掌，也不宜以脚掌为轴、脚跟外摆），左腿也有一种前蹬的反撑力，后膝莫主动，使重心渐渐移至左腿成坐步。

（6）撑前腿、收后胯。做弓步时，宜蹬后腿、收前胯。做坐步时亦然，当后脚着地后，前腿后撑、后腿向前蹬的过程中，宜逐渐往里收沉后胯，以利于两脚植地生根和身躯中正地后移。诚然，拳宜往下打，不宜只想着手的动作，才能使内劲由脚而腿而腰形于手指，"则敌之握力顿失"。

（7）至定式时，应做到"右手按到，左手收到，同时左腿坐到，右脚扣到位（脚尖朝东）"，腰胯也同步转到位，这样可以达到"一到俱到"的技术要求。

（8）定式时，应立身中正，身躯不可前俯，更不可后仰。

（9）定式时的身躯应朝向东北偏东，不应朝向东北偏北，否则，在接做下一个倒撵猴时，又无腰可转了！

（二）右倒撵猴

动作1 两掌平举右脚提（图17-5）

逐渐坐实左腿；右脚慢慢地、轻轻地提起，收至左踝内侧、右肩井穴下方，脚尖自然下垂。腰胯继续左转约30度，身躯朝向东北偏北。右掌边外旋边略前伸，臂微屈，掌心朝左偏下；左掌边内旋边向下、向后经左胯旁弧形下撩，随即向左后方弧形上举至左肩外侧，腕同肩高，臂微屈，掌心斜朝上，两掌心的劳宫穴遥对。眼顾左掌向左后方举起。

动作2　右脚后退"摸耳朵"（图17－6）

左腿坐实，右脚向后偏右退步。腰胯右转约45度，身躯朝东偏北。右掌边继续外旋边略里收至胸前，掌心朝左偏上；左臂边内旋边屈收至左耳侧前方，略坐腕，掌心朝右偏前。眼随腰转，平视前方。

动作3　撅化握力随按之（图17－7）

右脚踏平，脚尖朝向东南；撑左脚，重心渐渐移至右腿，成右坐步；同时，左脚宜以脚跟为轴擦地内扣，脚尖朝东。腰胯继续右转约45度，身躯朝向东南偏东。右掌边继续外旋边略向里经腹前收于右胯侧前方，掌心朝上略偏左，大小臂的夹角宜为120度；左掌边继续内旋边向前、略向右下方推出，坐腕，掌心同肩高，掌心斜朝前。眼顾左掌前推，平视前方。

图17－5　　　　　　　　图17－6　　　　　　　　图17－7

要　领

1. 做动作1两掌平举时，傅师教导说："两手挑扁担，右脚在中间。"也就是说，两手平举时，右脚不要停在前面不动，以免不符合"一动无有不动"的拳理和引起退步快起快落的常见病。

2. 做动作3重心后移时，宜撑展前腿、屈蹲后腿，以利两脚生根、劲自脚起和防治后坐过快的常见病。

3. 前脚尖里扣应借助撑前腿和右转腰胯来完成，不宜脚尖翘起主动里扣。

4. 在演练倒撵猴时，请初学的拳友注意不要患低级三错误：退步身前扑，脚踩一直线，提足有起伏。

5. 请拳师们（包括笔者）在表演、示范和传授倒撵猴时不要患以下三个常见的错误。（1）后坐过快，即后腿已坐到位（好像坐在板凳上），而两手还在笃悠悠地前推后抽。（2）手动腰不动，就是说，两手在作回环时，无腰胯的动作，前辈告诫我侪："动手不是太极拳！"（3）前手掌在抽回的过程中，不是连续、均匀地外旋，而是掌心始终朝天，犹如向人乞讨。

为此，笔者在《太极歌诀》拳架篇中坦言——

谁可达三点：不停前臂旋，
后移身慢坐，腰带手回环。

6. 在做左倒撵猴和右倒撵猴的退步时，应保持相同的横向步距（不要右宽左窄或左宽右窄），以便收势后回到原地（不偏南或偏北）。

用 法

作左倒撵猴时，旋左腕、退左脚、撤左手，以解脱对方紧握我左腕的右手、沉肘护左肋（腹）或将其引进以右掌前击；右拳变掌以手背向下向后撩击对方下身，为撩阴掌，再前按其胸或头，边退边打，以退为进。

劲 点

左倒撵猴定式时，右手的劲点在掌根（小指侧），左手的劲点在腕背。

检验方法

左（右）倒撵猴定式时，推拳友的右（左）掌、拉其右（左）腕、后推其背或侧推其肩，均应四平八稳不失重。

（三）左倒撵猴

其动作与（一）左倒撵猴中的动作 2、动作 3 和动作 4 相同（图 17 - 8 ~ 图 17 - 10）。

图 17 - 8　　　　　　　图 17 - 9　　　　　　　图 17 - 10

（四）右倒撵猴

其动作与（二）右倒撵猴相同，图文不再重复。

（五）左倒撵猴

其动作与（三）左倒撵猴相同，图文不再重复。

倒撵猴一般练法为退五步，以左倒撵猴为结束，即右掌在前为止。

第十八式　斜飞式

动作过程

动作1　坐腿转腰似抱球（图18-1）

重心渐渐后移，坐实左腿，右脚提起。腰胯右转约45度，身躯朝东偏南。左掌边内旋边向右上方弧形翻至左胸前，掌心朝下偏右，肘低于腕；右掌边外旋边向左下方抄至腹前，掌心朝左略偏上，两掌上下相合，似抱球状。眼顾左掌划弧。

动作2　开胯出脚似抱婴（图18-2）

坐实左腿，腰胯继续略右转约15度（身躯朝向东南偏东），开胯旋腿，膝如扇面打开，右脚向右前方迈步，脚跟轻轻着地，脚尖朝南。两掌随势合再合，两腕上下交送于身体中线前，成抱婴状，虚腋，左掌心斜朝下，与右肘弯上下相对；右掌心朝左略偏下。眼视前方。

动作3　右捌左采成弓步（图18-3）

成右弓步时，左脚尖随蹬腿腰转内扣近90度，朝向东南，傅师教导说："右手与左脚尖之间好像有一根绳子牵着"，也就是说，以左脚跟为轴，脚尖似随右掌斜捌内扣，两脚跟的横向间距约为25厘米。腰胯继续右转约45度，身躯朝南偏东。右掌随转体边外旋边向右前上方弧形掤捌至右肩前上方，掌心朝左偏上，与太阳穴同高；左掌边内旋边向左下方弧形采至左胯侧偏前，掌心朝下略偏右，虎口朝前（傅师说："不要手指朝前"），藏肘。眼随转体平视，关顾右掌捌出。

要　领

1. 做动作1两掌翻转时，宜意想翻转一个球体，且与腹球翻转同步，以利做到动作均匀、内劲连绵和内外相合。

2. 做坐腿转腰胯迈右步时，请注意以下六点。

图18 - 1　　　　　　　　　　图18 - 2　　　　　　　　　　图18 - 3

（1）身躯要"立身平准，活似车轮"，不可前俯或侧倾。要特别注意虚领顶劲，松腰落胯，骨盆端起，尾闾中正。

（2）出脚时应脚尖朝前，不要以右脚外侧朝前迈出。

（3）落脚要轻，迈步时左腿要坐实，然后好像坐在转椅上，右转腰胯，开胯向右前方迈出，先脚跟轻轻着地，然后脚掌着地。常见拳友右脚一落地就成马步，有的甚至弓步到位，显然，这种练法不符合"迈步似猫行""虚实分清""上下相随"的基本要求。正是：

出足轻落地，渐渐重心移。

弓捌同时到，星星早上稀。

（4）右脚不可向右后撤步，这样不符合用法，既看不见右侧的对方，右脚又难以插入对方裆下，或者套在对方左侧做套封，以堵住对方的退路。更不可右脚先收至左脚内侧，坐实右腿，虚扣左脚，再坐实左腿出右脚，因为这种重心倒来倒去的练法，显然不符杨公在体用全书中的用法："如敌人自右侧向我上部打来，或用力压我右臂腕，我即乘势下沉合蓄劲，随即将右手向右上角分展，用开劲斜击，同时踏出右步，屈膝坐实。"

（5）左胯找左脚跟，有对拉之意，且与左肩井穴在同一垂线上，这时左脚、踝、膝、大腿和髋的外侧宜在同一垂直平面上，以利于支撑的左腿坐稳。左膝不可内扣，以免独立不稳和扭伤膝关节。

（6）只有掌握了坐腿转腰胯迈步，才能做到开胯大、落地轻、重心渐变和身中正，才能避免向后撤步、身体前俯、虚实突变和步无横距等常见病。

3. 运胯琐议。我们在行拳走架时，脚把地面的反作用力通过膝传到胯，然后传到腰，及至手上，做到"上下相随""周身一气"。如果不运胯或运胯不当，就会导致无根、扭腰、突臀、断劲等诸多弊病。因此，运胯是练好太极拳必须攻克的又一难关，此关不过，也难登太极殿堂，下面林林总总谈22点学练体会，或许对初学的拳友有所帮助，并敬请方家赐教。

（1）股骨（大腿中的长骨）头与髋骨（组成骨盆的大骨，通称胯骨）臼连接处及其周围的软组织（肌肉、韧带），通称髋关节，位于腰的两侧和大腿之间。笔者在《杨式太极拳学练释疑》中曾经写道，"转腰"一词宜改为"转腰胯"较为确切。经过近二十年的学习、体悟和传授，对胯的重要性有了进一步的认识，以前认为"教拳不教胯，教胯师父差"和"凭胯当腰"的拳谚未免有些夸张，现在觉得它不无道理。

（2）练太极拳要求"腰脊为轴"和"主宰于腰"，此乃不易之论。犹如玩具拨浪鼓（带手把的小鼓，来回转动时两旁系在短绳上的鼓槌击鼓作声），其手把似拳者的脊柱，短绳似臂，鼓槌如拳似掌，手把转则带动短绳和鼓槌转动。那么，手把是如何转动的呢？大家都知道，是借助人们的两手掌的来回搓动，而两手掌就如同习拳者的两胯。

下面再来浅述胯与腰（肩）的关系。腰，系指胯上肋下的部分，胯转动，腰则自然随之转动，拳论谓之"腰髋同转"，杨公在《太极拳体用全书》云手篇中指出："此式之妙用，全在转腰胯（这是书中唯一的胯字，笔者注），然后可以牵动敌之根力，应手翻出，学者其细悟之"。因此，转腰实际上就是转腰胯；腰胯转，肩也自然随之而转，谓之肩髋同转，左（右）肩与左（右）胯始终上下相对，两肩与两胯似在同一"门板"上，身躯宜由两胯左右旋转来带动，肩部请勿主动转动，这就是拳论外三合中的"肩胯相合"。反之则不然，腰（肩）转，胯未必转，这就出现身体呈麻花状的拧腰病，因此，拳谚云："转腰而不拧"。另外，当两脚前后蹬撑时，胯随之向前往后，并带动腰、肩前后移动，这就是"肩胯齐进齐退"，以确保中正安舒不俯仰、力自脚起不断劲。兹将胯与肩的关系归纳成一句话：肩胯同动胯主动。

（3）髋关节是人体中最大的关节，构造坚固，韧带长，肌肉起止点较长，其力学杠杆效能强。同时，髋关节转动灵活，易带动腰胯，"催动四肢"。

（4）从健身角度而言，通过胯的动作，带动小腹内转，及至丹田，对内脏起到了自我按摩的作用，这是太极拳能达到健身效果的原因之一。

（5）对于运胯的要求说法颇多，有松胯、开胯、坐胯、合胯、落胯、抽胯、收胯、沉胯、送胯、裹胯等等，其实对胯的要求应因势、因时而异，不宜统一成一种要求、一种说法。笔者在第九式左右搂膝拗步中，对由右弓步接做左弓步时，对胯的要求就有九种提法，即收沉右胯、抽转右胯、右胯找脚跟、松开左胯、松沉右胯、右胯压左脚跟、收左胯、送右胯，两胯呈合势。

（6）开与合

①做左搂膝拗步时，蹬右腿，送右胯，收左胯，两胯呈合势。

②做单鞭将至定式时，右胯应向右后方撑转，左胯松开，两胯呈开势。

（7）沉与抽

①当做左搂膝拗步的左脚迈出后，宜松沉右胯，以利于增加地面的反作用力，越松沉，内劲则越充盈，谓之"根深叶茂"。

②左搂膝拗步定式时，左胯应收沉。

③左搂膝拗步接做右搂膝拗步，当实脚外撇左转身时，左胯宜顺势向左下方呈螺旋状再微微收沉，"逢转必沉"，大腿内侧宜与腹部相贴，似咬人手指，以利于植地生根、下盘稳固；当坐实左腿提起右脚时，左胯宜顺势向左上方呈螺旋状微微抽转，胯找脚跟，二者有对拉之意，且与左肩井穴连成一条垂线，如轴似柱，以利于支撑腿独立稳定；然后，松开右胯送右脚前迈，以利于移动腿松、缓、匀。

④手挥琵琶定式时，右胯宜向右后方抽转，胯往两边撑开，则骨架正确，有利于产生定力和发出整劲。

（8）虚与实。

凡实腿之胯宜实，虚腿之胯宜虚。

（9）主动与被动。

①做左搂膝拗步蹬右腿转身时，宜以右胯为主动，左胯为被动。

②当左搂膝拗步接做右搂膝拗步撇实脚左转身时，宜以左胯为主动，右胯为

被动。

（10）胯与脚跟。

①做左弓步时，宜意想右胯压左脚跟。

②当单脚支撑时，胯找脚跟，宜有对拉之意，且与肩井穴在同一垂线上，脚跟、胯和肩井穴犹如门轴上的三只铰链。

（11）往返宜走"8"字形。

①右掤接做捋式折叠时，右胯宜顺势向右微微拧转一小圈，带动右掌根向右做一小圈，然后左转身做引进落空。

②当捋式接做挤式折叠时，左胯宜顺势向左微微拧转一小圈，带动左掌根内旋翻转，然后右转身做边贴边挤。

（12）习拳时，两肩须齐平；同样，在前后移动和左右转动中，两胯也须齐平，人犹如端坐在转椅上，以利于立身中正、肩胯相合、不偏不倚、下盘稳固和迈步轻灵。

（13）后胯找前胯，当右坐步接做左弓步、左转身时，宜意想右胯找左胯，以利于两胯平转似磨盘，尾闾中正不突臀。

（14）胯似磨盘腿似架，众所周知，当磨盘转动时，下面的支架是不可以转动的。我们行拳走架也应如此，例如做揽雀尾的捋时，腰胯须左转，但两膝（尤其是右膝）不可向左扭转；又如做云手时，腰胯须向左、向右来回转动，但两膝不可随之左右扭转，以免膝脚不合裆不圆、下盘不稳劲路断、两膝着力易受伤。

（15）至于开胯的角度，傅师说："开胯过大，两脚形成别扭站立不稳，所以足尖的动作与肢体的整个动作，是互相关联的，互相制约，稍不注意，就会造成整个动作不正确。"开胯的大小，一般以两脚的夹角来表示，它与习拳者腿力大小、胯部韧带的松紧和人体平衡能力的强弱等因素有关。根据太极拳"自然"和"中庸"的指导思想，结合笔者的行拳体会，认为在做开胯大的拳式（如斜飞式、肘底捶、第2第4个玉女穿梭、下势和金鸡独立等），其两脚的夹角，一般以135度为宜。

（16）浅说落胯。在髋关节中，髋骨臼在上，呈凹面，股骨头在下，呈凸面，平时其凹凸的接触面积较小，空隙较多。前辈们要求的落胯，宜通过放松腰部（而非往下硬压）和端起骨盆，使髋骨臼有微微落下之感，从而增加凹凸的接触面积，使髋骨臼与股骨头的咬合紧密，有利于劲路畅通。例如，拳友在演练手挥琵琶定式时，在其背后喂劲，如果他（她）做到了松腰落胯，则拳架安稳不动；反之，将被喂劲者推倒。

（17）三点贯通法。窃以为，着力点（或劲点）、髋关节和脚跟的劲路宜贯通含整劲。例如，推按拳友单鞭定式时左掌或右腕，其劲路经髋关节通畅地传至右脚跟或左脚跟，稳如泰山。

（18）笔者在习拳时由于留意在胯间，所以虽已步入老年，但拳艺比 20 年前登上领奖台时有所长进，为此曾高兴地写下了"古稀将至正当年"的拙句。同时，笔者后期的弟子由于在胯上下了点功夫，能推倒前期的弟子，反之则不能，为此有前期弟子说我"偏心"。

（19）杨公在《太极拳说十要》中云："有不得力必于腰腿求之也。"吾斗胆增一字曰："有不得力必于腰腿间求之也。"腰腿间，胯也。

（20）胯较紧，这是人们普遍存在的现象，要使腰腿动作灵活协调、拳架正确、易生松沉劲，必须松开髋关节。下面介绍四个松开两胯的方法，读者不妨一试。① 面墙而立，一手扶墙，一膝提起，然后向右（左）做外摆至极限。② 作搁脚压腿时，逐渐增加两脚的角度，既可拉长腿部的韧带，又可拉长胯部的韧带。③ 打坐，即盘腿而坐，这是我国古代一种养生的方法，也是僧道修身养性的方法。对拳手而言，打坐有助于心静体松、呼吸深长防治关节痛和改善胯部、腿部、踝部的柔韧性。打坐时须腰背挺直，每次宜 20 分钟以上。④ 练者像青蛙似的趴在地板上，然后请拳友按压臀部，按压时应注意以下四点：待练者呼气时加压，吸气时停压；施压的力量要逐步增加；循序渐进（还应根据年龄、体质而定），日复日，月复月，及至大腿根贴地，两胯打开达 180 度；每次以练习者至极限为止，当心拉伤！凡事有度，过犹不及。

（21）跳国际标准舞是用髋来跳，唱歌是用耳来唱，打传统杨式太极拳是用胯来打，不知诸拳友以为然否？

（22）教拳应教胯，不讲老师差。运胯如失误，终生不到家。

4. 右掌的斜捌劲，来自后脚蹬、前脚撑的反作用力，经转腰胯、旋臂、舒指、及至劲点。如果右膝主动前弓、两脚不互为其根，那么，内在必无整劲。因此，我们在练拳时，不宜去追求"动作潇洒""架低功夫深"，而宜往里打、往下打、求中定、求内劲。

5. 此式以右掌斜向掤捋为主，左掌下采为辅，且应协调一致，有对拉之意。同时，左掌下采宜有入地三分的意念，以利下盘稳固和以助右掌斜飞。

6. 定式时为顺弓步，身躯朝南偏东，不宜朝南，不要朝南偏西，以免骨架不准、劲路中断，必被推倒。

7. 弓步碾脚调整时以脚掌为轴还是以脚跟为轴？做弓步的后脚如果需要做碾脚调整时，是以脚掌为轴、脚跟外展，还是以脚跟为轴、脚尖内扣，这又是一个见仁见智的问题，笔者不揣浅陋，谈四点拙见。① 这两种方法均可取，每人可根据师承或习惯而定。② 在傅师传杨式太极拳的整个套路中，除斜飞式是以脚跟为轴、脚掌内扣，其余的诸如云手接单鞭、第一个玉女穿梭接第二个玉女穿梭等拳式，均以脚掌为轴、脚跟外展。③ 脚跟外碾法较为顺遂，可增加两脚的纵距，降低人体重心，增加稳定性，使动作舒展沉稳。④ 做弓步时，不管采用脚跟外展或者脚尖内扣，但在行将到位发寸劲时，脚跟切莫移动，以免滑根、漏气、卸劲。

用　法

右掌顺势往下沉合蓄劲，或采拿来腕，随之斜击其太阳穴。左掌下采，以助右掌斜捋之势；右脚插其裆下或套其左侧，堵其退路。

劲　点

右手的劲点由掌根（小指侧）依次经小鱼际、小指、无名指、中指、食指、拇指及至手背（虎口处），左手的劲点由腕背依次经掌缘、小指、无名指、中指、食指、拇指、大鱼际至掌根（小指侧）。

检验方法

1. 用身体或双手挡不住拳友右手斜捋。

2. 定式时，握住拳友的右手腕前推或侧推其左肩，均应纹丝不动。

第十九式　提手上势

提手上势在前面第五式已经学过，但第五式是衔接单鞭，而本势的提手上势是承接斜飞式，因此其过渡动作是不同的。

动作过程

动作 1　重心前移手再开（图 19 – 1）

重心前移，左脚跟提起。松沉右胯，腰胯顺势右转约 15 度，身躯朝南。右掌边内旋边顺势向右下方移至右肩侧前方，掌心朝左偏下；左掌边略外旋边随体顺势稍向左前上方移至左腰侧偏前，掌心朝下偏右，两掌顺势呈开再开之势。眼视前方。

动作 2　稍做跟步双手撤（图 19 – 2）

坐实右腿，左脚微向前在离原来一脚宽处落下，脚掌先着地，重心渐渐左移。腰胯略左转 15 度，身躯朝南偏东。右掌边继续内旋边随肘下沉回采至右腰侧前方，掌心斜朝下，略坐腕；左掌继续边略外旋边随屈肘平抹至左腰侧前方，掌心斜朝下，略坐腕。眼顾右掌下采。

图 19 – 1

图 19 – 2

动作3　虚步隅向合提送（图19－3、图19－4）

坐实左腿；右脚稍提起，略向左后方落下，以脚跟着地，脚尖微跷成右虚步。身法、手法和眼法与前面的第五式动作2坐实左腿合提送、动作3右顺虚步成抱臂相同，即腰胯左转约30度，两手掌同时向里、上、前三个方向做合、提、送。

用法、劲点、检验方法参考第五式提手上势。

图19－3　　　　　　　　　　　　　　　图19－4

第二十式　白鹤亮翅

与第六式白鹤亮翅相同（图20）。

对于后面重复的拳式，考虑到减少篇幅和阅读的连贯性，只列定式拳照。

第二十一式　左搂膝拗步

与第七式左搂膝拗步相同（图21）。

图20　　　　　　　　　　　　　　　图21

第二十二式　海底针

动作过程

动作1　稍做跟步掌成坡（图22-1）

松沉左胯，身体略向前平移，不可前俯。重心渐渐全部移至左腿，右脚略向前（约一脚的宽度）做跟步，脚掌着地，脚尖朝向东南。右掌顺势边略向前偏下松腕边移动至右腋前，成坡掌，掌心朝前下方；左掌也随势略向前偏下边松腕边移动，掌心朝下偏后。眼视前方。

动作2　转腰后坐掌收沉（图22－2）

重心渐渐后移，当右脚跟着地，左脚跟随即离地。腰胯右转约15度，身躯朝东偏南。以右肘下沉引领右掌边外旋边随屈肘收沉至右腰侧前方，掌心斜朝下；左掌边略外旋边向右偏上弧形移至左胯前上方，掌心朝下偏右。眼顾右掌收沉。

动作3　坐实右腿提右掌（图22－3）

右胯松沉，坐实右腿，左脚略提起，收回，脚尖自然下垂。腰胯继续略右转约15度，身躯朝向东南偏东。右掌以腕（拇指侧）引领，边外旋边向上弧形提至右腋前，掌心朝左；左掌继续随转体边外旋边向右偏上弧形移至肚脐前，掌心斜朝下（45度）。眼视前方。

动作4　折腰下插四骈指（图22－4、图22－5）

左脚掌随腰胯左转、右腿略下蹲略向前着地，成左虚步，其重心比例约为前三后七。腰胯边左转约30度边以胯为轴折腰（不是弯腰），身躯朝东，与地面的夹角约为45度。右掌以小指领先向下偏前弧形下插（不是斜掌下劈）到约与膝平，掌心仍朝左，手指斜朝下，四指（除拇指外）伸直，不可软屈，为四骈指，右臂微屈，与身躯的夹角宜为90度；左掌边内旋边搂至左膝侧前方，掌心朝下偏右，坐腕。眼顾右掌下插，前视手指沿伸入地处，不可抬头前视，也不可低头看脚。

图22－1　　　　　　　图22－2　　　　　　　图22－3

图 22 - 4

图 22 - 5

要　领

1. 傅钟文恩师在教海底针右掌的练法时说："右手好像火车轮子的转动，'咔嚓'一声做个小立圆。"如果上提过高，一则难以将对方腾空拎起；二则门户敞开，易被人乘虚而入；三则这种散野的练法，不符合动作折叠时应走小圆圈过渡的拳理。因此，这个立圆不可过大，即右掌不可提得太高至耳旁，更不可"潇洒"地超过头顶。诚然，右掌做上下折叠时，不可走大立圆，但也不可上下折叠时，直上直下拐尖角，以免内劲中断。

2. 拳谚云"肘不过膝"，右掌下插离身体不要过远（右臂与地面的夹角达 30 度左右），以免右肘超越左膝。如果下插太远，一则容易产生分力，减小下挫劲；二则由于重心过前，虚实不清；三则重心靠前，易被人乘机拉倒。

3. 做海底针时，人们往往注重作为主手的右掌，而忽视次手，导致左掌停顿或无所适从，其实它宜随着身体的前移、右转、左转而作向前松腕、向右外旋、向左内旋的运动。

4. 傅师又指出："右臂提回时，略转腰向右，折腰下插时，要略向左转，不要只动手不动腰，要符合'主宰于腰'的要求。"同时，又要防止另一极端的练法，即腰胯右转的幅度不要过大，有的拳友竟达 90 度，傅师指出，这种貌似潇洒的练法，主要原因是主观上追求开展，结果造成散乱。

5. 至定式时，应里收左胯，以增稳定性，又可防治右肩前探之弊；同时，左掌应有搂采之意，以增右掌前插的力偶劲，又可防治左肩高、右肩低之弊。

6. 定式时，虽然呈躬身折腰状，但是百会穴与会阴穴宜有对拔之意，以利于颈椎、胸椎、腰椎保持一条斜向直线，从而避免低头、弓背和突臀等弊病，拳论谓之"中正之偏"。正是：

> 行拳如运笔，笔杆始终直。
>
> 即使折腰后，身躯不可屈。

7. 及至定式时，手指宜有插至海底（地核）之意，谓之"俯之弥深"。

8. 至于定式时右掌的位置，由三个因素所决定，即身躯前俯45度、手臂与身躯的夹角为90度和手臂的长度，但因其中人的臂长不一，故定式时可右指尖与左膝齐平，也可右腕与左膝齐平，应因人而异。

9. 腕法，在做预备势和运手的过程中，一般要求腕部自然伸展，即中指与小臂在一直线上，但笔者认为，应根据不同动作的要求，宜作适当的变化。

（1）按式的定式应坐腕，即腕部向手背方向弯曲。

（2）作搬拦捶的盖拳时，应略坐腕成凹腕，即腕背微凹。

（3）单鞭的吊手应吊腕，即腕部向手心方向弯曲。

（4）撇身捶的右拳在作环撇时为凸腕，即腕背微凸。

（5）白鹤亮翅定式时的斜切掌应挺腕，即腕部向小指方向稍弯曲。

（6）海底针的右掌在做动作3提掌时应鼓腕，即腕部向拇指方向稍弯曲。

用　法

杨公和傅师指出，如果对方用右手牵住我右腕，我即屈右肘坐右脚，转腰提回，手心向左，左脚也随之收回，脚尖点地；如对方仍未撒手，则右手略上提划一个小立圆，随即折腰往下一挫，其根自断，或可乘虚进击也，即以四骈指似钢针下插点击对方裆部。

劲　点

定式时，右掌的劲点在指尖，左掌的劲点在掌根（小指侧）。

检验方法

1. 前推或侧推拳友定式时的右（左）肩，均应稳如泰山。
2. 下拉拳友定式时的右腕，仍四平八稳。

第二十三式　扇通背

动作过程

动作1　提脚提手上身起（图23－1）

重心渐后移，坐实右腿，不可起立，以免造成起伏、内气上浮；左脚略提起，稍收回，小腿自然下垂，不宜过分往里收，也不要停止不动。以头领身胯为轴，身躯边直起边随腰胯右转约15度，身躯朝东偏南。右掌边内旋边向上提至右肩前，掌心朝下偏左（不宜朝右下方或朝外，以免亮肘和做下一动作托架时无臂可旋），臂微屈；左掌边外旋边上提至胸前、右前臂（近腕）旁，掌心朝右，傅师教导说："两手交叉，不要分开"。眼视前方，关顾右掌上提。

动作2　左推右托顺弓步（图23－2、图23－3）

左脚缓慢、均匀地、轻灵地向前迈出（此时应立身中正，不可前俯后仰），蹬右腿，撑左腿，成左弓步，两脚跟的横向间距约10厘米。腰胯继续右转45度，身躯朝向东南偏南。右掌随腰胯右转屈肘继续边内旋边向上、向外、向后弧形托架至右额侧前上方，手臂撑圆，掌心朝前略偏下，手指斜朝上，挺腕（而不是坐腕），劲点在掌缘；左掌边内旋边向前（正东）推出，坐腕竖掌，掌心斜朝前，劲点在掌根（小指侧）。面部朝东，眼视左指尖，向前平视。

图 23 - 1　　　　　　　　图 23 - 2　　　　　　　　图 23 - 3

要　领

1. 傅师在教拳时使用最多的一个词，就是"坐腕"，并常说："坐不坐腕，味道大不一样"。当手掌前推，斜采或下按至定式时，掌跟须微微下沉着力，使腕关节弯曲，手指随之舒展成实掌，这个短暂的过程称之为坐腕；当手掌回收时，手腕随之渐渐放松呈平面状态，手指也渐渐回复到自然弯曲的虚掌状态。坐腕应柔而不软，但又不可坐过头，而影响气血畅通，好像我们用橡皮水管浇花时，将管略弯曲，则水就溅得远。但把管子弯得太多，那水就不通了。那么如何算坐腕恰到好处呢？第一，坐腕时，以近掌根处的腕部韧带有胀感为度。第二，竖掌的角度，手背与前臂的夹角为120度左右，但不宜规定死，应因人而异。第三，手指随之舒展，坐腕至以手上的胀、热或麻的气血运行感觉最为强烈为宜。正是：

> 水管略弯曲，管中流水急。
>
> 指梢盈气血，坐腕正合宜。

从保健角度来说，坐腕（结合旋臂）能加速手指的气血流通，由平时的十几根微血管充血，增加到50～60根充血，起到了降低血压和减轻心脏负担的作用，日久则气血旺盛，指肚红润饱满，古人云："气血冲和，万痛不生，""气血不和，百病乃变化而生"；就拳架质量而言，坐腕有利于行拳做到刚柔相济、蕴含节奏和起到增加内劲的作用；从技击用法角度来说，坐腕能提高攻击力，并且便于解脱对方的擒拿。

2. 挺腕，在做斜切掌（如白鹤亮翅的右掌，本式扇通背的右掌，以及以后高探马的右掌和玉女穿梭的上掌等）时，手指斜朝上，掌心朝前偏下，掌背与前臂外侧宜在同一平面上（不宜坐腕，以免断劲；也不宜掌心斜朝上，以免亮肘、抬肩），这时手腕（小指侧）微凸，劲点在掌缘，笔者称之为"挺腕"。正是：

斜切宜挺腕，劲点在边缘，

手背和前臂，宜平不可弯。

3. 在动作 1 提掌与动作 2 托掌之间，请君切莫停一停、息一息。

4. 两臂展开如同折扇打开，将至定式时，两手应有对拉之意，有一个对拉开劲，同时请读者诸君注意不要患右掌先到而停顿的常见病。傅师指出，"左腿前弓，右腿后蹬，以及左掌前推和右掌上托，这四个动作要一致"，"一到俱到"；同时，结合右胯向右撑转，"使周身力量集中在一点"，才能产生右脚与左掌贯串一气的整劲。

5. 在学练扇通背时，请初学的拳友不要患左臂弯曲或笔直之病。傅师又指出："'劲以曲蓄而有余'的要求，就是要求动作还有伸展的余地，因此做太极拳的任何动作时，手臂和两腿都不可挺直。"

6. 行拳有度，即是说在思想上既要求尊重传统、尊敬前辈，又要遵循法则、勇于开拓；在行拳走架中既要符合拳理、讲求拳法，又要不偏不倚、恰如其分。把握一个度，并非易事，愿与君共求之。

用　法

两手掌交叉，保护右腕和心口；右掌掤化上托对方击我之右手，左掌随进步扇击其胸部。

劲　点

定式时，左掌的劲点在掌根（小指侧），右掌的劲点在掌缘（近掌根）。

检验方法

1. 作动作 1 提脚提手上身起时，用手压住拳友前倾的背部，看他是否能直起并使我失重。

2. 动作 1 右掌平举后，用双手压住其右臂，试他能否向上托起。

3. 定式时，请拳友推我胸部，同时用右手下压其右腕，检查他是否身含整劲、臂含掤劲。

4. 定式时，平拉拳友的左腕，应不前倾失重；平推其左掌，应不后仰失重。

第二十四式　撇身捶

撇身捶由右转身、右撇拳和左推掌三个动作组成。

动作过程

动作 1　扣脚盖拳右转身（图 24 - 1）

左脚尖随腰胯右转实脚里扣 90 ~ 135 度。松沉左胯，腰胯右转约 30 度，身躯朝南。右掌边外旋边握拳边经面前外弧形（略向前）下盖至腹前，拳眼斜朝上（不宜练成朝里，更不可斜朝下，以免"不得力"、亮肘）；左掌边略内旋边向右上方弧形架至左额前上方，掌心朝外偏下（不要偏上，以免亮肘），手指斜朝上（不要朝右，以免亮肘耸肩），挺腕，臂撑圆。眼顾右拳下盖，随即平视前方。

动作 2　右脚迈出撇右拳（图 24 - 2）

重心全部移至左腿，坐实；右脚跟内扣稍提起，向前（西）迈出，脚跟先着地，脚尖朝西，踏平，有后撑之意，膝微屈（切莫成弓步），两脚与肩同宽，以利下盘稳固、劲力专注一方。腰胯右转 45 度，身躯朝向西南。右拳以肩为圆心向右上方、前下方弧形经面前环转抛出，高与肩平，右臂伸展肘微屈，拳心朝上；左掌边外旋边向右下方经环撇的右前臂外侧弧形慢慢地落下至左胸前、右肘内侧，掌心朝右下方（不宜朝后）。眼视前方，关顾右拳撇出。

动作3　转腰前弓推左掌（图24-3）

蹬左腿，撑右腿，成右弓步。腰胯继续右转45度，身躯朝西莫探肩。左掌边内旋边经内收的右前臂里侧上方向前竖掌推出（不是横掌推出，以免耸肩抬肘不得力），掌心朝前偏右，坐腕；右拳边略内旋边向后向下抽沉，收于右腰侧前方（不是腰间，以免肘部超出后背），距身约10厘米（莫夹腋），大小臂的夹角宜为100度（不宜小于90度，以免耸肩和动作拘谨不大方），拳心朝上偏左，为藏拳。眼顾左掌前推，随即平视前方。

图24-1　　　　　　　　图24-2　　　　　　　　图24-3

要　领

1. 做动作1右转身时，应立身中正，臀部不可右突，且有胯松裆圆之意。

2. 做动作1扣脚盖拳右转身时，右掌握拳下盖应在身前横臂直落，以拦截击我心窝之来拳，因此切莫潇洒地练成向右下方兜半个圆圈，因为这种兜圈子的练法，势必在胸前出现空当，有悖用法，正如傅师所说的"中看不中用"。

3. 左掌上架和右拳下盖至定式时，宜有对拉之意，且应神采奕奕似亮相；另外，左掌与右拳宜在身前的同一垂直平面上。

4. 在扣左脚时，须实脚里扣，因为杨公指出："由前势，设敌人向身后脊背或肋间用手打来，我即将左足向右偏移坐实，右足变虚。"如果身体后移作虚脚转，则送上去挨打，有悖用法，又降低了运动量，影响健身效果。

5. 傅师指出，动作要相连不断，内劲才能贯注充足，所以，要求手足的动作要绵绵不断。但要做到这点，也非易事，据不完全观察，天下十有八九的练者（含笔者）的左手不是在左额上方停一下，就是在左胸前息一会，这种停一停、停两停的练法，岂能练出连绵的内劲?! 为此笔者在拙著《太极歌诀》的要领篇中斗胆写道："动作连绵打，才能劲不刹，谁停谁就错，即使是名家。"如何防治这个顽症呢? 我在《太极歌诀》中又开了一个药方：

> 单手速须匀，双肢可不均。
>
> 路长宜快走，路短慢屈伸。

6. 如上所述，动作 2 衔接动作 3 时，左掌不要在胸前停一下，也不宜快速落在腰前，随即向后划一个小圆圈，再向前击出，因为这种练法不符合杨公论述（同时左手由左侧急向敌人面部击去）中的一个"急"字。也不符合傅师的练法（左掌经左胸前，随即在右前臂里侧上方向前推出）。因此，左掌下落至胸前之后，宜顺势向前击出。

7. 傅师要求我们拳式正确，常说："不要分不清包的是饺子，还是馄饨。"撇身捶与搬拦捶是一对容易混淆的拳式，撇捶与搬捶的区别有以下几点

（1）如前所说，撇身捶的右拳是以肩为圆心，自下向前上方，再向前下方环撇，傅师说"像掼大榔头那样撇出"。而搬捶的右拳是以肘为圆心，自左向右前偏上搬出，傅师说是"像挥小榔头搬出"。

（2）撇捶是发沉劲，叠住击我脊背之手，或者击对方肩（头）部。搬捶是发横劲，粘化对方击我胸口之来拳，或者击人胸部。

（3）撇拳为左坐步，重心在后；搬捶似斜向右弓步，重心在前。

（4）撇拳的左掌在胸前，两手分开，为单手捶；搬捶的左掌贴于右腕里，合力搬出，为双手捶。

（5）撇捶高与肩平，拳心朝上为仰拳，劲点在拳背；搬捶高与胸口平，拳眼朝上为立拳，劲点在腕背。

用　法

　　右手握拳下落，为盖拳，盖住击我心窝之来拳，肘护肋；随之以仰拳与对方之手相交，或者击人肩部、头部；然后收回，以助左掌前击，或伺机而出，为藏拳，或以肘击人。左掌上架护头，随之经胸前击人胸部或面部。

劲　点

　　右手盖拳时的劲点在拳轮（小指侧），撇拳时的劲点在拳背；左手上架时的劲点在掌缘，推出时的劲点在掌根。

检验方法

　　1. 做动作 2 右拳撇出后，拽、推拳友的右拳和左掌，均应稳定不失重。
　　2. 拽、推拳友定式时的左掌或推其左（右）肩，也应稳定如磐石。

第二十五式　进步搬拦捶

　　我们以前已经学过的进步搬拦捶，是接左搂膝拗步，现在是接撇身捶，中间有斜冲拳、左捋和合手三个过渡动作。

动作过程

动作1　右拳斜冲似抱臂（图 25 − 1）

　　略收沉右胯，随即腰胯微左转约 10 度。同时撑右腿，蹬左腿，重心略后移至前 6.5 后 3.5 的比例。左掌随左肘下沉，边外旋边向里偏下切至心口前，以掌缘挡去击我胸部之来拳，掌心斜朝上，与右肘遥对；右拳边内旋边向左前上方经左掌虎口上方以拳面击出，至喉头前，吾称之为斜冲拳，拳心斜朝下，与左掌成似抱臂状。作斜冲拳时，请不要以拳轮（小指侧）前击，以免击人不得力和抬肘耸肩。

眼顾右拳斜冲。

动作 2　引进落空成坐步（图 25 - 2）

重心继续后移，成左坐步。腰胯继续左转约 35 度，身体朝向西南，两手随转体向左做捋式，只不过右手为拳，不像揽雀尾中的是掌。眼视前方，关顾两手左捋。

动作 3　两手相合似抱球（图 25 - 3）

重心继续后移，坐实左腿，请勿起伏；右脚尖随重心后移自然微微浮起，然后脚跟自然微微提起（提脚莫高），脚尖自然下垂，提起时移动腿应轻松、灵活，不施强劲，这是迈猫步的要点之一。腰胯右转约 15 度，身躯朝向西南偏西。左掌边内旋边向左上方、右下方画弧（画弧时高不过肩）至左胸前，掌心朝右下方；右拳盖至左腹前，拳眼斜朝上。眼视前方。

以下的动作与第十二式进步搬拦捶的动作 3、4、5、6 相同（图 25 - 4 ~ 图 25 - 6），就是方向相反，前势向东，本势朝西。

除前三个动作外，后面动作的要领、用法、劲点和检验方法与第十二式同。

图 25 - 1　　　　　　　　图 25 - 2　　　　　　　　图 25 - 3

图 25 – 4　　　　　　　　图 25 – 5　　　　　　　　图 25 – 6

第二十六式　上步揽雀尾

目前，进步搬拦捶衔接上步揽雀尾的练法颇多，见仁见智。兹根据师传（左肘向左后撤下沉）、拳式名称和内劲不丢、手走弧形臂要旋、动作连绵不停顿、开合有序、中庸之道等拳理，浅述如下。

动作过程

动作1　撇脚转身两掌开（图26 – 1）

收沉左胯，重心渐渐左移，左脚外撇45度。腰胯左转约30度，身躯朝向西南偏西。左掌宜随腰胯左转和左肘向左后撤边外旋边向左偏后偏上掤至左肩前，掌心朝右偏上；右拳边变掌边内旋边向右偏下采至上腹侧前方，掌心朝下偏左，两掌呈对拉开势，约同肩宽。眼视前方。

动作2　腰带脚起两掌合（图26 – 2）

坐实左腿，腰胯继续左转约15度（身躯朝向西南）带右脚向前提起，小腿自然下垂为虚悬。左掌边内旋边随沉肘屈臂略向右后偏下弧形移至左胸前，掌心朝右偏下；右掌边外旋边向左偏下抄至下腹前，掌心朝左偏下，与左掌相合似斜向抱球状，两臂呈弧形。眼顾左掌，随即平视前方。

然后接做右掤、捋、挤、按，与第三式揽雀尾相同（图 3 - 7 ~ 图 3 - 16，图 26 - 3）。

图 26 - 1   图 26 - 2   图 26 - 3

第二十七式　单鞭

与前面的第四式单鞭相同（图 4 - 1 ~ 图 4 - 7，图 27）。

图 27

第二十八式　云手

云手是由两个椭圆交织而成，两掌在身前各画一个略前倾的立圆，做为一次云手，每式云手一般做 5 次，在整个套路 85 式中有三式是云手，共计 15 次云手。

动作过程

（一）云手一

动作 1　两掌下采实脚转（图 28 – 1）

左脚实脚里扣 90 度，脚尖朝南，重心渐渐移至左腿；当左脚掌着地踏平，右脚跟随即离地。收沉左胯，腰胯右转约 10 度，身躯朝南偏东。右吊手变掌边略外旋边弧形下采至右腹右前方，掌心朝下偏左，略坐腕；左掌随转腰边略外旋边弧形向右下方采至左胸左前方，掌心朝下偏右，略坐腕。眼视前方，关顾左掌下采。

图 28 – 1

动作 2　右捯左抄小马步（图 28 – 2，图 28 – 3A、图 28 – 3B）

重心全部移至左腿，坐实；右膝领起右脚缓慢地、均匀地、轻灵地提起收于左脚内侧（两脚与肩同宽），先以前脚掌着地，踏平，两脚平行向前，随即蹬左腿，撑右腿，重心渐右移至小马步（此时瞬间的重心在两脚中央，即五五开）。腰胯继续右转约 20 度，身躯朝南。右掌继续边外旋边依次连贯均匀地向左、向上偏前、向右弧形做上抄、前掤、右捯至面前，腕宜与喉头同高（位于椭圆的最高点，即时钟的"12"处），腕与喉相距约 30 厘米，手指斜朝上（左），掌心朝里偏上；左掌继续边外旋边弧形下抄至下腹前，腕宜与肚脐同高（位于椭圆的最低点，即时钟的"6"处），相距约 15 厘米，手指斜朝下（右），掌心斜朝里（下）。眼视前方，关顾右掌。

图 28 - 2   图 28 - 3A   图 28 - 3B

动作3 右按左抄蹬左腿（图28-4）

继续蹬左腿，撑右腿，重心渐渐移至右腿。腰胯右转30度，身躯朝向西南偏南。右掌边内旋边向右偏下弧形按至右肩右前方（时钟的"1～2"处），掌心朝前偏下，略坐腕；左掌继续边略外旋边向右偏上抄至上腹前，拇指上扬，掌心朝里偏下，眼顾右掌，随即平视前方。

动作4 两掌交迭侧行步（图28-5）

坐实右腿；左膝领起左脚向侧向迈出半步，前脚掌着地。腰胯继续右转约15度，身躯朝向西南。右掌继续边内旋边略向右下方弧形采至胸部右前方（位于椭圆的最右点，即时钟的"3"处），掌心斜朝下（左）；左掌继续边略外旋边向右上方上抄至胸前，指尖与右肘弯遥对（不宜与右腕遥对，以免做下动作时无处可掤），掌心朝里，两掌宜在椭圆的横轴上下交迭。眼视前方。

图 28 - 4　　　　　　　　　　　　图 28 - 5

动作5　左捌右抄大马步（图 28 - 6A、图 28 - 6B）

左脚全脚踏平，脚尖朝南，两脚平行，蹬右腿、撑左腿，重心渐渐左移成大马步，此时的重心在两脚中央（瞬间五五开）。腰胯左转约45度，身躯朝南。右掌边外旋边向左下方弧形下抄至下腹前，右腕宜与肚脐同高（位于椭圆的最低点，即时钟的"6"处），腕与肚脐相距约15厘米，掌心斜朝里（下）；左掌边外旋边向左上方弧形前掤、左捌至面前，腕与喉头同高，相距约30厘米，手指斜朝上（右），掌心朝里偏上。眼视前方，关顾左掌。

图 28 - 6A　　　　　　　　　　　图 28 - 6B

动作6　左按右抄身左转（图28-7）

继续蹬右腿，撑左腿，重心渐渐移至左腿。腰胯左转约30度，身躯朝向东南偏南。右掌继续边外旋边向左上方上抄至上腹前，拇指上扬，掌心朝里偏下；左掌边内旋边向左偏下按至左肩左前方（时钟的"10-11"处），手指斜朝上，掌心朝前偏下，略坐腕。眼顾左掌，随即平视前方。

动作7　两掌交迭收右脚（图28-8）

坐实左腿；右脚收于左脚内侧（两脚相距约与肩同宽），前脚掌着地。腰胯继续左转约15度，身躯朝向东南。右掌继续边外旋边向左上方弧形上抄至胸前（位于椭圆的最左点，即时钟的"9"处），指尖与左肘弯遥对（同样不宜与左腕遥对，以免在做下动作时打不出掤手），掌心朝里；左掌继续内旋边向左下方弧形采至胸部左前方，掌心朝斜下（右），两掌均宜在椭圆的横轴上下交迭。眼视前方。

图28-7　　　　　　　　　　　　　　　图28-8

要　领

1. 做动作1两掌下采实脚转时，请注意以下两点。

（1）左脚应实脚里扣。

（2）两掌宜随松肩沉肘同时下采，动作应连绵不断，左掌不可停顿，右吊手（或变掌后）也不可停顿。

2. 做动作 2 右捌左抄小马步时，请注意以下六点。

（1）做动作 1 和动作 2 时，腰胯右转 30 度，而右掌要作采、抄、掤、捌约划 3/4 圆圈，左掌要做采、抄约划 1/4 圆圈，常见的毛病有二：其一，身躯已转向正南，而两掌尚在运行未到位；其二，左掌到位停顿，右掌还在运行未到位。因此，务请拳友在演练这两个动作时，尤需注意"腰为主宰""上下相随""同起同止"以及路长宜快行、路短宜慢行等技术要求。

（2）大连彭学海师兄教我时说："大马步、小马步时，两手在中间"。因此，小马步（瞬间）时，身躯朝南，两掌中指尖宜在身体中线前，即椭圆的纵轴上，不宜交迭或分开。

（3）右掌掤、捌为主手，左掌下抄相随为次手。

（4）做右捌手时拇指不宜外跷，以免"一紧百紧"；做右捌手的四指不宜呈水平状，以免抬肘和不符护喉（胸）的用法。

（5）左掌抄至腹前时，手掌应在肘的外（前）面，不宜练成掌、肘在同一垂直平面上，更不宜练成肘在外（前）、掌在里（后），以免导致跷肘、探肩、动作不自然和防守不得力。另外，左掌在作抄手时，手背与前臂外侧宜在同一平面上，不宜练成塌腕指朝里，以免手丢内劲无；同时，左掌心不宜朝下、手指朝前，以免把抄手练成抹手，不符合护腹的用法。

（6）保持虚腋，不可夹腋，但也不可散开。

3. 做动作 3 右按左抄蹬左腿时，请注意以下三点。

（1）做动作 2、动作 3 重心右移时，不宜水平右移，而宜劲自左脚起，经左腿、左胯、右胯、右腿至右脚，以利于做到劲自脚起、植地生根，不易被左侧的对手推倒。

（2）保持骨盆端起、尾闾中正，且垂直于地面，不可前俯后仰、右倾左斜。

（3）两臂应圆撑，伸屈留有余地。右掌作按时，手臂不可伸直；左掌右抄时，不可太屈（大小臂的夹角不宜小于 90 度）。

4. 做动作 4 两掌交迭侧行步时，请注意以下七点。

（1）侧行提左脚时，宜收沉右胯，且不可提脚过高，离地以不超过一拳为度，这样有利于降低重心，拳架稳定无起伏，进退轻灵似猫行。另外，侧行的步距不宜过大，以不超过肩宽为度，以免身体左右晃动。

（2）左脚侧行时，不可突然加快速度。应收沉右胯、坐实右腿，以利移动腿松柔，迈步轻灵、缓慢、均匀。

（3）向左侧行时，左脚尖宜走微微的外（前）弧形，应落在同一纬线（东西方向）上，不可偏前（南）或偏后（北），以免收势时回不到原地。侧行落脚时，应以脚尖先着地，随之宜以脚掌外缘着地，脚跟后落，以利胯开裆圆。

（4）左脚侧行时，两肩、两胯应齐平，不可左高右低。

（5）两掌在椭圆的横轴上下交迭换手，宜与侧行的脚掌落地协调一致，这种练法的平衡感最好。

（6）右掌宜有采压左脚侧向迈出之意，这就是拳理中的"上下相系"。

（7）面、肩、胯的方向须一致，均朝向西南，不可胯朝南、肩朝向西南成拧腰扭脊椎，不利于气血畅通；更不可肩胯朝南、面部朝向西南成扭脖子，虚领顿失。但是，此时膝盖的方向仍应朝南，与脚尖的方向一致，不可向右扭转，以利圆裆、免伤膝。

（8）左膝不要主动弓，更不要左脚一踏平就成大马步。

5. 做动作5 左捌右抄大马步时，请注意以下三点。

（1）侧移亦宜互蹬撑。如前所述，当重心前移做弓步时，后腿蹬展，前腿屈撑；当重心后移做坐步时，前腿撑展，后腿屈蹬。同样，当重心侧移时，两脚亦宜有互蹬撑之意，以利于做到下肢劲力的传递，这是实施"劲自脚起"的一条细则，两脚踏平后，宜松沉右胯，且有右脚蹬地展腿、左脚撑地屈腿之意，两脚互为其根，有接地之力的感觉，"其根在脚"再配合发于腿、转腰胯、松肩坠肘、手走弧形和旋臂，才能练出整劲，内劲才能日趋充盈。这就是脚下有了，手上才会有；反之，脚下无，手必空。正是：

若要脚扎根，侧移也互蹬，
再旋腰与臂，内劲自然增。

再者，如果重心在侧移时无蹬撑，转移过快，就难以练出大马步、小马步时两手在中间的规范拳架！

（2）左掌上行（上抄、前掤、左捌）时，应以掌引领，以免抬肘、耸肩；右掌下行（按、采、下抄）时，以肘（肩）引领，以免手臂僵硬。

（3）大马步（瞬间）时，身躯朝南，两掌中指尖宜在身体中线前，即椭圆的纵轴上，不宜交迭或分开。

6. 做动作6左按右抄身左转时，请注意以下三点。

（1）虚实分清，两脚转换重心时应匀缓、沉稳、此消彼长。

（2）身体向左移动时，应呈水平状，不可起伏。

（3）腰胯为主宰，带动两臂运动，务必协调一致，两掌不应主动掤、捋、按、采、抄，"动手不是太极拳"。

7. 做动作7两掌交迭收右脚时，请注意以下四点。

（1）步随身换，腰胯左转带动右脚提起，这种腰带脚的练法，有利侧行时步履轻灵、动作协调。

（2）右脚收回侧行时，脚尖宜走浅浅的内（后）弧形，且应缓慢、均匀，不可快速收回，身体也不可冒起。

（3）左腿宜微微下蹲，送右脚掌轻轻着地，好像踩在海绵或棉花上。

（4）腰带手，腰带脚，右掌宜有牵起右脚侧向收回之意，谓之"上下相吸"。

8. 成大马步或小马步时，请君切莫患两脚呈外八字的低级错误。

9. 胯似磨盘腿如架，在做云手的过程中，两胯似磨盘，两腿似磨盘下面的支架，众所周知，磨盘转动时，支架是不随之转动的，因此做云手时的两膝应始终朝前（南），与两脚尖同向，不可左右转动，以免影响外三合（膝与脚合）、圆裆和整劲。做云手如此、作捋式、弯弓射虎等其他拳式亦然。

10. 杨公明示：云手"此式之妙用，全在转腰胯，然后可以牵动敌之根力，应手翻出，学者其（其应改为应或须，笔者注）细悟之"。傅师也指出："如腰部运用得当，既有助于保持身体平衡，也有助于内劲运转的充足和集中，否则动手不动腰的动作，是无本之木，内劲不能由腰脊达于四梢的，而云手的妙用全在转腰胯。""必须配合转腰胯，才能得力。"因此，当做动作4两掌交迭侧行步的腰胯右转时，应收沉右胯，以确保身躯转到位（西南），且有利于坐稳右腿行如猫；当做动作7两掌交迭收右脚的腰胯左转时，应收沉左胯，以确保身躯转到位（东南），且有利于腰带右脚步轻灵和肩胯相合不拧腰。

11. 肩胯相合是太极拳"外三合"中一条重要的拳理，既然是拳理，每个动作都应遵循之。在做前进后退、起立下降和左旋右转时，都要做到肩胯相合。也就是说，左肩与左胯上下相对，右肩与右胯相对，好像一扇门的四个角上下对应。当前进、后退或侧移时，身躯应保持中正，不能前俯、后仰或倾斜；当起立与下蹲时，身躯不能前倾；当左右转身时，两肩应在腰胯的带动下同步转动，不要肩转胯不转（或肩到位、胯不到位），仅以身体裤腰带以上部分旋转，导致拧腰转胸之弊。正是：

转肩不转胯，此病叫拧腰。

只要胯一转，胯肩必协调。

因此，在此重申，在做云手时也不能例外，理应做到肩胯相合——当两胯转向西南（东南）时，两肩也应随胯转向西南（东南）。不宜双肩朝向西南（东南），而两胯朝南，以免影响身形顺随、下盘稳固和劲力贯注。还常见不少拳友在做向右云手时，能做到肩胯相合；但在做向左云手时，身躯就转不到位，或者肩到位、胯不到位，成为拧腰转胸。要做到肩胯相合，笔者的学练心得体会是：胯转肩必转，当转向东南时，宜收沉左胯，使左下腹贴近左大腿内侧，带动腰胯左转，为主动，腰胯一转，两肩势必随之转动，这就是肩胯相合；反之，两肩转动而两胯未必转动。同样，当转向西南时，宜收沉右胯，使右下腹贴近右大腿内侧，带动腰胯右转，为主动。

12. 做云手时更不可头转身不转（或转不到位），笔者曾指出有的学员应转腰胯时，他说他是转腰胯的，其实他（她）自我感觉把转头扭脖子当作转腰胯了，因此，请君莫把拧脖当转胯，在演练云手等大多数拳式时，请保持鼻尖与肚脐在一条垂线上，头身相随莫先转。除了请人指点和对镜自检外，建议在习拳时戴一只长舌帽作为参照物，可有效地防治上述头身脱节的弊病，请君不妨一试。

13. "手走弧形臂要旋"，这是太极拳的一个特点，又是练好拳的一个十分重要但易被人们忽视的技术条件，而云手一式最为典型。两掌各沿椭圆轨迹做顺逆时针（右顺左逆）弧形运行，谓之"云手不出圈"（常见的弊病是走半个圆，即两手在上行时横拉做平直运行，甚至轻飘地在两端"生出两只角来"，或者向左右直线上升打成锐角状）；且这个椭圆宜前倾约70度，不宜练成垂直于地面的立圆（张哲清师兄教我时形象地说："这个椭圆的钟，不是竖放的，而是略向后倾斜摆放），以免患在云手中无掤手的常见病。两掌在作椭圆的同时，两前臂还应不停地、均匀地内（外）旋（常见的弊病是两掌在下行时，犹如钟摆向东或向西），恰似地球绕着太阳沿椭圆轨迹做公转的同时，还应不断地做均匀的自转。正是：

公转椭圆形，掌旋自转行。

每圈存五法：捌按采抄掤。

14. 做云手时，两掌的运行速度应均匀，不可往上慢、朝下快。

15. 劲力不丢，并悉心体悟劲别和劲点的变化。

16. 单鞭如何接做云手？的确，目前这个衔接动作的练法不一，下面与君一起来学习杨公的两段论述和师辈们的言传身教。杨公在《太极拳术》一书中这样写："单鞭之后，右吊手松开变为掌，手心朝下，随腰往下往左圆转，转至左肩前，手心转向内，复往右转，随转手心随转向下，须松松捧起，务令极圆。左手及时松开，手心朝下，随腰往下往右圆转，至右肩前，手心转向内，复往左转，随转手心随转向下，松捧如右手。"杨公在《太极拳体用全书》中又指出："由前势，设敌人自身前右侧用右手击我胸部或肋部，我即将右手落下，手心向里，即以我之腕上侧，与敌之腕下相接，由左而上，往右旋转，复翻下向左行，画一大圆圈，如云行空绵绵不绝。左手同随落下，手心向下，随往下向上翻出，与右手用意同。"杨振基、董英杰、李雅轩和牛春明等师伯演述的第一个云手也是向右云，与杨公的上述论述相吻合。傅师在言传身教这个动作时也明示："右手画一个圆，左手慢慢下，好像单鞭接玉女穿梭，第一个右手高。"

另外，单鞭接作云手动作1（两掌下采实脚转）和动作2（右捌左抄小马步）时，腰胯宜右转，不宜右转、左转再右转，因为这种转来转去的练法，早就被右侧的敌人击中，不符杨公的用法。

17. 云至最高处的手掌，腕同喉高，以捌去卡我喉咙的来手，不要过高，以免遮眼和动作散野，也不宜太低，以免不符用法和动作拘谨；另外，手指宜斜朝上，不宜放平，以免抬肘耸肩、不得力和不符用法。

18. 演练云手时，左脚侧行四步还是五步（一般作五个云手）？这又是一个见仁见智的问题。在回答这个问题之前，先与拳友一起来学习杨公在《太极拳体用全书》中的一段论述："右足往（"往"应改为"自"——笔者按）右侧往左移动半步坐实，左足亦即向左踏出一步，成一骑马式，此时两手上下正行至胸脐相对，则右脚又变虚，向左移入半步，则续行第二式。"根据杨公的明示，笔者以为，云手做五（三或七）个，则左脚宜侧行五（三或七）步，且与左右倒撵猴的次数相同。

用　法

1. 动作1两掌下采实脚转的用法是，手掌下采与"击我胸部或肋部"之手相接。

2. 动作2右捯左抄小马步的用法是，右掌在上护胸和喉头，左掌在下护腹。

3. 动作3右按左抄蹬左腿的用法是，以右掌击人的肩、背或胸。

4. 动作4两掌交迭侧行步的用法是，右掌护胸肋。

劲　点

作捯手时的劲点在手腕外侧（拇指侧），按手的劲点在掌根（小指侧），采手的劲点在小鱼际，抄手的劲点在手腕内侧（拇指侧），掤手的劲点在腕背（拇指侧），捯手的劲点在手腕外侧（拇指侧）。

检验方法

1. 做云手一的动作2、动作5和云手二的动作1、动作4时，按住拳友捯手的肩和肘，检验他能否顺利地完成动作。

2. 当拳友练至大马步、小马步时，前推其腕，后推其背、侧推其肩，均应不为所动。

（二）云手二

动作1　右捯左抄小马步（图28－9）

右脚全脚踏平，脚尖朝南，两脚平行，蹬左脚，重心渐右移成为小马步，此时的重心在两脚中央（瞬间五五开）。腰胯右转45度，身躯朝南。右掌继续边外旋边向右上方弧前掤、右捯至面前，腕与喉头同高（回到椭圆的最高点，即时钟的"12"处），相距约30厘米，手指斜朝上（左），掌心朝里偏上；左掌边外旋边向右下方弧形抄至下腹前，腕与肚脐同高（时钟的"6"处），相距约15厘米，手指斜朝下（右），掌心斜朝里（下）。眼神向前平视，关顾右掌。

　　动作 2、3、4、5、6 与云手一的动作 3、4、5、6、7 相同（图 28 – 10 ~ 图 28 – 14）。

　　云手三、四、五与云手二相同，图文不再重复。

图 28 – 9　　　　　　　　　图 28 – 10　　　　　　　　　图 28 – 11

图 28 – 12　　　　　　　　　图 28 – 13　　　　　　　　　图 28 – 14

第二十九式　单鞭

动作过程

上接云手五两掌交迭收右脚（图28－14）。

动作1　右掤左抄右转身（图29－1、图29－2）

右脚跟着地，蹬左脚，重心渐渐右移。腰胯继续右转约60度，身躯朝南偏西。右掌向右偏上经锁骨前右掤搓滚至右肩前，掌心斜朝下；左掌向右下方抄至上腹前，掌心朝右。眼随转体平视前方。

动作2　左脚提起吊手成（图29－3）

重心继续右移，坐实右腿；左脚略提起，脚跟先离地，脚尖自然下垂，离地近一拳，小腿垂直于地面。腰胯左转约15度，身躯朝南。右掌边内旋边向前（南偏西）伸出边五指下垂撮拢成吊手，自然下垂，指尖朝下，手臂自然伸直，沉肩垂肘，腕与肩同高；左掌继续边外旋边向右上方抄至右胸前、右腕左下方，掌心斜朝上，与右肘左右相对成掤手。眼顾吊手，随即平视前方。

图29－1　　　　　　　　　图29－2　　　　　　　　图29－3

以下接做动作 3 开胯迈步始对拉、动作 4 继续对拉近弓步和动作 5 左推右拉顺弓步，与第四式单鞭动作 5、动作 6 和动作 7 相同（图 29 - 4 ~ 图 29 - 6）。

图 29 - 4   图 29 - 5   图 29 - 6

第三十式　高探马

动作过程

动作 1　吊手变掌身后移（图 30 - 1）

撑左腿，蹬右腿，重心渐渐后移至右腿，左脚掌变虚，脚尖自然微微浮起。腰胯边后移边左转约 15 度，身躯朝向东南。右吊手边松开边随屈沉右肘弧形移至右肩侧前方，掌心朝下偏左（不可朝上）；左掌边前俯边外旋边里收至心口左前方，掌心斜朝下。眼顾左掌翻转，不可扭头看右掌。

动作 2　两掌遥对收左脚（图 30 - 2）

坐实右腿，略蹬展；左大腿微微拎起，脚跟缓缓抬起（不可过高，以免踝紧、膝紧和胯紧）向后偏右提回半步，前脚掌轻轻着地（不宜以脚尖点地，以免左腿不松）。腰胯继续左转约30度，身躯朝东偏南。右掌边外旋边向左前方弧形移至喉头前，掌心斜朝下；左掌边外旋边收至心口前，掌心朝里偏上，位于右掌前下方，两掌心在身体中线前遥对。眼视前方。

动作3　高位虚步斜切掌（图30-3）

左胯松沉里收，右腿继续蹬展，膝微屈，重心略前移，成高位左虚步。腰胯继续左转约15度，身躯朝东。右掌边内旋边向前偏上螺旋探出至下颌前，击人面部，掌心朝下略偏里，手指朝向东北；左掌继续边外旋边向里、向左下方收至左腰腹前，格挡来拳或将人拉回，掌心朝上偏里，手指朝向东南偏南。眼顾右掌前探，眼视前方。

图30-1　　　　　　　图30-2　　　　　　　图30-3

要　领

1. 做动作1吊手变掌身后移时，请注意以下两点。

（1）重心后移时，腰胯不宜左转过多，甚至转到位（身躯朝东），以免影响下一动作腰带左脚轻灵地提回。

（2）左掌不可翻掌过快，掌心呈朝天状，以免在做下面两个动作时，就无臂可旋了，不可能做到"左掌带回似螺旋"。

2. 做动作2两掌遥对收左脚时，请注意以下三点。

（1）立身中正，不可前俯后仰。

（2）呼吸自然，不宜屏气提脚。

（3）左脚提回，应随腰胯左转和右腿微伸带起，以确保移动腿（左腿）松柔，提脚轻灵；提回时，左脚尖应自然斜向下，不宜翘起，也不宜擦地拖回。

3. 做动作3高位虚步斜切掌时，请注意以下十一点。

（1）定势时，前后两脚的虚实比例约为2∶8。

（2）立身中正，肩胯相合，不可突臀、耸肩或探肩。探肩是演练高探马的一个常见病，也是练习搂膝拗步、海底针、栽捶和玉女穿梭等拳式的常见病之一。探肩，就是右掌探出时将右肩向前拉走，肩胯上下不合，在做拗弓（虚）步时，肩在前、胯在后。这种右（左）肩前探左（右）肩丢的练法，不符合含胸圆背、外三合和中定等拳理，难以形成周身一体的整劲，而且容易被人拽倒。那么，如何防治探肩之弊？兹据学练体悟，赋小诗一首记之。

右肩右掌似伸拉，右胯宜将左脚压，

切莫肩头为主动，应随胯转向前发。

（3）"往敌人面部，用掌探去"，因此右掌不宜与肩同高；也不宜高与眉齐，以免挡住自己的视线。

（4）右掌以掌缘向前（东）击人面部，指尖朝左前方，挺腕，为斜切掌。手指不可朝前或朝左，以免不符用法或抬肘；掌心不可朝外，以免抬肘耸肩，动作别扭；也不可坐腕竖掌，以免不符"用掌前探"的用法，把斜切掌错误地练成竖推掌。

（5）右臂撑圆，不可挺直。

（6）左掌不宜收至身体中心线前、左胸前或左胯（腰）旁。

（7）左肘不可超出背部。

（8）右胯松沉，将地面的反弹力传至手上，谓之"脚劲往下，手劲前发"。

（9）左掌抽回与右掌迎击前探，宜有交错对拉搓打和扭断马脖子之意。

（10）右掌前探与命门后鼓似有前后对拔之意；百会上领顶青天，裆劲下沉蹬大地，宜有上下对拔之意。

（11）左虚步、身转正和斜切掌须同时到位。

4. 右吊手变掌时不可外旋至掌心朝天，更不可扭头看右掌。杨公在《太极拳体用全书》中指出："急将右手由后而上圆转向前往敌人面部，用掌探去。"傅师在言传时教导说，"不要有多余的动作"，"眼神要关顾左掌翻转"。傅师在身教时，也没有扭头观看右掌，掌心也没有朝天。的确，我们练习的传统杨式太极拳，是朴素的拳种，动作越少越好，尤其是掌，因为此时的对手在前面（东），而不是在右后（西南），因此，我们在演练高探马时，不宜右掌朝天回首看，因为这两个小动作不仅多此一举，而且会造成动作停顿、麻花脖，不符用法，延误战机。

5. 对于高探马的步法和手法，目前一般有两种练法——在步法上，一种是右脚朝前，另一种是左脚提回；在手法上，一种是右掌竖掌推出，另一种是斜切击出。我辈可按各自的师传演练，但是，杨公在两本著作中明示，"左足亦同时收回"，"左脚同时提回"；"右手同时屈肘，由耳边捧出，手心朝下"，"同时急将右手由后而上圆转向前，往敌人面部，用掌探出"。另外，杨公两张拳照中的右掌也是掌心朝下，手指斜朝前（笔者称之为斜切掌），手背与前臂外侧在同一平面上，腕略挺，劲点在掌缘。

用　法

左掌将对方的来手粘采带回，并以右斜切掌击其面部或喉部。

劲　点

定式时，右掌的劲点在掌缘（小指侧），左掌的劲点的手背（虎口侧）。

检验方法

定式时，推、拽拳友的右掌，或推其左肩，均应拳架稳定。

第三十一式　左右分脚

动作过程

左右分脚由右分脚和左分脚组成。

（一）右分脚

动作1　渐蹲左转掌采挒（图31-1）

重心边渐渐移至右腿边渐渐下蹲，坐实；左脚略提起，小腿自然下垂。腰胯左转15度，身躯朝东偏北。右掌自下颌前边外旋边向右、向后、向下沿顺时针方向弧形采压至右肩前，掌心斜朝下；左掌自腰腹前边内旋边向左偏上弧形挒至左上腹侧前方、左腿上方，掌心斜朝上。眼顾右掌采压。

动作2　斜迈掌拧身向隅（图31-2）

右腿继续渐下蹲；左脚宜向东北偏东迈出，脚跟先轻轻着地，踏平，脚尖宜朝向东北偏东。腰胯继续左转约15度，身躯朝向东北偏东。右掌继续边外旋边向左、向后、向下沿顺时针方向弧形挒至胸前，掌心朝左偏下；左掌继续边内旋边向右、向前略偏上沿顺时针方向弧形合于左上腹前、右掌前下方，掌心朝右偏上。平视前方，关顾两掌。

动作3　弓步抱臂又向隅（图31-3）

蹬右腿，脚跟外展；弓左腿，成斜向左弓步。腰胯右转60度，身躯朝向东南偏东。右掌边内旋边向右上方（东南方向）弧形沿切线方向螺旋探出至右肩前，腕同肩高，掌心斜朝下，略坐腕，右臂伸展微屈，肘尖朝下；左掌边外旋边向右、向后偏上沿顺时针方向弧形收至右胸腹前、右肘左下方，掌心斜朝上，左掌与右肘相对呈抱臂状，两手准备做挒。眼顾右掌，平视前方。

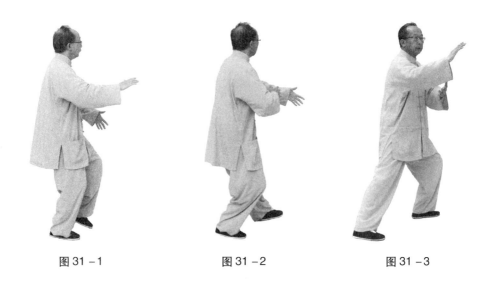

图 31 - 1   图 31 - 2   图 31 - 3

动作 4   两腕交叉身向隅（图 31 - 4，图 31 - 5）

重心渐渐全部移至左腿，渐渐蹬起约三分之一；右脚缓缓向前提起至右肩井穴下方、左踝内侧，脚尖自然朝下。腰胯左转 75 度，身躯朝向东北。右掌边外旋边向左捋，当身躯转向东偏北时，右掌随即继续边外旋边向左抄至左掌外侧，掌心朝里偏上；左掌边内旋边向左捋，随即继续边略内旋边向前上方略掤出，掌心朝里偏上，两腕交叉于心口前，右掌在外，两臂呈环状。眼视前方，关顾两掌合抱。

图 31 - 4   图 31 - 5

动作5 举臂提膝身右转（图31-6）

左腿继续渐渐蹬起约三分之一，膝微屈；右腿屈膝提起，脚尖自然下垂，膝尖和脚尖应朝向东南偏东。腰胯右转约30度，身躯朝东偏北，不可前俯、后仰、侧斜。两掌边内旋边略前掤边向侧上方浅弧形分至两肩前上方，两中指尖约与鼻尖同高（高不过眉），两臂举起呈投降姿势，两掌心斜相对，傅师教导说："右膝提到最高时，两手举起似投降，希望大家把这个动作打出来。"眼顾右掌分出。

动作6 弹踢分手身不转（图31-7）

左腿继续微微蹬起约三分之一，自然伸直，脚跟与胯宜有对拔之意，"曲中求直"；右小腿朝东南偏东向上弹踢，脚背自然绷平，高与胯平，意在脚背，"向敌人左肋踢去"（杨公语）。两掌继续边内旋边向侧下方浅弧形分出，右掌向东南偏东，左掌向北偏西，两臂的夹角约为135度，两臂呈弧形，肘低于腕，腕宜与肩同高，掌心斜朝外，坐腕竖掌。眼顾右掌，平视前方，兼顾右脚。

图31-6

图31-7

要 领

1. 两掌做动作1、动作2和动作3磨转划圆时，两掌心固然要相对，同时还宜作相应的内旋和外旋，好像滚动两手中的太极球或拧转马脖子（而不宜练成右掌心一直朝下、左掌心一直朝上画圆，两手好像在搓糯米汤圆），以利于做到内劲充盈和呈螺旋形走势。另外，当右掌向右上方探出时，宜与左掌有对拔之意。

2. 动作2（斜迈掌拧身向隅）的左脚应朝左前方（东北）迈出，不宜朝左偏前（北偏东）迈出，以免弓步时身躯的方向转不到位和骨架不准劲难整。

3. 在做动作3弓步抱臂又向隅时，务必要做到弓到、探到、腰胯到，不要患先弓后探、上下不相随的常见病！

4. 做动作4两腕交叉身向隅时，两手不要停顿，常见不少拳友在演练时，不是两手无所适从，动作散乱内劲无，就是左手停顿成"死手"。及至两腕交叉、两臂呈环状时，两腕不可呈松懈弯曲状，宜含掤劲，有向外膨胀之意。另外，两腕应交叉于胸前，不宜在腹前，以免胸被击。

5. 做动作5举臂提膝身右转左腿渐渐伸展时，两掌不宜交叉不动，以免动作呆滞内劲断。

6. 为什么要向东南偏东分脚？在定式时，一般的练法是，左脚尖朝向东北，右脚向东南踢出，则两脚的夹角为90度，这时左脚的横向支撑面积最小，不利于独立稳定，在做分脚分手时容易出现身体左右摇晃，同时影响劲力的传递。因此笔者以为，当迈左步时脚尖宜朝向东北偏东，踢右脚时脚尖宜朝向东南偏东，两脚的夹角约为60度，既可确保独立稳定、开胯适度、劲力充盈，又没违背传统练法的隅角方向。

7. 做动作5举臂提膝身右转和动作6弹踢分手身不转时，两掌分出应呈抛物线状，其弧度和高度应相等，以利独立稳定，不要一高一低。另外，两掌更不要平直地向左右拉开，既不符合"手走弧形"的拳理，又容易引起身体摇晃。

8. 做踢脚分手时，手脚应同时到位，不宜先分脚、后分手，或者先分手、后分脚。

9. 定式时，肩与胯上下相对，右手与右脚的方向一致，右肘与右膝应上下相对，以符合拳理中的"外三合"。独立腿应自然伸展，不要屈膝下降；上踢之脚应意在脚面，不要用脚尖向外踹。定式时，两臂应沉肘微屈，不要伸直；两掌应齐平，不要右高左低或左高右低；更不要练右分脚时是前低后高，而在练左分脚时变成前高后低！

10. 做动作6踢脚分手时腰胯为何不转？这是因为提膝后，以脚引领小腿分

（蹬）出，不要牵动大腿，也不要用腰胯劲，以利于立身中正、独立稳定、其根在脚和踢（蹬）劲集中，又不至于把分脚练成摆脚的现象。诚然，练拳时应"腰为主宰"，但有极少数动作不转腰胯的，如起势、白鹤亮翅中的肩靠，分（蹬）脚即将定式时和最后一个第85式收势是不转腰胯的。此乃鄙人之见，供君参考。

11. 在做分脚时，是缓缓踢出还是快速踢出？"傅师说："杨老师（杨公）原来的分脚、蹬脚都是快速踢出，踢出时有风声，后来杨老师改为缓慢踢出。"傅师在教练套路时是缓慢踢出，而在教练单发劲时是快速踢出，"呼呼"有声。

用 法

右掌抹转以解脱对方握我之腕，随之两掌粘其臂顺势捋合，然后两掌分开，右掌击其脸、以助分脚之势或扰乱对方的视线，以右脚背"向敌左肋踢去"。

劲 点

两掌做动作1、动作2和动作3磨转时，右掌的劲点由掌缘经小指、无名指、中指、食指、拇指、大鱼际至掌根（小指侧），左掌的劲点由手背（虎口侧）经腕背、小鱼际、小指、无名指、中指、食指至虎口。

做动作4两腕相交时，右掌的劲点由掌根（小指侧）经小鱼际、小指、无名指、中指、食指、拇指、大鱼际至掌心，左掌的劲点由虎口经手背至腕背。

两掌作分手（动作5、动作6）时，右掌的劲点由掌心经大鱼际、拇指、食指、中指、无名指、小鱼际至掌根（小指侧）；左掌的劲点由腕背经拇指、食指、中指、无名指、小指、小鱼际至掌根（小指侧）。另外，定式时右脚的劲点在脚背（脚趾侧）。

检验方法

动作3和动作6结束时，推按拳友的右掌，看他是否拳架正确有定力、岿然不动脚生根。

（二）左分脚

动作1　落脚右转两掌拦（图31－8）

左腿渐渐下蹲，右脚缓缓随屈膝自然虚悬。腰胯右转约15度，身躯朝东。右掌边外旋边向左、向里偏下弧形拦至右肩前，掌心斜朝下；左掌边外旋边屈肘边向下拦至左胸前，掌心斜朝下。眼关顾右掌左拦。

动作2　斜迈掌拦身向隅（图31－9）

左腿继续渐渐下蹲，送右脚出步；右脚宜向东南偏东（不是朝南偏东）迈出，脚跟轻轻着地，踏平，脚尖朝向东南偏东。腰胯继续右转约30度，身躯朝向东南偏东。右掌继续边外旋边向左下方拦至右胸前、左掌前下方，掌心朝左偏下；左掌继续边外旋边向右偏上拦至右锁骨前，掌心朝右偏下。平视前方，关顾两掌。

动作3　弓步抱臂又向隅（图31－10）

蹬左腿，脚跟外展；弓右腿，成斜向右弓步。腰胯左转60度，身躯朝向东北偏东。右掌边继续外旋边随屈肘向左偏下经左前臂下方向里偏下切至左胸腹前、左肘下方，掌心斜朝上；左掌边内旋边向右经右前臂上方向左上方弧形螺旋探出至左肩前，腕同肩高，掌心斜朝下，坐腕，左臂伸展微屈，肘尖朝下，两掌成抱臂状，准备做捋。眼顾左掌，平视前方。

图31－8　　　　　　　　　图31－9　　　　　　　　　图31－10

动作4　两腕交叉身向隅（图31－11、图31－12）

重心渐渐全部移至右腿，渐渐蹬起约三分之一；左脚缓缓向前提起至左肩井穴下方、右踝内侧，脚尖自然朝下。腰胯右转约75度，身躯朝向东南。左掌边外旋边向右捋，当身躯转向东偏南时，左掌随即继续边外旋边向右抄至右掌外侧，掌心朝里偏上；右掌边内旋边向右捋，随即继续边略内旋边略向前上方掤出，掌心朝里偏上，两腕交叉于心口前，左掌在外，两臂呈环状。眼视前方，关顾两掌合抱。

图31－11　　　　　　　　　　　　　　　图31－12

动作5　举臂提膝身左转（图31－13）

右腿继续渐渐蹬起1/3，膝微屈；左腿屈膝提起，朝向东北偏东，脚尖自然下垂。腰胯左转约30度，身躯朝东偏南，不可前俯、后仰、侧斜。两掌边内旋边略前掤边向侧上方浅弧形分至两肩前上方，两中指尖约与鼻尖同高，两臂举起呈投降姿势，两掌心斜相对。眼顾左掌分出。

动作6　弹踢分手身不转（图31－14）

右腿继续蹬起约1/3，自然伸直，脚跟与胯宜有对拔之意；左小腿向东北偏东向上弹踢，脚背自然绷平，高与胯平，向对方右肋踢去。两掌继续边内旋边向侧下方浅弧形分出，左掌向东北偏东，右掌向南偏西，两臂的夹角约为135度，两臂呈弧形，肘低于腕，腕宜与肩同高，掌心斜朝外，坐腕竖掌。眼顾左掌，平视前方，兼顾左脚。

图 31 –13

图 31 –14

要　领

左右分脚的动作比较复杂，有以下四个难点。

1. 两手掌做动作 1、2、3 磨转的动作容易含糊不清，无所适从，因此，根据傅师的教导，先单独学练右掌在前上抹转，继学左掌，再两掌配合练，这种两掌前高后低的磨转，称之谓"猿手"。两掌磨转时，应做到两膊相系、肘低于腕和动作圆匀。两掌在作磨转划圆时，还应做相应的内旋和外旋，好像在水缸中搅动，两掌心上下相对，又好像转动太极球，还好像如有些前辈所说的"双手拧转马头"，这种掌呈螺旋形走势，以利于做到手中有"物"劲不丢，符合傅师"内劲仍然运转"的要求。

2. 第二个难点是单腿独立支撑不稳。"木不固，枝不荣"，脚站不稳，对拳架来说，则动作散乱，对用法来说，易被人牵动。要使独立稳固，除了与每人先天的平衡能力和下肢力量有关外，与练拳的方法也有一定的关系，傅师常说："方法对头，再加苦练，才能练好拳"。现根据恩师的教导和笔者学练的体会，自下而上浅述独立稳固十五点学练体会，供同仁参考，并请指正。

（1）重心应缓慢、均匀地移至支撑脚，五趾宜舒展，脚底平铺于地面，好像与大地融为一体，以降低重心，重心越低，站立越稳。

（2）人体的重垂线（身体重心的投影线）应在支撑面内，以利独立平衡、稳定。

（3）两脚的夹角以60度左右为宜；当重心全部移至左腿后，左胯随之向下松沉，右脚才随腰胯左转提起，不要还没有坐实左腿，就一下子很快地主动提起右脚。

（4）提右膝时，应与左脚有对拉之意；起立时，应以百会领起，带动肢体向上，谓之身躯端引法；同时，支撑腿应缓缓地、均匀地蹬地而起，及至定式时，应自然伸直（膝仍微屈），直中有曲，以利于降低重心和起缓冲的作用，但是，不应有意识的弯曲成软腿，也不应挺直，以免打晃；踢腿时应先缓缓提膝，脚尖自然下垂，然后开胯缓缓地踢出，用意不用拙力，不宜快速踢出，也不要直腿踢起。

（5）两腿应虚实分清，如果支撑腿不实，提起腿不虚，那就难以做到独立稳固。

（6）骨盆端起，尾骨向前微收，使重心降低，下盘稳固；同时有助于敛臀、直腰和中正安舒，请初学的拳友不要错误地以上身的前倾或后仰来维持平衡。

（7）至定式时，后抽独立腿的胯，与脚跟有对拉之意，脚、踝、膝、腿和胯的外侧宜在同一垂直平面上，以利于"立定根力"。

（8）两胯齐平，两肩齐平，不可右高左低。

（9）松腰落胯沉至地，起身独立时，宜由地面反弹力顶起。

（10）当提膝时，宜以胯（膝）引领；当踢脚时，宜以脚背（近趾侧）引领。

（11）两手分开的弧度、高度和长度均应相等，好像天平两边的重量相等，且要呈抛物线外弧形分开，至定式时，两掌根宜有压地之意，与支撑脚好像成三点定位。因此，两手切勿水平向左右分开，以免身体摇晃；另外，手与脚分开的速度应一致，做到动作上下相随，配合协调。不应先踢脚，后分手；也不应先分手，后踢脚。

（12）呼吸应自然，踢脚到位时正当呼气结束时，以利于身体松沉，下盘稳固，切莫屏气。

（13）目光聚集在一个有助于保持稳定的目标上。

（14）头顶上领，脚底下踩，身体犹如一根顶天立地的柱子。

（15）身心放松，逐步消除身体紧张和精神紧张。

3. 当做动作3弓步抱臂又向隅时，身躯是朝向东南偏东（东北偏东），膝尖应与脚尖同向（朝向东北偏东或东南偏东），但不少拳友在做腰胯右（左）转时，带动左（右）膝扭转的常见病，导致两尖不合、劲路不通和易伤膝关节。为此在作这个动作时，请同好注意以下两个技术要求：其一，胯如磨盘转动，而腿似架子不可扭动。其二，定式时其大腿、小腿与踝关于的外侧请保持在同一垂直平面上。

4. 在演练左右分脚时，最常见的打不到位的是身体的转向，即一次分脚身体要转向四个方向。傅师常说："四个斜角要打出来。"但绝大多数拳友往往第一个斜角打不出来，滑过去。例如，做右分脚的动作1、动作2和动作3时，身躯一直朝向东南（或东南偏东），任凭手动、脚动，这种无腰胯的行拳走架，岂能练出中定和整劲。走笔至此，眼前不禁浮现出令人难忘的两幕。吾师二十多年前（1991年）在上海武术馆举办的有国内外70多位拳师参加的"傅钟文老师杨式太极拳短期研究班"上，当我们打到左右分脚时，年逾八旬的傅老师在队伍前面的两头（东北、东南）快速来回行走，并举起右手大声说："身体是斜的，这里，这里。"笔者的第103期学员在演练左右分脚时，多能打出四个方向，这正是"只要认真传与练，胸朝四面有何难。"

用法、劲点、检验方法参考右分脚。

第三十二式　转身蹬脚

转身蹬脚这一式的动作虽然简单，用时也最短，只有10秒钟左右，但却是整个套路中的"事故多发地段"。其难点在于勾腿盘旋的腿法，即在独立状态下迅速向左转动近180度后仍为独立支撑（左脚勾回，不可着地），且要求轻灵沉稳不摇摆、动作连绵不停顿。

动作过程

动作1　边转边落腕交叉（图32－1A、图32－1B）

以右脚跟为轴，迅速向左转动约160度，脚尖朝向西北或西北偏北，右腿略微下沉；左脚随之落下，左腿自然悬提，脚尖宜与右踝齐平，不可落地。身体迅速左转约120度，朝北偏西。两掌边外旋边平肩向里合抄交叉于心口前，左掌在外。眼随转体向前平视。

图32－1A　　　　　　　　　　　　　　图32－1B

动作2　举臂提膝身向隅（图32－2）

与左分脚相同，即右腿微微蹬起，左膝提起，腰胯左转约30度，身躯朝向西北，两掌掤举分开呈投降状。眼神关顾左掌分出。

动作3　蹬脚分手身不转（图32－3）

右腿继续微微蹬起，自然伸直；左脚以脚跟慢慢向正西方向，朝对方腹部蹬去，劲点在脚跟，脚尖朝上。两手掌继续向左右分开，其要求与左右分脚的动作相同。眼顾左掌，向前平视，兼顾左脚。

图 32 –2   图 32 –3

要　领

1. 如前所述，在演练传统杨式太极拳整个套路中，最容易出差错是在转身后，出现单腿支撑摇摆不稳或停顿的现象，甚至左脚落地。下面浅述独立转身十二点拙见，或许对初学的读者有所帮助。

（1）右脚独立旋转的动力，主要来自腰胯，四肢为辅，而不是相反。至于用力多少，全靠自己去实践，多练多体悟，傅钟文恩师教导我们说："单练是提高拳艺的好方法，例如单练某一拳式 300 次，效果比打一套拳好。"为此建议初学的拳友连续不断在原地练习转身—蹬脚—转身—蹬脚。在练习时，应确定旋转的角度（方位），如果旋转力过大，则右脚掌应及时着地，起制动作用，以免转过头和摇晃。同理，在演练套路中，宜意想某一拳理、要领（例如上下相随、转胯、旋臂、劲力传递等），愚以为，这也是提高拳艺的好方法，请君不妨一试。

（2）旋转的速度，不要太快太猛，也不要过缓，更不要断续、停顿，以利单脚旋转时做到灵动、沉稳、连绵。

（3）转身时，百会应虚虚领起，尾椎骨宜朝向旋转方向，以利立身中正，重心不偏移，旋转平衡不摇晃。

（4）肩平胯平且同转，两肩不可领先。

（5）手脚随身旋转时应上下相随，即左脚边转边落与两手交叉合抱同时到位，宜有螺旋下沉之意，不要转体后两手仍然分开在肩前，以免手脚不相随和不符合下一动作"以左手分开来手"的用法。

（6）在做单腿旋转时，为了保持平衡，不可直腿摆动，然后屈膝悬提。

（7）左腿屈膝悬提时，左膝宜略里合，左脚自然下垂，以减少重心左移，从而避免独立不稳，甚至左脚落地。

（8）左转身时，独立支撑的右腿应同时随之略屈膝螺旋下沉（不是转到位后再屈膝下沉），不仅可降低重心，而且具有弹簧似的缓冲作用，这一点尤为重要。

（9）一合皆合，在两手合抱的同时，应做到两肘相合、两膝相合，胸部松空、与锁骨对拉和螺旋下沉。

（10）应做到始而意动、意合形合。

（11）当屈膝下沉时，宜以尾骨引领，以免身体前俯、侧倾和独立不稳。

（12）精神和肢体应放松，才能做到上体虚灵，下盘稳固；反之，越紧张，越不稳。

2. 转身时左脚是边转边落，还是先落再转？傅师答道："如果左脚先落下，再转身，那么我的后背早就'吃生活'了。"（"吃生活"是上海方言，即挨打的意思）。杨公在《太极拳体用全书》中也有明示："设敌人自身后用右手打来，我即将身向左正（正宜改为后，笔者注）方转动，左腿悬提。"因此，做转身左蹬脚时，左脚必须边转边落，切莫屈膝落脚和两手合抱后再转身。

3. 演练转身蹬脚等拳式，当转身屈膝下沉时，宜以尾骨引领；当蹬脚起立时，宜以头顶引领。运用这种"身躯端引法"有利于肢体放松、立身中正、拳架稳定、神采奕奕和富有美感，亦请读者诸君不妨一试。

用 法

转身避开来拳，并以两掌粘化其力，随即以左掌分开来手，左脚盘旋回勾护裆，随之以左脚跟向其腹部蹬去。

劲　点

定式时，两脚的劲点在脚跟，两手的劲点在掌根（小指侧）。

检验方法

推按拳友定式时的左脚跟或左掌，如果拳架正确，所受之力随即传至右脚底，均应不被推动；反之，必倒无疑。

第三十三式　左右搂膝拗步

动作过程

动作1　右腿微蹲两掌合（图33-1）

收沉右胯，右腿渐渐屈蹲，左腿屈膝下落，左脚自然悬提。腰胯右转约15度，身躯朝向西北偏北。左掌边外旋边随屈臂合于右胸前，掌心朝右偏下，虎口与右肘相对；右掌边外旋边随转体向右平移至右肩侧前方，掌心斜朝上，手指斜朝上。眼顾右掌。

以下接做"开胯迈步'摸耳朵'"等动作，与前面第七式左搂膝拗步的动作4、5相同（图33-2、图33-3），成左搂膝拗步。然后接做右搂拗步，其练法与第九式右搂膝拗步相同（图33-4～图33-7），只是方向相反，第七式、第九式面向正东，本式面向正西。

图 33 - 1   图 33 - 2   图 33 - 3

图 33 - 4   图 33 - 5

图 33 - 6

图 33 - 7

第三十四式　进步栽捶

动作过程

动作1　撇脚转腰臂外旋（图34 -1）

收沉右胯，重心前移，右脚尖外撇45～60度，踏平；左脚跟离地。腰胯右转约15度，身躯朝西偏北。左掌边俯边外旋边向右下方移至左胸前，掌心斜向下；右掌边外旋边随转体移至右腰前，掌心斜朝下。眼顾左掌下移。

动作2　腰带左脚握虚拳（图34 -2A、图34 -2B）

坐实右腿，左脚随腰胯右转提起至左肩下方，脚尖自然下垂。抽转右胯，腰胯继续右转30度，身躯朝向西北。左掌边外旋边继续向右下方移至心口前，掌心朝右偏下；右掌继续边外旋边握拳（为虚拳）后移至右腰侧前方（并非腰间，以免右肘超出背部），拳心朝上略偏左。眼视前方。

图 34 – 1　　　　　　　图 34 – 2A　　　　　　图 34 – 2B

动作 3　开胯迈步始栽捶 （图 34 – 3）

左脚向前略偏左上步，脚跟先轻轻着地，踏平，膝稍弓，腿微撑。松开左胯，腰胯略左转约 15 度，身躯朝向西北偏西。左掌边略内旋边向左下方搂至左腹前，掌心斜朝下；右拳边略内旋边向前下方击至右胯前上方，拳心斜朝上。眼视前方。

动作 4　折腰搂膝斜冲拳 （图 34 – 4）

右蹬左撑，左腿前弓，成左弓步。收沉左胯，身体边左转（约 30 度）边前倾，身躯朝西，与地面的夹角约为 45 度，颈椎、胸椎、腰椎应保持一直线（不可弯腰、弓背、抬头或低头），右肩请勿探出。左掌继续边内旋边向左下方经膝前搂至左膝侧上方，坐腕，掌心朝下略偏右；右拳继续边内旋边向前下方打出（不要从肩膀外侧往下打，也不要从身体中线前打下，更不要经过头顶往下打），手臂与身躯的夹角约近 90 度，成实拳，拳心朝左，拳眼斜朝上，劲贯拳面，且与右锁骨宜有对拉之意，为斜冲拳。眼顾右拳打出，俯视前下方（右臂延伸到地面处），不可抬头平视，也不可低头看脚。

图 34 –3

图 34 –4

要 领

1. 身体右转时，宜收沉右胯，以利肩胯相合和植地生根。

2. 左掌应随转体做弧形和旋臂运动，以便内劲不丢，"尤其要注意左手不能停顿"（傅师语）。

3. 对于拳论中的"着人成拳"，笔者以为，拳行至定式到位时，由虚拳变为实拳，而不是到位时才由掌快速握成拳头。

4. 栽捶、搂掌和弓步须同时到位，上下相随。

5. 定式时，上身应前倾，这是本拳式的特点，但是颈椎、胸椎和腰椎应保持一直线，不可弯腰、弓背、突臀、抬头或低头。犹如在书写时，无论笔杆倾斜多少度，其笔杆本身总是直的。另外，建议百会与右脚涌泉有对拉之意，自头顶至右脚跟宜呈一条斜向直线。

用 法

左掌搂膝，搂开来脚；右手握拳向对方脚胫（小腿内侧的长骨，俗称七寸骨）捶去。

劲 点

定式时，右拳的劲点在拳面，左掌的劲点在掌根（小指侧）。

检验方法

1. 定式时，平推拳友两肩或顺势斜拉其右腕，均不为所动。

2. 定式时，按住拳友的背部，看他是否能够轻松地将身体直起。此法也可在下一式翻身撇身捶作为动作1的检验方法。

第三十五式　翻身撇身捶

动作过程

动作1　扣脚提拳身朝北（图35－1A、图35－1B）

左脚实扣近约90度，坐实。脚尖朝北。同时，身体边直起边右转约90度，两肩须齐平，请勿右高左低！身躯朝北。右拳边内旋边屈肘横臂缓缓掤起至腹前，拳心朝下偏里，臂横含掤劲，且有肘击之意；左掌边内旋边弧形上举至左额前上方，掌心朝北偏下，手指斜朝上，手臂撑圆。眼向前平视，关顾右拳、左掌。

接下来的动作与第二十四式撇身捶的动作2、3相同（图35－2、图35－3），只是行拳的方向相反，本式是向东撇出，而第二十四式是向西撇出。

要 领

1. 做这个过渡动作1时，由于左掌的行程长，右拳的行程短，所以常见的毛病是右拳先到而停顿。接下来做撇身捶的动作2右脚迈出撇右拳时，由于右拳的行程长，左掌的行程短，又易患左掌在胸前停顿成"死手"的多发病。因此，在做翻身撇身捶动作1右拳上提的速度应慢于左掌上举的速度；同理，做动作2左掌下落的速度应慢于右拳环撇的速度，唯有这样，才能做到"两手相随同起止，连绵不断劲如丝"。

2. 右臂掤起时，宜走手不走肘，以免右肩高、左肩低、无掤劲。

图 35 – 1A   图 35 – 1B

图 35 – 2   图 35 – 3

第三十六式　进步搬拦捶

同第二十五势进步搬拦捶，但方向相反，本式是面向东，而第二十五式是面向西（图36–1～图36–7）。

图36–1　　　　　　　　图36–2　　　　　　　　图36–3

图36–4　　　　　　　　　　　图36–5

图 36 - 6

图 36 - 7

第三十七式　右蹬脚

动作过程

动作 1　撇脚转身两掌采（图 37 - 1）

重心渐前移至左腿，约前八后二的比例，左脚尖外撇 45 ~ 60 度，朝向东北或东北偏北。腰胯左转约 30 度，身躯朝向东北偏东。左掌边略内旋边向左下方弧形下采，右拳边变掌边内旋边向右下方弧形下采，两掌略宽于肩，高与上腹平，两掌心朝下偏里，两虎口相对，劲点在掌缘。眼顾两掌下采。

动作 2　展脚转身两掌抄（图 37 - 2）

重心继续前移至约为前九后一的比例，右脚跟离地外展。腰胯继续左转约 30度，身躯朝向东北偏北。左掌边外旋边向下、向里弧形抄至左下腹前，掌心朝右偏上；右掌边外旋边向下、向里弧形抄至右下腹前，掌心朝左偏上，两掌约与两乳头同宽，劲点在小鱼际。眼视前方。

动作3　身带脚起两掌腕交（图37-3）

坐实左腿，右脚随腰胯左转带起至左踝侧、右肩下、脚尖自然下垂。腰胯再左转约15度，身躯朝北偏东。两掌继续边外旋边向里向上，两腕相交合抱于心口前，掌心朝里偏上，右掌在外。眼顾前方，关顾两掌合抱。

图37-1　　　　　　　图37-2　　　　　　　图37-3

动作4　转身提膝两臂举（图37-4）

左腿渐渐蹬起；右膝提起，膝尖朝东。腰胯右转约30度，身躯朝向东北。两掌边内旋边向侧上方弧形分开至两肩前上方，两指尖与鼻尖同高，似投降状。眼顾右掌分出。

动作5　蹬脚分手身不转（图37-5）

左腿继续渐渐蹬起，自然伸直；右脚跟轻缓地向正东方蹬出，高宜与胯齐，脚尖朝上。两掌继续边内旋边向侧下方弧形分开，坐腕竖掌，腕同肩高，右臂朝东，左臂朝向西北，两臂的夹角为135度。眼顾右掌，平视前方，兼顾右脚。

图 37－4   图 37－5

要　领

1. 在做动作 1、动作 2 和动作 3 时要求做到：劲力不丢，开合有序，腰带手脚，动作既不可停顿，又不可散野（大开大合）。

2. 做动作 3 两掌合抱于心口前时，两臂要饱满略含掤劲（两掌不靠近胸部），以免瘪掉无掤劲和呼吸不顺畅；反之，两掌也不要远离胸部，以免作下一动作时无处可掤了。

3. 两掌分出时，应走浅浅的上弧形，不宜水平拉开。

用　法

右拳变掌粘化对方之力，随之以右掌击其面部，以右脚跟向其腹部蹬去。

劲　点

定式时，两脚的劲点在脚跟，两掌的劲点在掌根（小指侧）。

检验方法

推按拳友定式时的右脚跟或右掌，均应稳如树桩。

第三十八式　左打虎式

动作过程

动作1　左摆右按屈膝蹲（图38－1）

左腿稍屈膝渐下蹲；右腿屈膝里扣收回，右脚自然下垂。收沉左胯，腰胯略右转约10度。左掌边外旋边向右略偏下弧形平摆至左胸前，掌心朝右偏上；右掌边松腕前俯边略向右前方按至与肩同高，成坡掌，掌心斜朝前。眼关顾右掌。

动作2　左抄右采右转身（图38－2）

左腿继续下蹲；右脚自然落于左脚内侧，两脚距离比肩稍窄，脚尖先轻轻着地，重心渐渐移于右腿坐实；左脚跟先离地，随即稍提起。腰胯继续右转10度，身躯朝东北偏东。左掌继续边外旋边向右偏下抄至右胸前，可意想护胸护腹，掌心朝上偏右，与右肘相对成抱臂状；右掌边外旋边下采至身体右侧，可意想压住来脚，高与锁骨齐，略坐腕，掌心朝下偏左（不是偏右，以免亮肘）。眼顾两掌。

图 38 –1 图 38 –2

动作3　迈向西北向左捋（图 38 –3A、图 38 –3B）

右腿略下蹲，送左脚向左前方（西北）迈步，先以脚跟着地，踏平，腿微撑，膝稍弓。腰胯左转约45度，身躯朝北偏东。两掌向左捋，左掌捋至左腹前，掌心斜朝上；右掌捋至右腋前，掌心斜朝下。眼视前方。

图 38 –3A 图 38 –3B

动作4　两拳为虚将弓到（图38－4、图38－5）

蹬右腿，撑左腿，右脚以脚掌为轴，脚跟自然地向外磨转，脚尖朝北，重心逐渐前移，至右四左六的比例。腰胯左转约45度，身躯朝向西北偏北。左掌继续向左持经左膝前上方（傅师称之为反搂膝），边向左向右上方画弧至左肩前上方握成虚拳，拳眼斜朝上；右掌继续随腰胯左转边外旋边采至右胸前下方，握成虚拳，拳眼朝上偏左。眼视前方，关顾左拳。

图38－4

图38－5

动作5　右采左贯微右转（图38－6A、图38－6B）

继续蹬右腿，弓左腿，成左七右三比例的隅向左弓步。腰胯略向右回转约15度，身躯朝北偏西。左拳边内旋边弧形向右上方击出，至左额前上方，拳轮稍高于头顶，拳眼斜朝下，拳心斜朝外（下）；右拳边内旋边略向左下方采盖至上腹前，略坐腕，拳眼斜朝上，拳心斜朝下。眼顾左拳内侧，随即平视前方。

> > >

图 38 - 6A   图 38 - 6B

要　领

1. 做动作 1 左摆右按屈膝蹲时，请注意以下三点。

（1）右腿应随收左胯、屈左膝而下落，以利动作轻灵沉着、独立稳定和增加左腿的运动量。

（2）左腿屈膝下蹲时，宜做到尾骨引领（身躯端引法）和百会领起，以利立身中正不前俯，富有神韵。

（3）两手应随腰右转摆动，做到一动皆动、协调一致。

2. 做动作 2 左抄右采右转身时，请注意以下五点。

（1）左腿应继续均匀下蹲，送右脚落地，以便做到"迈步似猫行"；同时，下降重心，以增右掌采压之劲力。

（2）"右足落下，与左足并齐"，按照杨公的论述和不松脚踝不着地的迈步要诀，右脚应落于右肩下方，不宜向左后插步；同时，应以脚尖先着地，不宜以脚跟先着地；另外，右脚应自然地、松柔地落地（脚尖朝向东北），不宜脚尖内扣着地（脚尖朝北）。

（3）右脚跟一着地，左脚跟随即离地，如同跷跷板，右落左起，虚实分明。

（4）重心自左移右时，应逐渐地、平稳地过渡。

（5）两掌随落随合，成抱臂，以便下一动作向左做捋。

3. 做动作3迈向西北向左捋时，请注意以下四点。

（1）右腿稍屈膝略下蹲，随即迈出左脚，在拳理上称之为"以实脚送虚脚"，以利于迈步轻灵沉着不滞重。

（2）坐实右腿开左胯，两脚不要踏在同一条斜向直线上，以确保斜弓步的横向步距。

（3）迈左步时应中正不偏，不可前俯、侧倾；右脚和右腿外侧应在同一垂直平面上，右膝盖不可里扣，以免扭伤膝关节和身体摇晃。

（4）以腰胯带掌左捋。

4. 做动作4两拳为虚将弓到时，请注意以下五点。

（1）此动作非为定式，故不可成左弓步。

（2）左掌经过左膝前上方时，掌心朝上，要有反搂膝之意。

（3）当左掌反搂膝之后，开始渐渐握拳，至左肩前上方才握成虚拳。

（4）右拳宜缓行，不宜过快打到位（至定式），以免在演练下一动作时右拳停顿成"死拳"。凡是动作停顿，错！不管是谁，因为有悖于《太极拳说十要》中的第九要"相连不断"，又失去了太极拳五大特征（松缓匀连圆）中的"连"字。

（5）两手走圆弧，要走得圆活，不可有棱角。

5. 做动作5左贯右采微右转时，请注意以下十一点。

（1）左拳贯于左额前上方，右拳盖于上腹前，两拳眼大致相对。

（2）左拳的拳背与前臂外侧应齐平，不凸不凹，以免击人自伤腕部；右拳的腕背宜微凹（拳背与前臂外侧的夹角约为170度），以增采拿劲。

（3）两拳宜有左右相合和上下对拉之意。

（4）两拳须同时到位成实拳，形成合劲，且含逆缠劲。

（5）成打虎势时，两臂要圆撑如弓，劲力要饱满。

（6）左臂虽在上，"而肘尖意须向下"，两肩松沉切莫耸。

（7）至于腰胯的转动，傅师明示后学："做左打虎时，身体左转后略右转；做右打虎时，身体右转后略左转。"

（8）面部与身躯的方向宜一致，不宜扭头拧脖子、面朝东北。

（9）拳思缜密，定势时应做到拳到、弓到、腰到、眼到、意到，才能练出整劲和神韵，最常见的毛病是膝已弓到，手还在画弧！

（10）左膝切莫随腰胯右转而里扣，以免脚膝不合劲路断，且易伤膝关节。

（11）气宇轩昂，要有打虎英雄的气概。

6. 如何理解"两拳眼相对"？有的拳师在传授时说："做打虎势时，两手好像握棒，上下拳眼相对。"这是对"两拳眼相对"机械的理解，是本本主义，可能又言重了。果真如此（上拳眼朝下，下拳眼朝上），势必造成亮左肘、耸左肩，且不利于右臂撑圆和右拳的盖采劲。

当左拳置于左额前上方时，拳眼宜斜朝下，拳心朝外偏下，拳背与前臂外侧宜齐平；当右拳置于上腹前时，拳眼宜斜朝里，拳心斜朝下，略坐腕。因此，对"两拳眼相对"应理解为上下拳基本相对，两拳眼大致相对。

另外，在此重申人尽皆知、但又不易做到的一句话：做打虎式时，两拳应同时到位（常见的弊病是下拳先到、上拳后到），且与右转身、左弓步一起至定式。有些前辈说："太极难"，的确，一难心不知，更难心知身不知。况且传统杨式太极拳有数百个动作、数十个要领，且每个动作都要符合每个要领，纵横交错，错综复杂，谁能都做到，正是金无足赤，人无完人，拳无满分。傅师说："我每天打10套拳，但没有一套是满意的，如果杨（澄甫）老师在，一定会指出我不少毛病。"著名书法家沈尹默前辈向傅师学拳后感言："我写了一辈子字，深知书理之难，自从学了太极拳，才晓得拳经更不简单。"傅师有十几万学生，但得到其称许的也只有王荣达二师兄等四人，正如拳谚所云，打拳者多如牛毛，拳佳者凤毛麟角。总之，我侪对博大精深的太极拳应怀敬畏之心，并不断地通过了解—理解—试身—上身，渐臻"处处稳如山，时时内劲含"的知己功夫，不是一件容易的事，但是作为一种孜孜不倦的追求，毕竟是有志向的拳师以及爱好者理应崇尚的心灵境界。心不敢高进足矣，愿与诸君共勉之。

7. 定式时右拳应在胸前、心口前、上腹前、肚脐前还是在下腹前？左打虎定式时，右拳的位置的确有上述五种练法。笔者以为右拳置于上腹前较为适宜，理由如下。

（1）遵循左打虎"用右拳将敌左腕扼住左侧采"（杨公著《太极拳体用全书》）的技击要求。

（2）根据杨公打虎式的定式照片。

（3）傅师在《杨式太极拳教法练法》中第177页（再版时改名为《嫡传杨式太极拳教练法》中的第160页）中写道："右拳在下应在上腹前。"

（4）有利于手臂撑圆，动作潇洒，劲力饱满，神态威武。

（5）可避免抬肘、耸肩之嫌或动作呆板之弊。

用　法

右掌压住来脚，随即采蓄，以拳扼住对方左腕或击人肋部；左掌护胸腹，随即以贯拳环击对方太阳穴或背部。

劲　点

左手的劲点由掌根（小指侧）依次经小鱼际、小指、无名指、中指、食指、拇指、腕背（虎口侧）及至食指第二节与第一节（近掌骨侧，根据由中国医科大学编绘的《人体解剖图谱》表明，手指端的一节为第三节，依次为第二节、第一节和掌骨）连接处，右手的劲点由掌根（小指侧）依次经掌根（拇指侧）、大鱼际、拇指、食指、中指、无名指、小指及至小鱼际（小指侧）。

检验方法

定式时，在拳友的前面，推按其左手腕处，在其左侧，推按其左肩，在其右侧，推按其右肩，在其后面，推按其背部，均应推按不动。

第三十九式　右打虎式

动作过程

动作1　实扣右转成抱臂（图39－1A、图39－1B）

左脚实扣约120度，脚尖朝东偏北；当左脚掌里扣踏平，右脚跟随即离地。腰胯右转约45度，身躯朝向东北偏北。左拳边变掌边外旋边弧形下沉至左肩前，掌心斜朝前偏右；右拳也边变掌边外旋边随体右移，掌心朝上偏左，与左肘遥对，成抱臂状。平视前方，关顾左掌。

动作2　迈向东南朝右捋（图39－2）

坐实左腿；右脚提起虚悬，向东南方向迈步，先以脚跟着地，踏平，腿微撑，膝稍弓。腰胯继续右转约45度，身躯朝东偏北莫前俯。两掌向右捋，右掌至右腹前，掌心斜朝上；左掌至左胸前，掌心斜朝下。平视前方。

图39－1A　　　　　　图39－1B　　　　　　图39－2

动作3 两拳虚握身右转（图39－3、图39－4）

蹬左腿，弓右腿，左脚以脚掌为轴，脚跟自然地向外磨转，脚尖朝东，成重心为右六左四比例的右弓步。腰胯右转约45度，身躯朝向东南偏东。右掌继续向右将经右膝上方（反搂膝）、边向右上方画弧至右肩前上方握成虚拳，拳眼斜朝上；左掌继续随腰胯右转边外旋边握拳采至左胸前下方，为虚拳，拳眼朝上偏右。眼视前方，关顾右拳。

动作4 弓到拳到微左转（图39－5）

继续左蹬右撑成隅向右弓步。腰胯略向左回转约15度，身躯朝东偏南。右拳边内旋边弧形向左上方击至右额前上方，拳轮稍高于头顶，拳眼斜朝下，拳心斜朝外（下）；左拳边内旋边略向右下采盖至上腹前，略坐腕，拳眼斜朝上，拳心斜朝下。眼顾右拳内侧，随即平视前方。

要领、用法、劲点、检验方法参照第三十八式左打虎式。

图39－3   图39－4   图39－5

第四十式　回身右蹬脚

动作过程

动作1　蹬脚磨转成抱臂（图40－1）

撑右腿，蹬左腿，重心渐左移，左脚脚跟随着两腿蹬撑、腰胯左转和重心左移宜以涌泉穴为轴，脚尖外撇、脚跟里扣约45度（而非左脚主动磨转），脚尖朝向东北偏北或东北，此时两脚宜有植地生根之感。腰胯左转约45度，身躯朝向东北偏东。右拳边变掌边外旋边弧形下沉至右肩前，掌心斜朝下，左拳也边变掌边外旋边随体左移，掌心斜朝上，两掌心遥对，呈抱臂状。眼顾右掌，平视前方。

动作2　右脚提起腕交叉（图40－2）

重心继续左移，坐实左腿，略伸展；右脚随转体提起至右肩下、左踝侧，脚尖自然下垂，腰胯继续左转约45度，身躯朝北偏东。两掌先捋，然后左掌略向左前上方掤出，右掌向左下方弧形抄至胸前与左掌同时合抱，两腕交叉于心口前，左掌在里，掌心均朝里偏上，略含掤劲。眼视前方，关顾两掌合抱。

图40－1　　　　　　　　　　　　　　图40－2

以下动作3、4，与第三十七式右蹬脚动作4、5相同（图40-3、图40-4）。要领、用法、劲点和检验方法与第三十七式相同。

图40-3   图40-4

第四十一式　双峰贯耳

动作过程

动作1　独立旋转带手移（图41-1）

右脚下落，脚尖自然下垂；左脚以脚跟为轴，脚尖朝右里扣30~45度，脚尖朝东或朝东偏北，左腿略下蹲，起缓冲作用，以增加独立稳定性和有利于两手背叠住来手，含沉劲。身体边下沉边右转45度，朝向正东。两掌随右转体边外旋边向右偏下弧形移至胸前，掌心斜朝上（里），"如照镜子"，两掌与肩同宽。眼顾指尖，向前平视。

动作2　手背下叠步向隅（图41－2）

左腿继续下蹲，坐稳，似盘根入地，送右脚均匀、缓慢、轻灵地向东南方向迈出，不要一下子前冲落地。腰胯继续右转约15度，右胯松开，身躯正直，朝东偏南。松肩坠肘，以肘下沉带动两掌边内旋边向侧下方弧形松沉地以手背下叠来手，至两胯侧前上方，两掌心斜相对，两掌略宽于肩。眼视前方，关顾两掌下叠。

动作3　斜向弓步贯冲拳（图41－3、图41－4）

蹬左腿，撑右腿，重心渐前移，成隅向右弓步。腰胯继续右转30度，身躯朝向东南。以手引领，两掌边内旋边向上、向前、向里缓缓屈指，至肩高时握成虚拳，至两拳与太阳穴同高时成实拳，拳眼均斜朝里下，间距与头同宽，连贯带冲，两拳成钳状，故称之为贯冲拳。眼顾两拳，平视前方。

图41－1　　　　　图41－2　　　　　图41－3　　　　　图41－4

要　领

1. 做动作1独立旋转带手移时，有的练法是以左脚掌为轴，脚跟向左外展。应该按哪一种练法？的确，做这个转脚的动作时，除了上面的两种练法外，还有左脚不动的第三种练法。笔者以为以脚跟为轴转动的练法为宜，其理由如下。

（1）杨公在体用全书中写道："我即将左脚尖稍向右移转立定。"

（2）傅师于1977年在西安沉香亭教拳时明示："回身右蹬脚接做双峰贯耳应改为以左脚跟为轴旋转。"傅师于1989年出版的《杨式太极拳教法练法》中也写道："以左脚跟为轴。"

（3）在右蹬脚定式时，对左脚的虚实来说，宜是脚掌为虚，脚跟为实，因此以脚跟为轴内扣，重心不需转移，动作快捷、稳定。

（4）符合"一动无有不动"的拳理。

（5）四肢同时向同一方向——向右转动，动作较为顺遂。

（6）这种练法可有效地防治身体上窜的现象，有利于转身稳定。

（7）转角大，宜以脚掌为轴旋转；转角小，宜以脚跟为轴旋转。

2. 在做动作1独立旋转带手移、动作2手背下叠步向隅时，左腿应连续不间断地下蹲两次，以符合太极双鱼图渐变的行拳准则。正是：

扣脚略微蹲，中间不可停，

连蹲出右脚，然后渐弓、蹬。

另外，迈右步时应做到均匀、缓慢、轻灵，不要因独立的左腿不稳而一下子前冲落地，甚至立即成弓步，以免虚实不清、上下不相随。

3. 在身法上，宜连续不断地右转三次。正是：

扣脚朝东面，随即二次旋，

足出稍右转，弓到向东南。

因此，身体右转时不宜一次转到位（身躯朝向东南），以免出脚和做贯冲拳时无腰可转了。另外，在做动作1、动作2身体渐渐下降时，请采用尾闾引领的身躯端引法，以免出现身体前俯的常见病。

4. 同时达到上述要领2、3中的连绵不断均匀地下降二次和右转三次，宜由左肩井穴、左胯和左脚跟三点连成的一根立轴，犹如钻头旋转入地，这是演练双峰贯耳普遍被人们忽视的又一细节，请君悉心揣摩和不懈磨炼，愿与读者共勉之。

5. 动作2、动作3（斜向弓步贯冲拳）两手运行的路线应似梨子的形状（自尾部的凹裆至头部），边贯边冲，为贯冲拳，不宜练成似苹果形状的贯拳。两拳在做环击时，应大小适中，以利于动作既开展，又紧凑，不可大开大合，以免动作散野。另外，在做这两个动作时，宜松肩沉肘打出，且宜有上臂外撑、前臂合抱之意。

6. 太极拳是一项意念、动作、呼吸三位一体的运动。呼吸，在太极拳中十分重要，因为与太极拳的体（拳架）用（技击）有密切的关系；对健体养生而言，太极拳是一项以练气血为主的运动（即以锻炼呼吸系统和循环系统为主，以锻炼肌肉为辅），气血旺盛，体质则增强。对于呼吸，我在《杨式太极拳学练释疑》一书中已有浅述，下面结合近十年的学练体会，与读者交流关于呼吸的十点浅见，供君参考、评说。

（1）对于初学的拳友来说，暂且不必顾及呼吸，把注意力集中在拳架的准确性上，呼吸可采用像日常生活中生理本能的自然呼吸（当呼则呼，当吸则吸），一般为胸式呼吸。待到动作规范熟练后，呼吸会自然而然地、逐步过渡到以拳势呼吸为主、自然呼吸为辅的呼吸方法。所谓拳势呼吸，就是在意念引导下与动作自然配合的呼吸，也就是平常我们说的腹式呼吸。

（2）一般以鼻呼吸，吐故纳新。

（3）练太极拳要求思想放松、肢体放松，同样，对于呼吸，也首先要求放松，才能做到呼吸顺畅，行拳舒适。也就是说，太极拳不是呼吸操，练拳时不应刻意地注意呼吸，越注意越难松，更不要生搬硬套某些所谓机械的、固定的"呼吸流程"，以免酿成憋气或过度深呼吸，不仅导致动作僵硬，下盘不稳，还可能会引起头晕、眼花、气喘、胸闷、心悸、血压升高或心绞痛等症状，甚至发生肺泡破裂、脑出血和心肌梗死。所以，我们在练拳时千万不要屏气，特别是对于老年体弱的拳友。

（4）"身动息随"，这条拳理是说动作与呼吸的主从关系，即是说呼吸应顺遂动作的开合而自然地呼或吸，而不是以呼吸去指挥动作。唯有这样才能做到呼吸深、长、细、匀，符合杨式太极拳动作松、柔、缓、匀的特点。

（5）拳论中要求"调息绵绵"，调息就是调节呼吸，绵绵就是要求呼吸不断、细微、深长、均匀。要符合这个技术要求，还应做到静心慢练（详见拙著《释疑》第164~166页）。

（6）可参照唱歌时的呼吸技巧，即鼻子好像长在腰侧，感觉到腰围和腹部从容地随之扩张、收缩，实际上是横膈膜中部的下降（上升）促使其边缘向四周扩张（内收）；胸部应松弛，切莫气浮于胸。

（7）练习太极拳要求呼吸在自然和顺的基础上，逐步做到与动作配合的拳势呼吸。拳势呼吸的一般规律为"蓄吸发呼"，即积蓄力量（定式之后到发放之前）时宜吸气，释放力量（如按掌、冲拳、踢脚等）时宜呼气，通常在每一拳势定式时宜把气呼完，为呼气支点，随即似停非停平稳地由呼气转换成吸气，当由吸变呼时也有一个似停非停的吸气支点，再平稳地过渡到呼气。正是：

蓄时吸气入，发放多为呼。

定式宜呼尽，松沉吸又足。

（8）对于拳论中的"吸轻呼重"，愚以为，吸气时，身体变轻（比重约为0.98），有利于蓄势时动作轻灵变换；呼气时，身体变重（比重约为1.02），有利于发势时动作沉稳发劲。

（9）道法自然，这是太极拳四大哲理之一（其他三个是松缓、阴阳和中庸）。顺其自然，是呼吸的关键，这叫作"呼吸自然"。这里请拳友分清"呼吸自然"和"自然呼吸"的区别：自然呼吸，如前所述，是一种呼吸的方法，而"呼吸自然"是对呼吸的一种要求，不要混为一谈。不论是初学时的自然呼吸，还是日后的腹式逆呼吸、腹式顺呼吸、胸腹式呼吸，都应因人肺活量的大小、拳艺水平的高低、呼吸习惯和拳式的长短而异，都要顺其自然、从容不迫和舒适安逸，不可勉强。

（10）本节浅述的气，系指在呼吸系统中的呼吸之气；而拳论中的"以意导气""意到气到劲到"之气，系指练拳时由意念而产生在经络系统中流通的气血运行感之气。这两种气的含义是不同的，也请初学的拳友明辨。

用　法

右膝悬提护裆，两手背叠住来手，然后以双拳击人双耳或太阳穴。

劲　点

两拳定式时的劲点宜在中指根。

检验方法

定式时，前推拳友的双拳，后推背或侧推肩，均应稳如磐石。

第四十二式 左蹬脚

动作过程

动作1 右脚略撇两掌采（图42-1）

重心渐渐前移，右脚掌略浮起，外撇约15度；当右脚掌着地，左脚跟随即离地。收沉右胯，右转约15度，身躯朝向东南偏南。两拳边变掌边外旋向左右侧下方弧形下采至胸部侧前方，两掌心斜向下，劲点在掌缘。眼顾两掌下采。

动作2 左脚提起两腕交（图42-2、图42-3）

坐实右腿，略伸展；左脚提起，自然下垂。腰胯继续右转约15度，身躯朝南偏东。两掌继续边外旋边向下、向里抄至腹前，随即向前上方合抱交叉于心口前，掌心朝里偏上，左掌在外。眼视前方。

图42-1 　　　　　图42-2 　　　　　图42-3

以下动作与第三十二式转身蹬脚相同（图42－4、图42－5），只是方向相反，第三十二式面向正西，本式面向正东。

图42－4

图42－5

要　领

1. 做动作1右脚略撇两掌采时，两掌不宜内旋，以免两掌心斜朝外导致亮肘、耸肩，劲点在掌缘；两掌略宽于肩，不宜平拉开分得太大，以免中门大开动作散野。

2. 做动作1时，右脚一般有两种练法，即右脚外撇45度和不外撇。外撇45度，右脚尖则朝南，左脚蹬的方向是正东，其独立脚着地的横向面积为最小，容易产生摇晃和蹬脚不得力。右脚不外撇的练法，既不符合"一动无有不动""上下相随"的拳理，又不便于衔接下式（转身蹬脚）的旋转。为此，愚以为采用不偏不倚"中庸"的练法为宜，即右脚外撇约15度。

用　法

避开来拳，并以两掌粘化来力，左腿提膝护裆，随之以左脚跟向其腹部蹬去。劲点、检验方法与第三十二式转身蹬脚相同。

第四十三式　转身右蹬脚

动作过程

动作1　转身微蹲腕交叉（图43-1）

松沉右胯，右腿屈膝微蹲，同时右脚跟略离地以脚掌为轴向右方碾转，左腿边随体右转边放下悬提（不是摆腿转，也不是屈膝后再转），脚掌在右踝内侧、左肩下方先着地，脚尖朝东北或东北偏北，随即重心移至左腿，坐实，略下蹲，当左脚跟着地，右脚跟随即提起。身体随右腿微下蹲向右后方快速旋转约240度，身躯朝北偏东。两掌边外旋边随转身向胸前快速交叉合抱（不要身已转到，两手还在两肩侧前方，然后再独自合抱），掌心朝里偏上，右掌在外。眼随转体平视前方，关顾两掌合抱。

以下动作与第三十七式右蹬脚相同（图43-2、图43-3）

图43-1　　　　　　　　图43-2　　　　　　　　图43-3

要 领

1. 做动作 1 时，不可前倾、后仰或左右摇摆。要求做到尾闾中正、旋转平稳、方向准确、连绵不断和上下相随。

2. 独立转身以脚跟为轴还是以脚掌为轴？这又是见智见仁的练法，笔者以为，转身角度较小时，如第三十二式转身蹬脚的转身约为 120 度，宜以脚跟为轴旋转；当转身角度较大时，如本式转身右蹬脚的转身约为 240 度，宜以脚掌为轴旋转。

用 法

转身避开来拳，并以两掌粘化来力，右腿提膝护裆，随之以右脚跟向其腹部蹬去。

劲点、检验方法与第三十七式右蹬脚相同。

第四十四式　进步搬拦捶

动作过程

动作 1　落腿转身盖右拳（图 44 -1）

左腿渐渐下蹲，右腿落下悬提。腰胯微右转约 15 度，身体朝向东北偏东。右掌边外旋边屈臂边握拳向左后下方弧形盖至左腹前，拳眼斜朝上；左掌边外旋边屈臂边向右偏下合于左胸前，掌心斜朝下。眼顾右拳下盖，随即平视前方。

其余与第十二式进步搬拦捶相同（图 12 -3 ~ 图 12 -5，图 44 -2）。

图 44 - 1   图 44 - 2

第四十五式   如封似闭

与第十三式如封似闭相同。（图45）

第四十六式   十字手

与第十四式十字手相同。（图46）

第四十七式　抱虎归山

与第十五式抱虎归山相同。（图47）

图45　　　　　　　　图46　　　　　　　　图47

第四十八式　斜单鞭

斜单鞭与第四式单鞭除了方向不同之外，其练法均相同（图48－1～图48－7）。

斜单鞭的起始方向是西北，单鞭的起始方向是正西；斜单鞭定式方向是东南，单鞭的定式时的方向是正东。据不完全统计，在做单鞭时两脚踩在东西方向一直线上的拳友仅为2%～3%，但在做斜单鞭时两脚踩在隅向（东南）一直线上的同仁约占40%，这是学者马虎、教者不严造成的低级错误。笔者的第94期学员（平均拳龄为 8 年）在做单鞭时，这个指标的合格率为 100%；而做斜单鞭时，其合格率仅为 50%；第 97 期学员（她们在上海音乐厅前表演时曾得到高度赞扬）在做斜单鞭时，竟个个都踩在一直线上，即两脚如走钢丝无横向间距，这个指标的合格率为零，经笔者着重指出："如果这个关键项目不合格，整个'产品'就不合格，不能出厂"，其合格率立即上升至 100%。2016 年 12 月 7 日偕倪仙娣、许峰二位贤契在大陆汽车投资（上海）有限公司教斜单鞭时（第 107 期，多数学员是初学者），我手拿一根竹竿检查，并扬言："谁走钢丝就打谁的脚"，结果个个一次成功。正是：

单鞭同样练，方向变东南。
屡见无横距，认真并不难。

傅师教导说："动作相同，方向一变，容易打错。""初学者对动作相同而方向相反，极易搞糊涂。"学练太极拳，小毛小病（小错误）人人有，当然应尽量减少，但大毛病（低级错误）不许有！

图 48 –1　　　　　　　图 48 –2　　　　　　　图 48 –3

图 48 –4

图 48 –5

图 48 –6

图 48 –7

第四十九式　野马分鬃

野马分鬃一般做五次，即由右、左、右、左、右野马分鬃组成。

动作过程

（一）右野马分鬃

动作1　吊手变掌实脚转（图49-1）

收沉左胯，左脚掌略浮起，实脚里扣近90度，脚尖朝向西南。腰胯右转约15度，身躯朝向西南偏南。左掌随转腰边松腕边向右弧形平抹至左肩前，掌心朝前下方；右吊手边变掌边外旋向左下方弧形采至右腰前，掌心朝下偏左。眼顾左掌，平视前方。

动作2　坐实提脚似抱球（图49-2）

重心渐左移，坐实左腿；右脚提起，收于左踝旁，小腿垂直于地面，脚尖自然下垂。腰胯继续右转约15度，身躯朝向西南。左掌边屈臂边外旋边平抹至左胸前，掌心朝下偏右，腕高于肘、低于肩；右掌继续边外旋边向左偏下抄至右腹前，掌心朝左略偏上，中指与前臂成直线状（不可折腕），两掌上下相合似抱球状。眼视前方，关顾左掌。

动作3　开胯出脚似抱婴（图49-3）

左腿微微下蹲，送右脚向前迈出，脚跟先着地，踏平，脚尖朝西，两脚跟的横向间距为25-30厘米（比搂膝拗步的弓步宽一点）。腰胯略右转约10度，身躯朝向西南略偏西。左掌继续边外旋边左抹至右锁骨前，掌心斜朝下，且与右肘弯相对；右掌边屈肘边内旋边合至左腹前，掌心朝左略偏下，两掌合再合，两腕上下交迭于身体中线前，成抱婴状。眼视前方。

图49-1　　　　　　　　图49-2　　　　　　　　图49-3

动作4　掤捯左采右弓步（图49-4、图49-5）

蹬左腿，撑右腿，重心渐渐前移成右弓步。腰胯继续右转约20度，身躯朝西偏南。右掌边外旋边向前（西）上方偏右（北）掤至身体中线前，随即向右偏前上方捯至右肩前，以前臂近腕的桡骨侧（拇指侧）向对方腋下分去，掌心斜朝上，高与喉头齐，肘微屈；左掌边内旋边向左下方弧形采至左胯侧前方，掌心朝下略偏右，虎口朝前（不是四指朝前），有利于沉肩、藏肘、松臂、坐腕、增加采劲，以助右手发横劲。眼顾右掌掤捯，平视前方。

图49-4　　　　　　　　　　图49-5

（二）左野马分鬃

动作1　右采左抄实脚转（图49－6）

收沉右胯，右脚掌略浮起，外撇45度，踏平，重心渐渐移至右腿；当右脚掌踏平时，左脚跟离地。腰胯右转约30度，身躯朝西偏北。右掌渐渐边内旋边屈肘边向右下方弧形采至右肩前，掌心朝左偏下；左掌渐渐边外旋边向右偏上抄至左胯前，掌心斜朝下。眼视前方，关顾右掌。

动作2　腰带左脚似抱球（图49－7）

坐实右腿，左脚提起虚悬，移至右脚旁、左肩下。腰胯继续右转约30度，身躯朝向西北。右掌继续边内旋边屈肘弧形抹至右胸前，掌心朝下略偏左；左掌继续边外旋边向右偏上弧形抄至腹前，掌心朝右略偏上，两掌似抱球状。眼视前方，关顾右掌。

动作3　开胯出脚似抱婴（图49－8）

右腿微蹲，松开左胯，送左脚向前迈出，两脚跟的横向间距为25－30厘米，脚尖朝西。腰胯略左转约10度，身躯朝向西北略偏西。右掌边外旋边向左合至左锁骨前，掌心斜朝下，且与左肘弯相对；左掌边屈肘边内旋边向右弧形合至右腹前，掌心朝右略偏下，两掌合再合，两腕上下交迭于身体中线前。眼视前方。

图49－6　　　　　　　　图49－7　　　　　　　　图49－8

动作 4　掤捯右采左弓步（图 49 – 9、图 49 – 10）

蹬右腿，弓左腿，成左弓步。腰胯继续左转约 20 度，身躯朝西偏北。左掌边外旋边向前上方偏左掤出，随即向左偏前上方捯至左肩前，以前臂近腕的桡骨侧（拇指侧）向对方腋下分去，掌心斜朝上，高与喉头齐，肘微屈；右掌边内旋边向右下方弧形采至右胯侧前方，以助左掌之势，掌心朝下略偏左，虎口朝西。眼顾左掌掤捯，平视前方。

图 49 – 9

图 49 – 10

（三）右野马分鬃

动作 1　左采右抄实脚转（图 49 – 11）

收沉左胯，左脚掌略浮起，外撇 45 度，踏平，重心渐渐移至左腿；当左脚掌踏平时，右脚跟离地。腰胯左转约 30 度，身躯朝西偏南。左掌渐渐边内旋边屈肘边向左下方弧形采至左肩前，掌心朝右偏下；右掌渐渐边外旋边向右偏上抄至右胯前，掌心斜朝下。眼视前方，关顾左掌。

动作 2　腰带右脚似抱球（图 49 – 12）

坐实左腿，腰胯继续左转约 30 度（身躯朝向西南）带起右脚虚悬，移至左脚旁、右肩下。左掌继续边内旋边屈肘弧形抹至左胸前，掌心朝下偏右；右掌继续边外旋边向左略偏上弧形抄至腹前，掌心朝左略偏上，两掌相合似抱球状。平视西南方向，关顾左掌。

动作3　开胯出脚似抱婴（图49－13）

左腿微蹲，松开右胯，送右脚向前迈出，两脚跟的横向间距为25～30厘米，脚尖朝西。腰胯略右转约10度，身躯朝向西南略偏西。左掌边外旋边再向右合至右锁骨前，且与右肘弯相对，掌心斜朝下；右掌边屈肘边内旋边再向左弧形合至左腹前，掌心朝左略偏下，两腕上下交迭于身体中线前。眼视前方。

图49－11　　　　　　　　　图49－12　　　　　　　　　图49－13

动作4　掤捌左采右弓步（图49－14、图49－15）

蹬左腿，撑右腿，重心渐渐前移，成右弓步。腰胯继续右转约20度，身躯朝西偏南。右掌边外旋边向前上方偏右掤出，随即向右偏前上方捌至右肩前，掌心斜朝上，高与喉头齐，肘微屈；左掌边内旋边向左下方弧形采至左胯侧前方，掌心朝下略偏右，虎口朝西。眼顾右掌掤捌，平视前方。

图 49 – 14   图 49 – 15

（四）左野马分鬃

动作参见（二）左野马分鬃，图文不再重复。

（五）右野马分鬃

动作参见（三）右野马分鬃，图文不再重复。

要　领

1. 斜单鞭衔接野马分鬃右转身时，应实扣左脚，不宜后坐虚扣左脚，因为杨澄甫师公在体用全书中明示："由前式，设敌人自右侧，用按式按来，我即将身向右转，左足亦向右移动，右足脚跟松同（笔者注："同"字应改为"动"）脚尖虚点地……急上右足。"另外，前面也已经讲过，实脚转身是傅钟文拳术风格的主要特征，便于迎敌和提高健身效果。

2. 野马分鬃虽是顺弓步形，但其主手主要是发横劲（体用全书中写道："随用右前臂向敌腋下分去"。）所以其弓步的两脚跟横向距离应比一般弓步要宽一些，为 25～30 厘米，称之为"宽弓步"，以保持重心稳定。傅师明示："如弓出脚横向距离小，身立不稳怎能使分出的手有力。"

3. "出右脚时，两腕上下交错"（傅师语），即是说，向前迈右步时，抱球的两手不宜不动，成为"死手"，而宜随前一动作顺势合再合，及至两腕上下交迭，左掌好像把右脚推压出去，这叫作"手脚相系"，是实施"上下相随"拳理的又一条细则；另外，右掌在做合再合时，应以肘为轴，以免产生夹腋的弊病。这种合再合的练法（谓之剪掌），使动作潇洒大方，圆活连绵不停顿，又利于下一动作更好的分展。

4. 两掌在分出时，傅师又指出："劲力要由脚而腿而腰，形于手指，其根在脚，主宰在腰。我向对手腋下分去，要拔其根力，如只用手上的力量，是很不够的"。此乃练出周身一体劲的不刊之论，我辈须谨记在心，并身体力行之。

5. 上掌作掤捌与下掌作下采，应做到两膊相系互呼应，以利于产生对拉抽丝劲。同时，两掌宜相应地作外旋和内旋，以增螺旋劲。至定式时，捌手之肘宜下沉，采手之肘宜后藏（谓之藏肘）。

6. 傅师指出："手的分出和转腰、弓步也要协调一致，如只用手的力量是无能为力的"。这一要点可谓人尽皆知，但真正做到的就不多见了，正是心知易，身知难，太极难。因此再次强调，在练拳时务必做到脚、腰、手同时到位，上下相随，可惜不少同仁在演练野马分鬃时，腿早已弓到，而手还在缓缓地开展，这种弓到腰到手不到的练法，是练不出整劲的，正如傅师常说的那样："充其量只是手上局部的功夫"。愿与诸君在演练时共戒之。

7. 右捌手在将至定式时，傅师教导说："右腕（拇指侧）有向右微微横拨之意，以增捌劲"。另外，请君切莫拇指外跷，以免"一指紧，全身紧和劲点有误"。

8. 在右野马分鬃接做左野马分鬃时，请拳友们注意以下六个易被人们忽略的细节。

（1）两掌在过渡折叠时，速度宜略缓，不宜快速翻转。

（2）左掌在做抄、掤、捌时，应不停地、逐渐地、均匀地旋转，常见的毛病是掤捌时掌心始终斜朝上无臂可旋，势必影响内劲的产生和充盈。

（3）左脚、左掌应随腰右转带起，这叫作腰为主宰带手脚；这时，左掌又好像牵左脚提起，这叫"手脚相吸"，是实施"上下相随"的又一条细则。常见的毛病是两掌已上下相合似抱球，腰胯也已转到位，但左脚在后尚未离地，然后独自用拙力提起，显然，这种练法不符合"腰为主宰""上下相随""一动无有不动"

"放松移动腿"等技术要求。

（4）实撇右脚、右转身时，应"逢转必沉"，即收沉右胯，以利下盘稳固；当提左脚时，宜后抽右胯，与右脚跟有对拉之意，以利于独立稳定；当左脚迈出着地后，宜松沉右胯，以增脚底的反作用力。

（5）右脚、踝、膝、大腿和胯的外侧宜在一垂直平面上。

（6）两胯平，两肩平。

野马分鬃这一拳式，看似简单，但要做到拳架规范、遵循拳法、符合拳理、四平八稳、劲点常移、内劲连绵的拳友就不多见了。傅师教导我们说："练拳要注重细节""将精神贯注到每个细小的动作中去，否则运动便成了随便的活动，降低了锻炼价值"，先哲曰"细节决定成败"。细节，细枝末节也。但是，如果我们练拳时不注重细小的动作，不可能登堂入室。的确，杨式太极拳不是一项高强度、高难度的运动，但它却是一项高精度的运动，"差之毫厘，失之千里"。因此，我辈务必拳思缜密，从严教、认真学、刻苦练、虚心听、不断改，才有可能通过正确演练杨式太极拳传统套路，达到提高健身效果和练就太极拳第一层知己功夫（处处稳如山，时时内劲绵）的目的，愿与诸君共勉之。

9. 右野马分鬃与右掤有什么不同

（1）野马分鬃以横捌为主，两脚跟的横向间距较大，近30厘米；右掤是前掤，其间距较小，近20厘米。

（2）两掌的运动方向，野马分鬃相向而行，右掤是同向而行。

（3）至定式时右臂的弯曲度，野马分鬃为自然伸直，大小臂的夹角约为170度；右掤的手臂应掤圆，大小臂的夹角为120度左右。

（4）右掌心定式时朝向，野马分鬃为斜朝上（左），右掤为朝里偏上。

（5）右手定式时的劲点，野马分鬃在手腕外侧，右掤在腕背上侧（桡骨侧）。

（6）野马分鬃的主要用法是向对方腋下捌去，拔其根力；右掤的主要用法是粘住对方的腕背，使其不能进，以观其变，或掤发或捋化，随势而用。

10. 右野马分鬃与斜飞势的练法也有许多不同之处，请在对比中把动作做正确。

（1）右野马鬃是实脚里扣转腰胯，再迈右步；斜飞势是坐实左腿转腰胯，胯呈扇面打开，开胯的角度较大。

（2）野马分鬃主要是发横捌劲，两脚跟的横向间距应大一些，近 30 厘米；斜飞势的右掌是发斜捌劲，其间距可略小一些，约 25 厘米。

（3）成弓步时，野马分鬃的后脚蹬地不动或脚跟略外展；斜飞势的左脚尖随右掌斜向捌出时里扣，傅师教导说："右手与左脚尖之间好像有一根绳子牵着。"

（4）主手分展的运行路线，野马分鬃是先向前上方捌出为主，然后以横捌为主；而斜飞势右手的运行路线是边向前边向上边向右，连捌带捌，其运行轨迹似 1/4 个圆弧。

（5）野马分鬃向前上方捌捌时宜以肘为轴，斜飞势右手捌捌则宜以肩为轴。

（6）主手定式时的高度，野马分鬃的掌心宜与喉头齐平，斜飞势的右掌稍高，掌心与太阳穴同高。

（7）主手定式时的掌心朝向，野马分鬃为斜朝上，斜飞势为朝左偏上。

（8）主手定式时的劲点，野马分鬃在手腕外侧，斜飞势的劲点在手背近虎口处。

（9）主要用法，野马分鬃是向对方腋下捌去，拔其根力；斜飞势是击人太阳穴。

用　法

右手粘人左腕，左手捌其右腕。随之上步以右前臂捌捌，向其腋下向外分去；左手下采，以助捌捌。

劲　点

右野马分鬃。右手的劲点由手腕（尺骨侧）依次经小鱼际、小指、无名指、中指、食指、拇指、手背（虎口侧）及至手腕（桡骨侧），左手的劲点由掌根（小指侧）依次经掌根（拇指侧）、拇指、食指、中指、无名指、小指、小鱼际及至掌根（小指侧）。

左野马分鬃。左手的劲点由掌根（小指侧）依次经小鱼际、小指、无名指、中指、食指、拇指、手背（虎口侧）及至手腕（桡骨侧），右手的劲点由手腕（桡骨侧）依次经拇指、食指、中指、无名指、小指、小鱼际及至掌根（小指侧）。

检验方法

1. 拳友开胯迈出成坐步时，按住其同侧的肩和肘，应能轻松地完成从坐步到弓步的整个过程，并使我后倾失重。

2. 握住拳友定式时捋手的手腕，然后前推或后拉，应不被推（拉）动。

3. 站在拳友的身后，前推其定式时的臀部，仍应稳如山岳。

第五十式　揽雀尾

动作过程

动作1　左脚提起似抱球（图50－1）

重心渐渐移至右腿，坐实，右脚不里扣（笔者在第一本拙著《杨式太极拳学练释疑》中为"右脚宜内扣30～45度"，特此更正）；左脚跟离地提起。腰胯左转约30度，身躯朝向西南。右掌随右肘收沉屈臂边内旋边弧形合于右胸前，掌心朝下偏左，肘稍下坠略低于腕；左掌边外旋边弧形抄至左腹前，掌心朝右略偏上，两手呈合势似抱球状。眼视前方，关顾右掌。

动作2　开胯迈步似抱婴（图50－2）

右腿微下蹲，送左脚向南迈步。腰胯继续左转约15度，身躯朝向西南偏南。左掌边内旋边合至右腹前，掌心朝右略偏下；右掌边外旋边合至左锁骨前偏下，掌心斜朝下，两掌合再合，两腕上下交迭，成剪掌。眼视前方。

以下动作与第三式揽雀尾相同（图50－3～图50－6）。

图 50 - 1   图 50 - 2   图 50 - 3

图 50 - 4   图 50 - 5   图 50 - 6

第五十一式　单鞭

与第四式单鞭相同（图51）。

图 51

第五十二式　玉女穿梭

　　玉女穿梭是一个动作复杂、技术难度高的拳式，共有四个方向的拳式，先后朝向西南、东南、东北和西北四个隅角，"玉女穿梭走四角"，所以也称为四角穿梭或四斜角式。

动作过程

（一）左穿梭（西南角）

动作1　实脚转身两手采（图52－1）

左脚实脚内扣踏实，脚尖朝南偏西；左脚掌一着地，右脚跟随即浮起。腰胯右转约30度，身躯朝南。右吊手边变掌边向里下采至右胸侧前方，掌心朝前下方，略坐腕；左掌随转腰边松腕成坡掌边向里下采至左胸侧前方，掌心朝前下方。眼顾左掌下移，随即平视前方。

动作2　右脚提起两手抄（图52－2）

重心移至左腿，右脚跟内扣提起。腰胯继续右转约15度，身躯朝南偏西。右掌边外旋边向左抄至右腹前，掌心斜朝下；左掌边外旋边抄至左胯左前方，掌心朝下偏右。眼视前方。

动作3　右掤左抄迈右步（图52－3）

左腿坐实；右脚向右前方迈出，脚跟轻轻着地，脚尖朝西。腰胯继续右转约30度，身躯朝向西南。右掌继续边外旋边向上向右掤至右胸前，掌心朝左偏下；左掌边外旋边向右抄至左胯前，掌心斜朝下。眼顾右掌，向前平视。

图52－1　　　　　　　　图52－2　　　　　　　　图52－3

动作 4　继续挪抄右腿弓（图 52 - 4）

蹬左腿，弓右腿，重心前移。腰胯继续右转约 30 度，身躯朝西偏南。右掌继续边外旋边向右偏上挪至右锁骨前，掌心朝左偏上；左掌边外旋边向右抄至肚脐前，掌心朝右。眼视前方。

动作 5　两腕交迭左脚提（图 52 - 5）

收沉右胯，坐实右腿莫起伏；左脚随腰胯右转向前提起，小腿自然下垂。腰胯继续右转约 30 度，身躯朝西偏北。沉右肘，自然带动右掌边外旋边略向下收压至心口前，掌心朝上偏左；左掌继续边外旋边向右弧形抄至右腹前、右前臂下侧，掌心朝右后偏上，两手腕十字交迭（两腕交叉，相距约一拳）于身体中线前。眼顾右掌，平视前方。

动作 6　右抽左挪出左脚（图 52 - 6）

坐实右腿；左脚向西南方向迈出，脚跟先着地。腰胯略左转 15 度，身躯朝西。右掌边内旋边随沉肘向后抽至右腰侧前方，掌心朝左偏下（不是斜朝上，更不是朝上，以免患臂不旋和做下一动作时突然快速旋掌之常见病），略坐腕；左掌边内旋边弧形向前偏上挪出左锁骨前偏下（不宜高于肩，以免患左掌先到定式的常见病），掌心斜朝下（里）。眼顾左掌前挪。

图 52 - 4　　　　　　　　图 52 - 5　　　　　　　　图 52 - 6

动作7 右推左架斜弓步（图52-7、图52-8）

蹬右腿，收左胯，撑左腿，重心渐前移成隅向左弓步。腰胯继续左转45度，身躯朝向西南。右掌边内旋边向前推至心口（不是右胸，更不是右肩）前，掌心朝前偏左，坐腕；左掌边内旋边向前上方、略向后上方弧形翻滚，掤架于左额前上方，为斜切掌，掌心朝外偏下（不宜偏上），手指斜朝上，挺腕，手背宜与前臂齐平（不宜坐腕）。眼关顾右掌前推，向前平视。

图52-7   图52-8

（二）右穿梭（东南角）

动作1 尽量扣脚手渐近（图52-9~图52-10A、10B）

左脚尖尽量里扣，约135度，脚尖朝北；右脚渐变虚。腰胯右转135度，身躯朝北。右掌边外旋边略屈肘边右掤，横臂于胸前，臂呈弧形含掤劲，掌心斜朝下；左掌边外旋边沉肘下切至下颌前，掌心朝里偏下，手臂撑圆。眼顾左掌下移。

图52－9　　　　　　　图52－10A　　　　　　图52－10B

动作2　右脚提回腕交迭（图52－11）

重心左移，坐实左腿；右脚提回（脚跟先离地），脚尖自然下垂。腰胯继续右转约75度，身躯朝东偏北。右掌继续边外旋边右掤，掌心朝左后偏上；左掌继续边外旋边下切到左胸前，掌心朝右后偏上，两腕渐渐交迭（左掌在里）。眼顾左掌下切，随即平视前方。

动作3　左抽右掤出右脚（图52－12）

坐实左腿；右脚尖（不是脚掌的外侧）向东南方向迈出，脚跟先着地。腰胯略右转15度，身躯朝东。右掌边内旋边弧形向前偏上掤出至右锁骨前偏下（不宜高于肩，以免患右掌先到定式的常见病），掌心斜朝下（里）；左掌边内旋边随沉肘向后抽至左腰侧前上方，掌心朝右偏下（不要斜朝上），略坐腕；眼关顾右掌前掤。

图 52－11

图 52－12

动作 4　左推右架斜弓步（图 52－13、图 52－14）

蹬左腿，以脚掌为轴，脚跟外展，脚尖朝东；撑右腿，收右胯，成隅向右弓步。腰胯继续右转 45 度，身躯朝向东南。右掌边内旋边向前上方、略向后上方弧形翻滚，掤架于右额前上方，为斜切掌，掌心朝外偏下，手指斜朝上，挺腕，手背宜与前臂齐平（不宜坐腕）；左掌边内旋边向前推至心口（不是左胸，更不是左肩）前，掌心朝前偏右，坐腕；眼顾左掌前推，向前平视。

图 52－13

图 52－14

（三）左穿梭（东北角）

动作1　左脚提起腕交迭（图52-15）

重心渐渐移至右腿，坐实；左脚自然提起，至右踝侧、左肩下。腰胯左转约30度，身躯朝东偏南。右掌边外旋边沉肘，下移至右胸前，掌心朝左后偏上；左掌边外旋边屈臂移至胸前，掌心朝右后偏上，两腕逐渐交迭（左掌在下）。眼顾右掌下移，随即平视前方。

动作2　右抽左挪出左脚（图52-16）

坐实右腿；左脚向东北方向迈出，脚跟先着地。腰胯略左转15度，身躯朝东。右掌边内旋边随沉肘向后抽至右腰侧前方，掌心朝左偏下，略坐腕；左掌边内旋边弧形向前偏上挪至左锁骨前偏下，掌心斜朝下（里）。眼顾左掌前挪。

图52-15

图52-16

动作3　右推左架斜弓步（图52-17、图52-18）

蹬右腿，以脚掌为轴，脚跟外展，脚尖朝东；撑左腿，收左胯，脚尖朝向东北，成隅向左弓步。腰胯继续左转45度，身躯朝向东北。右掌边内旋边向前推至心口前，掌心朝前偏左，坐腕；左掌边内旋边向前上方、略向后上方弧形翻滚，掤架于左额前上方，为斜切掌，掌心朝外偏下，手指斜朝上，挺腕，手背宜与前臂齐平。眼顾右掌前推，向前平视。

图52-17   图52-18

（四）右穿梭（西北角）

动作1　尽量扣脚手渐近（图52-19）

左脚尖尽量里扣，约135度，脚尖朝南；右脚渐变虚。腰胯右转135度，身躯朝南。右掌边外旋边略屈肘边右掤，横臂于胸前，臂呈弧形含掤劲，掌心斜朝下；左掌边外旋边沉肘下切至面前，掌心朝里偏下，手臂撑圆。眼顾左掌下切。

动作2　右脚提回腕交迭（图52-20）

重心左移，坐实左腿；右脚提回，脚尖自然下垂。腰胯继续右转约75度，身躯朝西偏南。右掌继续边外旋边右掤，掌心朝左后偏上；左掌继续边外旋边下切到左胸前，掌心朝右后偏上，两腕渐渐十字交迭（左掌在里）。眼顾左掌下切，随即平视前方。

动作3 左抽右掤出右脚（图52-21）

坐实左腿；右脚尖（不是脚掌的外侧）向西北方向迈出，脚跟先着地。腰胯略右转15度，身躯朝西。右掌边内旋边弧形向前偏上掤出至右锁骨前偏下，掌心斜朝下（里）；左掌边内旋边随沉肘向后抽至左腰侧前方，掌心朝右偏下，略坐腕；眼顾右掌前掤。

图52-19   图52-20   图52-21

动作4 左推右架斜弓步（图52-22、图52-23）

蹬左腿，以脚掌为轴，脚跟外展，脚尖朝西；撑右腿，收右胯，重心渐渐前移，脚尖朝向西北，成隅向右弓步。腰胯继续右转45度，身躯朝向西北。右掌边内旋边向前上方、略向后上方弧形翻滚，掤架于右额前上方，为斜切掌，掌心朝外偏下，手指斜朝上，挺腕，手背宜与前臂齐平；左掌边内旋边向前推至心口前，掌心朝前偏右，坐腕；眼顾左掌前推，向前平视。

图 52 −22   图 52 −23

兹将玉女穿梭的练法简化凑句三则，以便初学的拳友记取。

（一）

抄掤收抽按，右掌把梭穿；

左手抄掤架，双方莫抢先。

（二）

左穿接右穿，掤右左圆撑，

边转边交错，随即抽与掤。

（三）

坐腿腰身转，右穿一道关：

左足尽量扣，开胯步朝前。

要　领

1. 接单鞭做右转身时，须实脚转，因为"设敌人从后右侧，用右手自上打下，我即将身随左脚同向右方翻转，右脚随即提回，落在左脚前"（杨公著《太极拳体用全书》）。"我在单鞭的位置，对手从右侧自上打下，我如在转身时以右腿为实，必然会造成被动局面，要转要进步都形成困难"（傅钟文、傅声远著，姚明华执笔

《杨式太极拳教法练法》，再版时改名为《嫡传杨式太极拳教练法》)。另外，在实脚转身时，应身正体松，且不可起伏。

2. 右掌在做采、抄、掤、收、抽和推六种手法时（前三种手法的练法与单鞭接云手相似，傅钟文恩师在教云手时说："好像单鞭接玉女穿梭")，不仅要连贯圆活、一气呵成，而且要不停地均匀地外旋和内旋，使劲力缠绵充盈。同样，左掌在做采、抄、掤和架四种手法时，也应符合"手走弧形臂要旋"等拳理。

3. 在穿梭中，两掌的动作颇为复杂，容易混淆不清。为此，建议分清两掌以下几个关系，以免初学和自学的拳友在学练时无所适从。

（1）承接单鞭，松肩坠肘，引领两掌各自下采，同向而行。

（2）左掌开始向右抄时，右掌向左抄，两掌为相向运动。

（3）右掌向右掤时，左掌跟在右掌后继续向右抄，两掌同向而行。

（4）左掌继续向右抄（请勿停顿），右掌向左收压，两掌相向而行，两腕上下交迭成合手。

（5）左掌前掤，右掌随沉肘内旋回抽（这里有一个螺旋回抽劲，拳味会更浓），"收即是放，无收就无所谓放"，抽是更好地为前击做准备，同时与左手前掤对拉，以助掤劲，两掌背向而行。

（6）左掌向前上方掤架，右掌前推，两掌同向而行。

（7）将至定式时，左掌在额前略向后上方翻架，与右掌继续前推略有对拉之意，两掌略为背向而行，且须同时到位，切莫掤架之掌先到位，等候前推之掌。

（8）定式时，两掌的拇指尖宜位于身体中线前。

4. 当左穿梭接右穿梭做交迭手时，应注意以下四点。

（1）傅师指出："两手边走边合，一交叉就开。"也就是说，两掌边外旋边缓慢相合，待到两腕一交迭，随即做右掤左抽。请拳友注意，交迭仅是一个瞬间的过程，即不要先交迭，然后随体转动时两手交迭不变，成为"死手"。

（2）两掌转动时，应不离中线。

（3）右臂应掤劲不丢，左臂要撑圆含截劲。

（4）两掌不要远离身躯，以免动作松散；两掌也不要靠近身躯，以免瘪掉无掤劲。

5. 当左穿梭接右穿梭时，要求身躯从西南（东北）均匀连绵地转向东南（西北）达 270 度，且要求两脚之间有一定的横向距离（站在四个隅角检查），这是演练玉女穿梭的又一个难点，关键在于如何处理好实脚转身和坐腿转腰胯两个重要环节。

（1）如何实脚转身

①收沉左胯，使小腿垂直于地面。

②以转动腰胯来带动左脚里扣，好像自行车前轮的转向是靠龙头的旋转来带动的，傅师说"要扣好脚，就要转好腰胯"。

③左脚尖与左膝始终上下对齐，同时里扣，方向一致，膝盖切不可主动里扣。

④收腹，尾骨宜有向前之意。

⑤"扣脚要充分"，尽量里扣到位，不宜小于 135 度。

（2）如何坐腿转腰胯

①头顶青天，骨盆端起，立身中正，不可凸臀。

②左胯找左脚跟，且与左肩井穴在同一垂直轴线上，且有入地三尺之意；另外，左脚、踝、膝、大腿和胯的外侧宜在同一垂直平面上。

③膝尖、脚尖应同向，坐稳左腿，两胯尽量松开。

④身躯由北转向东，右膝盖、脚尖朝向东南，保持肩胯相合。

⑤右脚应以脚尖引领向右前方（东南）迈出，不要因为开胯不充分而盲目（看不见对方）以脚掌外侧引领向右后方（东南）撤步，这又是一个常见病，笔者愿与读者在演练此势（抱虎归山、斜飞势亦然）时多加注意。

总之，要攻克转身 270 度这个难关，除了需掌握上述技术要求外，更需单式反复苦练，并悉心体悟，只有这样拳艺才能进步得更快。

6. 如上所述，当左穿梭接做右穿梭时，两掌应渐渐不停地相合、分开，腰胯应渐渐不停地右转。同样，右腿也应渐渐不停地变化——重心渐渐变虚，渐渐屈膝提脚，随即渐渐伸腿出脚（不宜屈膝随腰右摆成狗撒尿似的"死腿"），然后重心渐渐变实，成隅向右弓步。

7. 肩胯须齐平，不可右（左）肩高左（右）肩低；同样，两胯也须齐平，不可右（左）胯高左（右）胯低。在演练四角穿梭时要做到这一条要领，在演练整个套路中也应做到。走笔至此，不禁想起金长源师兄教我时的一句话："肩平是绝对的"，不无道理；同理，胯平也是绝对的。

8. 当玉女穿梭的四个定式时，须做到骨盆端起、立身中正、蹬后腿撑前腿、蹬后腿收前胯、肩胯相合勿探肩、胸部松空、腰为主宰和上下相随等诸多技术条件，才能体现穿梭时既四平八稳、轻灵自如、又身含整劲。

用　法

转身避其来势，两手粘封，随之以一手臂掤架对方击我头部之来手，另一手则向其胸部击去。

劲　点

第一个左穿梭，右手的劲点由手腕外侧（小指侧）经小鱼际、小指、无名指、中指、食指、拇指、大鱼际、腕背拇指侧、腕背、掌根（小指侧）、小鱼际、小指、无名指、中指、食指、拇指、大鱼际至掌根，左手的劲点由掌根（小指侧）经小鱼际、小指、无名指、中指、食指、拇指、腕背（拇指侧）、腕背至掌缘（小指侧）。

检验方法

拳友在做穿梭定式时，其下面手掌推我胸部，我用手掌下压其上面掤架手掌的掌缘，检查他前推的是否是整劲？掤架是否含掤劲？

第五十三式　揽雀尾

动作过程

动作1　坐腿转腰似抱球（图53－1）

重心渐渐全部移到右腿（右脚不里扣，但在拙著《杨式太极拳学练释疑》中写道："右脚宜内扣75～90度"，这是因为笔者当年开胯达不到如今的150度，今作修正），左脚提起。腰胯左转 90 度，身躯朝向西南。右掌边随屈肘下沉边外旋收于右胸前，掌心朝下偏左；左掌边随屈肘下沉边外旋收于腹前，掌心朝右略偏上，两掌似抱球，两臂呈弧形。眼视前方，关顾右掌。

其余动作与第三式揽雀尾相同（图 53 - 2 ~ 图 53 - 6）。

图 53 - 1　　　　　　　图 53 - 2　　　　　　　图 53 - 3

图 53 - 4　　　　　　　图 53 - 5　　　　　　　图 53 - 6

第五十四式　单鞭

同第四式单鞭（图54）。

图54

第五十五式　云手

与第二十八式云手相同（图55）。

第五十六式　单鞭

与第二十九式单鞭相同（图56）。

图55　　　　　　　　　　　　图56

第五十七式　下势

动作过程

动作1　脚撇掌引身右转（图57 –1、图57 –2）

左脚微后撑，左腿渐渐伸展，重心后移；右脚外撇约60度，脚尖朝南偏西，右腿渐渐下蹲。腰胯右转约20度，身躯朝南偏东。左掌随屈肘略下沉渐渐边外旋边里引至胸前，掌心朝南，手指斜朝上；右吊手随体右展。眼视前方。

图 57 – 1

图 57 – 2

动作 2　掌采身降成仆步（图 57 – 3）

右腿继续渐渐下蹲至胯略高于膝或与膝齐平（以右大腿呈水平状态为度），膝尖与脚尖的方向须一致，且不宜超过脚尖；左脚掌贴地，不可掀起，脚尖朝东，左膝与之同向（不宜内扣），成左仆步，前后脚支撑体重的比例约为前二后八。身躯随下蹲垂直下降，尽量保持正直。左掌经腹前弧形下采至左膝侧上方，略坐腕，掌心朝南，手指朝前；右吊手随体下移，腕同肩高。面部朝东，眼顾左掌，平视前方。

图 57 – 3

要　领

1. 傅师指出，做下势时应"直体下坐"，好像种树那样自然下落，垂直植地，但不少练者（含笔者）会出现身体向东或向南偏东前俯的现象，特别是初学、年长和韧带紧的拳友。傅师指出："上体前俯不但只能运用手臂之力，不利下采、挣脱，而且影响眼神不能很好的观察对手。"究其原因，大致有以下九条。

（1）上接单鞭式的两脚横向步距太宽，或者两脚踩在一根直线上。

（2）腰部不松、沉、直。

（3）右脚外撇过小，或者右膝内扣，以致开胯不够，下蹲困难，身易前俯。

（4）胯、踝关节的柔韧性较差。

（5）后坐下蹲时，没有意想百会上领、骨盆端起或尾骨引领，形成凸臀。

（6）身体后移时，肩胯不合。

（7）身体重心没有落在两脚跟的连线（偏后处）上，而是落在右脚上。

（8）低头看手。

（9）力不从心，即心想蹲得低，但又蹲不下去，于是就出现了身体前俯的现象。因此，我们在做下势时，应量力而行，自然下蹲，如果蹲不下去，不要勉强，蹲到有较大承载力的位置即可，不要刻意地去追求低位，以免有失中正。因为架子高、身子正，没错；反之，架子低、身前俯，错！另外，不宜为了追求低位而将右脚辗展往后移。

2. 做仆步时，右脚撇的角度不可过大，以免两尖不合（右膝与右脚尖的方向不一致），且易伤膝关节。

3. 傅师明示："仆步要求支撑腿（右腿）胯高于膝。""如果坐下时胯根低于膝盖，就会形成'荡裆'，使腿的基础浮而不固，两腿虚实变换反而不灵（使起动不灵活）；如胯根过高于膝盖，那么运动量就很小，得不到很好锻炼身体的效果。"

4. 重心渐渐后移，右腿慢慢下蹲时，宜胯开裆圆。

5. 左掌应随转身和沉肘作引采回收；右吊手应随体后展、下移，但不可掉下来（腕低于肩）。

6. 做下势时，应头容正直，不可低头看地，面部朝东不朝南。

用 法

直体后坐下沉，以解脱握我左腕之手，或以左手下采来手。

劲 点

定式时，左掌的劲点在掌缘（近腕处）。

检验方法

握住拳友单鞭定式时的左腕，试他在做下势时能否挣脱，并能否顺利地完成动作，使我前倾失重。

第五十八式　金鸡独立

动作过程

金鸡独立由左右两个独立式组成。

（一）左独立式

动作1　右胯前送左掌穿（图58-1）

重心微前移，左腿微弓。腰胯略左转约15度，身躯朝向东南偏南，重心前移和腰胯左转时宜以右胯前送，以减少身体前俯。左掌沿着左小腿侧上方朝前穿至左脚侧上方（傅老师教拳时形象地说："好像火车的两根轨道。"），掌心朝南；右吊手随体移动，眼顾左掌前穿。

动作2　挑掌转腰撇左脚（图58-2）

重心继续前移，右腿自然伸直，右脚仍外撇不动；左脚外撇近45度，左腿屈膝前弓。腰胯继续左转约45度，身体朝向东偏南。左掌边内旋边向前上方挑至左锁骨前,掌心朝右偏下;右吊手边下移边松开变掌边外旋前移至右胯侧前方,掌心斜朝下。眼视前方,关顾左掌上挑。

动作3　右托左采左腿立（图58-3）

重心继续前移到左腿,坐实,随即渐渐起立,自然伸直,成左独立步;坐实左腿时右脚跟先离地随腰胯左转和左腿起立向前提膝至胯前,脚尖自然下垂。同时,身体继续左转约45度,身躯朝向东北偏东,身体尽量正直地平行前移（可意想尾骨前移）,面部朝东。左掌继续边内旋边向后下方采压至左胯旁,掌心朝下偏右,坐腕;右掌继续边外旋边向前上方挑至肩前时掌心朝左,随即边略内旋边向上偏前托至右耳前,掌心朝左偏前,手指朝上,略坐腕,为迎面掌,大小臂的夹角约为120度。眼顾右掌上托,随即向前平视。

图58-1　　　　　　　图58-2　　　　　　　图58-3

（二）右独立式

动作1　蹲腿送脚身转正（图58-4）

左腿渐渐下蹲,送右脚自然下落于左脚旁、右肩下方,脚掌先着地,脚尖朝向东南,重心渐渐移至右腿;当右脚跟一着地,左脚跟随即浮起。腰胯右转约30度,身躯朝东。右掌边内旋边弧形下落至右上腹侧前方,掌心斜朝下;左掌边外旋边弧形向前挑至左下腹侧前方,掌心斜朝下。眼顾右掌下落。

动作2 左挑右采右腿立（图58－5）

右腿渐渐起立，自然伸直，成右独立步；左腿屈膝提至胯前，脚尖自然下垂。腰胯继续右转约30度，身躯朝向东南偏东，面部朝东。左掌继续边外旋边向前上方挑至肩前时掌心朝右，随即边略内旋边向上偏前托至左耳前，掌心朝右偏前，手指朝上，略坐腕；右掌继续边内旋边向下弧形采压至右胯旁，掌心朝下偏左，坐腕。眼顾左掌上托，随即向前平视。

图58－4   图58－5

要　领

1. 傅师指出："重点应放在仆步的起立上，要反复练习"，这是学练金鸡独立的重中之重，在技术上略述仆步起立六点浅见，供君参考。

（1）重心应缓慢、连绵、均匀、圆活地前移，及至重心全部移到左脚上，左腿屈膝坐实，渐渐起立，右腿随之缓缓提起，不宜利用后脚蹬地而起。

（2）以腰胯左转带动右手、右脚前移，右手又有轻轻牵起右脚之意，不要起强劲提膝。

（3）裆走下弧形，利用荡劲提起右腿。

（4）收沉左胯，前送右胯。

（5）意想骨盆端起、两胯齐平、尾骨前移，上身宜尽量正直地平行前移，不可籍助上身前俯来带动右脚提起。

（6）起立时，宜从左脚底缓缓蹬地而起，同时宜采用以头顶引领的"身躯端引法"。

2. 由仆步变成独立步时要做到站立稳定，在方法上请注意以下起立稳定十二条学练体会。

（1）金鸡独立是在单腿支撑的情况下完成的，步形尤为重要，支撑脚应外撇30～45度，脚尖隅向，不可朝东，以免左右摇晃。

（2）重心须位于独立脚掌内。

（3）提膝、挑掌应动作缓慢，配合协调一致，用意不用拙力。

（4）要做到独立平衡，还应注意两手的平衡关系，在前视上挑之掌的同时，宜内视向下采压之掌；掌心且有压住地面的意念，似有一根无形拐杖，不仅以助上托之掌，又利于独立稳定。

（5）结合百会上领、气沉脚底，身体犹如一根顶天立地的柱子。

（6）独立腿应微屈，起缓冲作用，不可用力挺直。

（7）至定势时，抽旋独立腿之胯，与脚跟有对拉之意，以利于植地生根。

（8）动作应做到上下相随。

（9）将目光聚集在一个有助于保持稳定的目标上。

（10）精神不可紧张，肢体应放松自然。

（11）呼吸自然，不可屏气。

（12）坚持刻苦锻炼，多练仆步起立，以增加腿部力量和掌握技术要求。

3. 做右独立式动作 1 右脚落地时，不宜向右后方撤步，免得腰胯右转过头，以致造成提左膝、托左掌时已无右转腰胯的余地了，甚至还会出现提左膝、挑左掌时腰胯左转的现象。

4. 在做右独立式右脚落地时，宜采用尾骨引领，以免身体前俯；在做起身时，宜以头部领起，以利立身中正，笔者谓之身躯端引法。

5. 定式时，手、肘、膝方向应一致，膝在肘的前下方，不宜机械地理解"膝与肘合"为肘、膝上下对准（对齐）。

6. 在练左右独立时要以腰胯带动手脚，不要像军训操练踏步那样，只见手脚一上一下摆动，不见腰胯转动，身体一直朝向正前方。显然，这种纯然动手、动脚的练法，不是完整一气的传统杨式太极拳。

7. 做金鸡独立的两掌须同时到位，不要下面的手快到上面的手慢到。

8. 由上述传统的练法表明，仆步起立时，开胯极大、提脚甚难，且要求动作和缓、连绵、轻灵，其难度可谓整个套路之最，须有相当的功力。下面介绍两种变通的练法，仅供参考。（1）如果拳友的腿力不济，可在外撇左脚之后内扣右脚，以缩短两脚之间的距离，便于右脚提起。（2）如果拳友的胯部韧带较紧，可先扣右脚成左弓步，再撇左脚，然后提起右脚。

用　法

左独立式，进身以左掌上挑下采对方来手，右掌击其脸、卡其喉或托其肘，右膝顶其腹或右脚踢其裆；右独立式，右掌采压以解脱对方握我之腕，并以左掌、左膝（左脚）击之。

劲　点

左独立式定式时，右掌的劲点在掌根（小指侧）或虎口，左掌的劲点在掌根（小指侧），右腿的劲点在膝或脚尖。右独立式定式时，则方向反之。

检验方法

当金鸡独立定式时，站在拳友的面前平推其上面的手掌，如果其骨（拳）架正确，不会被我推倒，而是安如石柱。

第五十九式　左右倒撵猴

动作过程

动作1　右蹲左落手平举（图59-1）

右腿渐渐屈膝下蹲；左脚慢慢下落，自然虚悬于右踝内侧、左肩下方（不着地）。腰胯继续右转约30度，身躯朝向东南偏南。左掌边松腕边向前下方按压至与肩同高，掌心朝右偏下；右掌边外旋边向后下撩、上举（西南方向）至与肩同高，掌心斜朝上。这是一个重复的拳式，但在衔接时手脚不容易配合好，为此重复傅师两句非常形象的教导："两手平举挑扁担，左脚在中间。"眼顾右掌上举，但不可扭头看手。

以下动作按第十七式左右倒撵猴的练法（图59-2）。

图59-1　　　　　　　　　　　　　　图59-2

第六十式　斜飞式

与第十八式斜飞式相同（图60）。

第六十一式　提手上势

与第十九式提手上势相同（图61）。

第六十二式　白鹤亮翅

与第六式白鹤亮翅相同（图62）。

图60　　　　　　　　　图61　　　　　　　　　图62

第六十三式　　左搂膝拗步

与第七式左搂膝拗步相同（图63）。

第六十四式　　海底针

与第二十二式海底针相同（图64）。

第六十五式　　扇通背

与第二十三式扇通背相同（图65）。

图63　　　　　　　　　　图64　　　　　　　　　　图65

第六十六式　转身白蛇吐信

动作过程

动作1　扣脚盖拳右转身（图66－1）

左脚尖随腰胯右转实脚里扣90～135度。收沉左胯，腰胯右转约30度，身躯朝南。右掌边外旋边握拳边经面前外弧形（略向前）下盖至腹前，前臂持平，拳眼斜朝上（不宜练成朝里偏下，以免亮肘、不得劲）；左掌边略内旋边向右上方弧形架至左额前上方，掌心朝外偏下（不宜偏上，以免亮肘），手指斜朝上（不要朝右，以免亮肘耸肩），挺腕，臂撑圆。眼顾右拳下盖，平视前方。

动作2　右脚迈出四骈指（图66－2）

重心全部移至左腿，坐实；右脚跟内扣稍提起，向前（西）迈出，脚跟先着地，踏平，略后撑，膝微屈，两脚与肩同宽，以利下盘稳固，脚尖朝西，以利劲力专注一方。腰胯右转约45度，身躯朝向西南。右拳边变掌边以肩为圆心向右上方、前下方弧形经面前环转抛出，高与肩平，右臂伸展肘微屈，掌心朝上偏左，手指朝前伸直，为四骈指；左掌边外旋边向右下方经环撤的右前臂外侧弧形慢慢地落下至左胸前、右肘内侧，掌心朝右下方。眼视前方，关顾右掌抛出。

动作3　转腰前弓推左掌（图66－3）

蹬左腿，撑右腿，成右弓步。腰胯继续右转45度，身躯朝西。左掌边内旋边经内收的右前臂里侧上方向前竖掌推出（不是横掌推出，以免耸肩抬肘不得劲），掌心朝前偏右，坐腕；右掌边略内旋边向后向下抽沉，收于右腰侧前方（不是腰间，以免肘部超出后背），掌心斜朝上，大小臂的夹角宜为100度，不宜小于90度，以免耸肩和动作拘谨不大方。眼顾左掌，平视前方。

扇通背接白蛇吐信，除右拳环撤至最远点（手臂呈水平状）时拳渐渐变掌（掌心朝上偏左，手指伸直为四骈指，劲点在指背，弹击对方面部）之外，其练法、要领、用法、劲点和检验方法均与第二十四式撇身捶相同，不再赘述。

图 66 – 1　　　　　　图 66 – 2　　　　　　图 66 – 3

第六十七式　进步搬拦捶

与前面第二十五式进步搬拦捶的不同之处，仅仅是作斜冲拳时是由掌变拳冲出，其余均同第二十五式进步搬拦捶（图67）。

第六十八式　上步揽雀尾

与第二十六式上步揽雀尾相同（图68）。

第六十九式　单鞭

与第二十七式单鞭相同（图69）。

图67　　　　　　　　图68　　　　　　　　图69

第七十式　云手

与第二十八式云手相同（图70）。

第七十一式　单鞭

与第二十九式单鞭相同（图71）。

图70

图71

第七十二式　高探马带穿掌

这一式由高探马和左穿掌两个分拳式组成。

（一）高探马

高探马的练法与第三十式的高探马相同（图72－1～图72－3）。

图72-1　　　　　　　　图72-2　　　　　　　　图72-3

（二）　左穿掌

动作过程

动作1　掌腕交迭出左脚（图72-4、图72-5）

边坐实右腿边渐渐下蹲；左脚提起前迈，脚跟着地。腰胯右转约15度，身躯朝东偏南。右掌边外旋边微微向前下方画一个小圆弧，随即继续边外旋边向里偏下收至心口前、左腕下，掌心斜朝上；左掌边略外旋边沿身体中线向前上方穿至右掌前上方，高与肩平，掌心斜朝上，手指朝前偏右。眼顾右掌里收。

动作2　左穿右藏成弓步（图72-6）

蹬右腿，撑左腿，成左弓步。腰胯继续右转约30度，右胯后撑，身躯朝向东南。右掌边内旋边向里偏下收于左肘下，掌心朝下偏里，手指朝左偏前；左掌继续向前偏上穿出，指尖与喉头同高，掌心朝上偏里，手指朝前偏上，四指伸直，为四骈指，手臂略成弧形，但前臂和手指宜在同一直线上。眼视前方，关顾左掌前穿。

图72 - 4   图72 - 5   图72 - 6

要 领

1. 当右掌回收到一半行程时是外旋，此时右掌与左腕上下交迭，在回收后一半行程时是内旋，常见的毛病是右掌收到左肘下面时掌心仍朝上，然后在原地突然内旋，变为掌心朝下偏里；有的甚至右掌心一直朝下回收到左肘下。

2. 右掌为什么要旋两次？做左穿掌时，右掌旋两次的练法，是傅师演练风格的特征之一。从用法上讲，右掌先外旋、再内旋，有利于解脱对方牵住我探出的右手；同时，右掌内旋回收，以利左掌前穿；从拳理而言，右掌旋两次，符合"手走弧形臂要旋"，按此方法演练拳味较浓。

3. 如前所述，虚掌的手指宜自然弯曲（弯曲的程度因人而异），实掌的手指宜沿着指尖方向舒展（而非向指背方向伸展），"四骈"指（海底针、白蛇吐信和左穿掌三个拳式的定式时）的手指宜自然伸直。这是太极拳的指法，请初学的拳友不要忽视这个十分重要的"活指"细节。"活指"是实施"虚实为第一义"和"形于手指"（杨公语）的细则之一，也就是说，从起势至收势的整个演练过程中，用意念使手指的弯度宜在不断地、逐步地、均匀地变化，内劲的强弱也随之变化，富有表情。

4. 左掌前穿、左腿前弓和右胯后撑宜同时到位，以利产生节节贯穿的整劲。

另外，请君不要患右掌先到而停顿的常见病。

5. 定式时，右掌的中指第二节在肘下为宜，以利于做到虚腋、肘不贴肋、臂呈弧形、动作有圆活之趣，同时符合杨公在体用全书图文中的"右手仍藏在左肘下"（笔者注："仍"字宜删去），因此，右掌不宜落于左腋下或左上臂下。

用　法

右手采对方来手，左手以指尖刺其喉头。杨公明示："左手稍提起穿掌向敌喉间冲去。"傅师指出；"用左手掌直穿对方喉部。"

劲　点

定式时，左手的劲点在指尖，右手的劲点在小鱼际。

检验方法

定式时，站在拳友的东面，握其左腕前推或后拽，均不应失重。

第七十三式　十字腿

在叙述十字腿的练法之前，与读者一起来学习杨公在体用全书中的一段论述："设有敌自身后右边用右手横打来，我急将身向右正面拗转，左臂同时翻上屈回，与右臂上下相抱时，急将左右手向前后分开拦住敌手，同时急将右腿提起，用脚跟向敌右胁部蹬去。"

因此，在接做右转身时，应实脚里扣近 135 度，重心渐渐全部移至左腿，坐实；右脚跟先离地提起，自然下垂。如果是虚脚转身，重心后移，就使自己送上去挨打，同时还影响迅速转身迎敌，违背了杨公的第一个"急"字，再说，虚脚转身又降低了锻炼效果。

动作1 实脚转身腕交叉（图73-1、图73-2）

实扣左脚近135度，坐实；右脚跟先离地，小腿自然下垂。腰胯右转约60度，身躯朝南偏西。左掌随屈肘边内旋边向右切至胸前，掌心朝里偏上，左臂撑圆；右掌在左前臂外侧边外旋边向右掤至胸前，使两腕逐渐接近成十字交叉于身体中线前（注意，一交叉就应承接下一动作，即两掌边内旋略向前、向侧上方浅弧形分开，不要快速交叉后不动成"死手"），掌心朝里偏上，臂含掤劲。眼随转体向前平视，关顾两掌合抱。

以下的练法，与右蹬脚相同（图73-3、图73-4），只是面向正西。

目前，十字腿有上述的右蹬脚和单摆莲（右脚外摆，左掌迎拍右脚背）两种练法，均为杨澄甫师公所传，只是杨公前期教练的是单摆莲，后来改为右蹬脚，我辈可按各自的师传演练、传授。

图73-1

图73-2

图73-3   图73-4

第七十四式　进步指裆捶

动作过程

动作1　下蹲悬提两掌合（图74-1）

左腿渐渐下蹲，右脚下落悬提。身体松沉渐渐右转约30度，朝西偏南。右掌随沉肩屈肘松腕边外旋边向左下方，合于右上腹前成坡掌，掌心斜朝前；左掌也随沉肩屈肘松腕边外旋边朝右前下方，合于左胸前成坡掌，掌心斜朝前。眼顾右掌，随即向前平视。

动作2　斜向弓步掌斜抹（图74-2）

左腿继续下蹲，送右脚向右前方上步，以脚跟着地，踏平脚尖朝向西北，随即重心渐渐前移似隅向右弓步。腰胯继续右转约30度，身躯朝西偏北，立身应中正。两掌边外旋边向右偏下，连绵不断地弧形搂抹，右掌至右腰前，掌心朝下偏

·243·

左；左掌至左上腹前，掌心朝下偏右。眼视前方，关顾左掌右抹。

图 74 – 1   图 74 – 2

动作 3　坐实上步握虚拳（图 74 – 3A、图 74 – 3B）

坐实右腿，左脚向前上步，脚跟着地，踏平，脚尖朝西。腰胯继续右转约 30 度，身躯朝向西北。右掌随转体继续边外旋边向右后方边屈指握成虚拳于右腰侧前方，拳心朝上偏左，大小臂的夹角宜为 100 度；左掌继续边外旋边向右抹至上腹前，掌心朝右下方。眼视前方。

动作 4　左弓折腰斜冲拳（图 74 – 4）

蹬右腿，撑左腿，成左弓步。身体边左转边折腰，身躯朝西，上体与地面的夹角约 60 度。左掌边内旋边向左膝前弧形搂至左膝侧上方，掌心朝下偏右；右拳边内旋边向前偏下打出，至肚脐前时握成实拳，拳眼朝上偏前。眼视前方，关顾右拳打出。

图 74 –3A   图 74 –3B   图 74 –4

要　领

1. 连续上两步时应做到迈步如猫行，轻灵连贯，重心转移如双鱼图那样逐渐地此消彼长、此长彼消。

2. 做动作 2 两掌搂抹时，右掌为搂采，左掌为抹盖，傅师形象地教导说，"两手好像搓麻将"，"握拳应在右手弧形移至腰际之间，在此之前不应握拳"[1]。

3. 右拳应从腰侧前方朝前偏下作冲拳，以拳面击人，而不要练成向前下再向前上挑击，以拳眼打人。

4. 定式时，身体虽然前俯，但自头顶到会阴应为一条直线，好像毛笔虽然有时在运笔时倾斜，但其笔杆仍然是直的。

5. 演练指裆捶时，请不要患左腿先弓到、右肩前探、右拳平打、左掌不动不旋转等常见病。

6. 指裆捶、搬拦捶、栽捶定式时右拳的区别

（1）这三势的右拳均由右腰侧前方击出，为冲拳，但其高度是不同的，请初

---

[1]　由傅师演述的《杨式太极拳》中，图 224 错误地把右掌画成右拳，相应的文字也有误。其练法应以傅师的言传身教以及《杨式太极拳教法练法》中傅师的拳照（图 447）和文字为准。

学的拳友不要混淆。如前所述，指裆捶是击人裆部，搬拦捶是击人心窝，栽捶是击人胫骨（小腿内侧的长骨）或击打被我踩在脚下之人。因此，搬拦捶是向前偏上冲出，拳高宜与心口齐平；栽捶是朝前下方打，拳高约与左膝齐平（视练者的臂长而定）；而指裆捶是向前偏下冲出，高与肚脐齐平，其高度位于搬拦捶和栽捶之间。

（2）拳眼的方向，指裆捶朝上偏前，栽捶斜朝上，搬拦捶朝上。

用　法

两掌朝右拦化对方来手，随即左掌搂膝护腹，右拳向其裆部冲击。

劲　点

定式时，右拳的劲点在拳面，左掌的劲点在掌根（小指侧）。

检验方法

侧推拳友定式时的肩头，前推其右肩或拳面，顺势斜拉其右腕，均不应失重。

第七十五式　上步揽雀尾

这又是一个重复的拳式，只是衔接动作不同而已。

动作过程

动作1　起身撇脚略掤采（图75-1）

左脚外撇45度，脚尖朝向西南，重心渐渐移至左腿；右脚跟渐离地。身体边直起边左转30度，朝向西南偏西。左掌边外旋边略向左上方偏前略掤，掌心朝右偏上；右拳边变掌边内旋边向右下方偏后略采，掌心朝下偏左，两掌间距略宽于肩，且有对拉之意。眼视前方。

动作2　腰带脚起斜抱球（图75-2）

坐实左腿；右脚提起，悬于左踝里侧、右肩下方，自然下垂。腰胯继续左转约15度，身躯朝向西南。左掌边内旋边向右上方屈肘合于左胸前，掌心朝右偏下；右掌边外旋边向左弧形抄至右腹前、左掌右下方，掌心朝左偏下，与左掌相合似斜抱球。眼顾右掌，平视前方。

然后做右掤、捋、挤、按，与第三势揽雀尾相同（图75-3）。

图75-1　　　　　　　　图75-2　　　　　　　　图75-3

要　领

八个揽雀尾的区别。揽雀尾拳式，在整个传统套路中重复8次，其中揽雀尾3次（第三、五十、五十三式），上步揽雀尾三次（第二十六、六十八、七十五式），斜揽雀尾2次（在第十五、四十七式抱虎归山中），兹将其主要的不同之处浅述如下。

1. 三个揽雀尾左掤的区别：第三式揽雀尾左掤（上接起势）的右脚尖朝向西南，第五十式揽雀尾左掤（上接野马分鬃）的右脚尖朝向正西，第五十三式揽雀尾左掤（上接玉女穿梭）的右脚尖朝向西北。出左脚时的开胯角度逐式增加，第三式为45～60度，第五十式为90度，第五十三式为135度，其难度也随之逐渐加大。

2. 三个揽雀尾中左掤的左掌是朝左偏上偏前掤出，且行程最长；由进步搬拦捶接做的两个上步揽雀尾（第二十六、六十八式）的左掌是朝左偏上偏后掤出，行程次之；由指裆捶接做上步揽雀尾的左掌是朝左上方偏前略掤出，行程最短。

3. 两个抱虎归山中的斜揽雀尾无左掤和右掤。

第七十六式　单鞭

与第四式单鞭相同（图76）。

第七十七式　下势

与第五十七式下势相同（图77－1～图77－3）。

图76

图77－1

图 77-2

图 77-3

第七十八式 上步七星

动作过程

动作 1 撇脚转腰挑左掌（图 78-1）

右腿伸展，重心渐前移，右脚仍外撇不动；左脚外撇近 45 度，屈膝前弓。身体边渐起边左转约 30 度，朝向东南。左掌边内旋边向上偏前挑至腹前，掌心朝右下方；右吊手边变掌边外旋边向左前下方移至右腰侧前方，掌心朝下偏左。眼视前方。

动作 2 虚拳交叉迈右脚（图 78-2）

坐实左腿，微伸略起；右脚向前迈出，以前脚掌着地。腰胯继续左转约 30 度，身躯朝东偏南。左掌边上挑至锁骨前边握成虚拳，拳心朝下偏里；右掌边向上移至锁骨前、左拳下边握成虚拳，拳心朝下偏里，两腕交叉。眼顾两拳交叉。

动作3　高位虚步拳掤架（图78－3）

左腿继续略蹬地而起，重心略前移，成高位虚步（前后比例约为二八开）。腰胯继续微左转约15度，身躯朝东。两拳同时边略外旋边略向前上方掤架，高与喉结齐平（高于肩、低于颔），为实拳，拳眼斜朝上，拳心斜朝下，拳背顺着前臂在同平面上，两拳交叉，两腕相交，两臂撑圆，内含掤劲。眼视前方，关顾两拳交叉向前掤架。

图78－1　　　　　　　　图78－2　　　　　　　　图78－3

要　领

1. 下势接做上步七星时左手的运行路线，宜不同于下势接做金鸡独立时的路线。下势接做金鸡独立时，左手是先前穿，随即向前上方挑，其运行轨迹的坡度较小，左臂基本伸直，随即弧形向下采按至左胯侧。而下势接做上步七星时，左手是向上偏前挑，其运行轨迹的坡度较大、行程较短，大小臂的夹角约为90度，随即两拳交叉一起向前上方掤架。因此，提请初学的拳友注意，做上步七星左手的运行路线不宜和做金鸡独立一样，以免产生左拳停顿、回收或回收再朝前的现象。

2. 因为左手运行的距离比右手运行的距离要短得多，如果两手的运动速度一样的话，势必造成左拳停顿、左拳回收或右拳单独在左臂下打出的弊病。因此，右手的速度应比左手的速度快，逐渐追上左手相交，好像 4×100 米接力赛跑时的交接棒，又好像左拳是块吸铁石将右拳渐渐吸过去，待两腕相交后，随即一起以合力稍向前上方"似掤如打，连架带打"，以利于做到劲起于脚，两臂曲蓄而圆满，富有掤劲，形成整劲，有效地起到掤住自上劈下之手或以双拳同时击人胸部。正是：

左掌穿行慢，同时到体前，
随即掤或架，才是七星拳。

3. 当两腕交叉合成一劲后，边外旋边向前上方掤架时，宜以左拳为主，推动右拳一起作七星捶；同时，双拳前去，宜与锁骨有对拉之意，以增加掤架劲和防止身躯前俯。

4. 定式时，两拳的拳眼应斜朝上（里），两拳心斜朝下，拳眼不宜朝里或朝上，以免抬肘耸肩或影响掤架劲；也不要右拳心朝外，左拳心朝里，以免抬右肘和影响合劲；更不可两拳心朝外，以免亮肘耸肩"不得力"。

5. 掤圆撑开，八面支撑，任你左右前后推搓，均难以撼动。

用　法

两拳交叉掤架对方自上劈下之手，或拳击其胸部。

劲　点

定式时劲点在两腕背（小鱼际侧）。

检验方法

定式时，平推拳友的右腕，其推力随即经其左胯而左脚传至大地，稳如泰山。

第七十九式　退步跨虎

动作过程

动作1　退步摆掌右转身（图79－1）

坐实左腿，右脚向后退至左脚右后方，脚尖先着地，朝向东南；待脚跟着地，左脚跟随即浮起。松沉左胯，随即腰胯右转30度，身躯朝向东南偏东。右拳随转体边变掌边外旋向右下方掤至心口前，掌心斜朝上；左拳边变掌边略内旋边向右下方，以小鱼际贴于右腕里侧，掌心斜朝下。眼顾右掌斜掤。

动作2　左右分掌成虚步（图79－2A、图79－2B）

坐实右腿；左脚提起略向右前方移约一只脚的宽度，脚掌着地，成左虚步，前后脚虚实比例约为1:9。腰胯左转30度，身躯朝东。右掌边内旋边向右上方撑至身体右侧上方，与太阳穴同高，掌心朝前下方，右上臂基本与肩平，右前臂斜

图79－1　　　　　　　　图79－2A　　　　　　　　图79－2B

朝右前方；左掌边内旋边向左下方采至左胯侧前上方，掌心朝下偏右，虎口朝前。眼视前方，关顾两掌分开。

要　领

1. 当演练动作 1 退步摆掌右转身时，左掌与右腕上下交叉相合，左掌心应斜朝下，右掌心应斜朝上，两掌心不可朝下，以免两掌分开时无臂可旋，影响螺旋劲的产生。另外，腰胯不要右转过大，身躯朝南，以免动作散野。

2. 右掌向侧上方撑开后，不要再用指尖向前（东）戳，不仅多此一举，而且影响两掌左右对拉的开劲和不符用法。

3. 退步跨虎与白鹤亮翅的区别。这两式的练法不仅相似，容易混淆，而且由于杨公的《太极拳体用全书》第 57 页的拳照因刊印之误，误将杨公白鹤亮翅的拳照，作为退步跨虎定式时的拳照；而傅师于 1963 年出版的《杨式太极拳》一书的定式图是按照杨公拳照摹绘的，前后两式的定式图照也是一样的。因此，我辈应以这两本权威性著作中的文字和言传身教为准。《太极拳体用全书》白鹤亮翅一式中明示："右手提护至右头角上展开，左手急往下，从左侧向下展开至左胯旁。"而在退步跨虎中写道："左手往左侧下方捌开，右手往右侧上方粘起，两手心随向外翻。"《杨式太极拳》对白鹤亮翅是这样表述："右掌向前上提，左掌也同时弧形下落于左胯旁。"而在退步跨虎中明示："右掌由前而下向右而上，左掌自前而下向左弧形落于左胯旁。"傅师于 1989 年出版的《杨式太极拳教法练法》中的论述与上述提法雷同，且傅师在书中的两张拳照（图 30 正面图和图 474 正面图）与相应的文字是吻合的。傅师 1991 年在"傅钟文老师杨式太极拳短期研究班"上边演练边讲解："白鹤亮翅的两手主要是上下分，左右分开的幅度较小；退步跨虎的两手主要是左右分，左右分开的幅度较大。"傅师在言传身教杨式太极刀中的七星跨虎交刀势时，也是右掌向右侧上方（南）分去，左手握刀向左侧下方（北）对拉分开。因此，退步跨虎定式时右掌的高度比白鹤亮翅的右掌要低一些，而左掌比白鹤亮翅的左掌要高一些。正是：

不同鹤亮翅：右掌略偏低，

两手分开大，左高右下移。

4. 虚步重心各不同。虚步前后脚承重的比例宜随拳式、用法的不同而有所变化。正是：

跨虎九和一，二八亮翅时，

挥琶八比二，海底近三七。

5. 定式时，应神采奕奕，"好像京剧中的亮相"（傅师语）。

用　法

退步以避其势，左掌护腕，以防对方擒拿，然后两掌分展对方按我之双手，使其落空，或以右掌击人太阳穴。

劲　点

定式时，右掌的劲点在掌缘（近腕侧），左掌的劲点在掌根（小指侧）。

检验方法

侧推拳友的右掌掌缘，应不被推动。

第八十式　转身摆莲

转身摆莲又是一个动作复杂、难度较大的拳势，它由左架右推、转身和摆踢三部分组成，兹将转身摆莲分解成七个动作来叙述。

动作过程

动作1　右落左提随转体（图80-1）

松沉右胯，带动右腿微下沉，左膝微前弓，仍为左虚步。腰胯右转约45度，身躯朝向东南。右掌随转体边外旋边向下向里弧形下落至右胸前，掌心朝左偏下；

左掌边外旋边向右上方弧形提至左锁骨前，掌心斜朝右下方。眼视前方。

动作2　左架右推身转回（图80-2）

右腿微起，左膝微伸，恢复到退步跨虎定式时的高位左虚步状态。同时，腰胯左转约45度，身躯朝东莫探肩。右掌边内旋边向前推至心口前，为穿心掌，手臂自然伸直，掌心朝左前下方，手指斜朝前，略坐腕；左掌边内旋边向上护于左额前偏上，手臂撑圆，掌心朝前偏下，手指斜朝上，挺腕，两拇指尖在身体中线前。眼顾右掌，平视前方。

动作3　脚掌碾转身慢旋（图80-3）

松沉右胯，右腿微下沉，以右脚掌为轴，实脚向右碾转约120度，脚尖朝西偏南；左脚的脚掌踩地虚脚碾转，脚尖朝南。腰胯慢慢右转约135度，身躯朝向西南。左掌边外旋边向右下方采压至右胸前、右上臂里侧，掌心朝下偏右；右掌边外旋经左腕（拇指侧）上方，随即边内旋边向右上方螺旋探出，高与鼻齐，掌心斜朝前。两手掌由动作2的左高右低，逐渐变成左低右高，两臂呈弧形，似抱臂状。眼随转体向前平视。

图80-1　　　　　　　图80-2　　　　　　　图80-3

动作4　上刮下扫身快旋（图80-4）

仍以右脚掌为轴，右转约105度，脚尖朝北；左脚稍离地随转体快速横扫，在右脚西偏北以脚跟落地，脚尖朝北。同时，腰胯快速右转约135度，身躯朝北。两手掌随转体快速平刮至正北方向，掌心均朝前下方。眼视前方。

动作5　重心左移成虚步（图80-5）

左脚内扣踏平，脚尖朝向东北，重心渐渐左移；右脚以脚掌为轴转顺，脚尖朝东，脚跟略离地，成高位右虚步。腰胯继续右转约90度，身躯朝东。两手掌顺势向右平刮至正东。眼顾两掌右移。

动作6　提脚摆掌左转身（图80-6）

左腿略起，右脚向左上方（东北）屈膝提起。腰胯左转约20度，身躯朝东偏北。两掌随即顺势连绵地略向右下方移动，右掌在身体右前方，腕与肩平，掌心斜朝下；左掌在右肘左下方，掌心斜朝下，指尖朝向右掌根（拇指侧），相距约10厘米，高与胸平，掌心朝下偏前，准备做双摆莲。眼视右掌前方。

图80-4　　　　　　图80-5　　　　　　图80-6

动作7　右脚摆踢手迎拍（图80-7、图80-8）

左腿自然伸直，站稳；右脚向右上方做弧形快速外摆找手，在心口前以脚背（小趾侧）摆踢左右两手而过，顺势朝向东南，小腿屈收，脚尖自然下垂。腰胯右转约20度，身躯朝东，上身中正，背部撑圆深含胸。左右手掌向左依次在中途（身前）迎拍右脚背，发出"啪、啪"两声，顺势左摆至东北偏北方向，左掌心斜朝前偏右，右掌心斜朝前偏左。眼顾两掌拍击脚背，平视前方。

图 80 - 7

图 80 - 8

要　领

1. 当做动作 1 右转身、动作 2 左转身时，胯宜走水平"8"字形。即退步跨虎接做转身摆莲动作 1 右转身时，左胯宜顺势微微拧转一小圈，随即腰胯右转；动作 1 接做动作 2 左转身时，右胯宜顺势微微拧转一小圈，随即腰胯左转，这种运胯折叠法，就是所谓的"胯走'8'字形"。

2. 当做动作 3、动作 4 以右脚掌为轴实转时，身体先慢后快右转约 270 度时，右脚掌、右胯、右肩井穴宜在一根垂直线上，好像一扇门上的三只铰链，应保持中正不斜。两脚碾转时，右脚好像制图用圆规的钢针，垂直且钻入纸面，"重心移在右脚上"（傅师语，即重心不宜左移再右移），为实；左脚则好像圆规的铅芯，"帮助维持平衡"为虚。我们在练拳时，只有做到立身中正安舒，两肩水平，虚实分清，掌握好重心，保持自身平衡，才能使动作在转动时做到既支撑稳固，又轻灵自如，这就是拳论中的<u>"立如秤准，活似车轮"</u>。

3. 做动作 4（上刮下扫身快旋）左脚着地时，有脚跟先着地和脚掌先着地两种练法。愚以为宜以脚跟先着地，理由有二：其一，脚的运行方向是以往前为主（如本拳式），宜以脚跟先着地；以下落为主（如第四十式转身右蹬脚），宜以脚掌先着地。其二，是脚跟还是脚掌先着地，应符合"迈步如猫行"中的一条重要细则——移动腿越松越好。

4. 做动作3、4、5右转身360度时，要求做到快慢相间依次转、动作连贯不停顿。

5. 做动作5时，左脚横扫落地后应成右虚步，不要练成右弓步再后移成右虚步，杨公在论述其用法时写道："复转至原位时，紧将敌右肘腕粘住，随绕敌之腕里，往左用捋带捯抽回，急用右脚背向敌胸胁部，用横劲踢去。"请拳友们注意，其中有一个"紧"字，又有一个"急"字，因此，转身后应为右虚步，方可及时、敏捷地提起右脚摆莲，不至于因出现多余的动作而慢一拍、慢二拍，延误了战机，不符合用法要求。另外，傅师也明示："旋转后，左足内扣落地，右脚即变为虚提起，这样才能做至虚实分清。""左脚落地时，要渐渐下蹲，形成像右虚步的过程。""左脚下落，右脚提起向左。""旋转时支撑点在右脚，旋转后在左脚，转换要轻灵。""左脚一落地，右脚就要随着腰的左转而提起，才能做到没有停顿之处。"

6. 作摆腿时是用横劲，要以腰带动，不可动腿不动腰，以免身体摇晃和不得力。

7. 做摆莲手迎拍时，应脚踢手，手拍脚，但以脚为主，横踢对方胸胁部，高不过肩。傅师教导说："如果年老体弱者踢不高，可以拍不到脚，但应练出右脚外摆和双手捋带的气势"，切莫弯腰勉强去迎拍脚背，以免有失中正，得不偿失。另外，傅师在教拳时又说："双手拍击脚面不是越响越好。"即不要用力拍脚，以免独立不稳起强劲，而应松静自然地轻拍，仅手脚相向擦过而已。

8. 众所周知，《太极拳十要》是由杨澄甫师公口述，陈微明师伯笔录的，是我们习练传统杨式太极拳的根本大法，应反复学习，不断体悟。但是，人们对其中的第二要"含胸拔背"理解最为不一。为此，陈微明前辈解释道："'含胸拔背'这一说法，其实应改为'舒胸顺背'的。但书已经出版了，事后发现原来的提法引起了误解，产生了一些副作用，要想改已经来不及了。当时使用'含胸'两字，主要是与练外家拳的'挺胸'相对而言的。意即不要使用练外家拳的方法练内家拳。如果'含胸'过了头，成为'缩胸'，仍然会造成血脉不和，气滞于背，甚至会损害人体体形。所以'舒胸顺背'的提法较为确切。"

对此，谈点浅见，供您参考。在练拳大部分时间的动作过程中，宜处于舒胸顺背的状态，即胸部自然舒松，不可展胸，更不可挺胸；背部舒展圆顺，不宜拔背，更不可弓背。当动作至定式时，宜浅含胸拔背，即胸肌放松，背部皮肤微绷，以内衣相贴背部为度。只有在发劲时，才深含胸拔背，即两肩稍前合，背部撑圆（是左右方向的圆背，不是上下方向的驼背），内衣紧贴背部。就此拳式转身摆莲而言，当动作2左架右推至定式时，为浅含胸拔背；当动作7手拍脚背发横劲时，为深含胸（由于在全套传统杨式太极拳中仅此一个快速发劲的动作，也就是说整个套路只有一次深含胸拔背）；除了这一浅一深的含胸拔背之外，均为舒胸顺背。正是：

传统太极中，追求劲隐充。

"啪啪"发劲露，仅此深含胸。

9. 演练此拳式（转身摆莲）时，要求动作快慢相间，又有全套拳中唯一的发劲外露的动作，极易产生停顿的现象，特别是两掌在平刮、迎拍以及右腿提起、屈膝之后，常见有息一会儿的弊病。傅师指出："每一姿势都要注意起、承、转、合，也要注意着着贯串，在变向转动之间，要精神团聚，下势之机势才能产生，动作中间绝对不可有停顿之处。"

10. 节奏刍议。由上述练法表明，作转身摆莲时，要求快慢相间，节奏最为明显。而在演练其他拳式时，则要求隐含节奏。节奏，就是交替出现的有规律的快慢、长短和强弱的现象。例如跳华尔兹（俗称慢三步）、维也纳华尔兹（俗称快三步）时，如果每一拍跳一步，则属于低层次的"走步式"或"操练式"；如果把慢三跳成"嘭嚓·嚓"，把快三跳成"嘭-嚓嚓"，将会从机械、呆板的状态中解放出来，从而进入一种令人陶醉的节奏性流畅之中，正如国标舞大师杨威女士所说："快三慢三，人人会跳，但跳得好的，凤毛麟角。"歌唱也有鲜明的节奏感，挥毫有快慢、轻重、枯湿的节奏，赋诗有格律，声调、感情的节奏，同样，我们练太极拳也应追求隐含节奏的韵味，兹就学练心得浅述如下，供君参考，并请赐教。

（1）在杨式太极拳传统套路中，虽然绝大多数的动作要求速度均匀，从容地一气呵成，但也有节奏快慢的细微变化，凡是在两个动作的衔接过渡处（上一动作即将完成和下一动作即将开始时），动作的速度应略为减缓，使衔接沉稳不飘浮，内含一种和谐的节奏感。

（2）在行拳过程中，左右手的运行路线是长短不一的，其速度也不是均等的。

凡是路程长的手，其运行速度要快一些；路程短的手，其运行速度应慢一些。但对一只手来说，其速度应是均匀的，且要求两掌务必同起同止。

（3）练拳时，手掌始终是活的、富有渐变的节奏感，即掌型、指型自始至终在逐渐均匀地微微舒展或微缩。当至定式时，手指沿指尖方向舒伸，劳宫穴（握拳后位于中指尖下）渐前突；随即手指朝掌心方向微收，劳宫穴渐内含。

（4）练拳达到一定层次后，就会体现出内劲的强与弱。一般来说，在运行过程中为弱，在极限位置时为次强，定势（必定也是极限位置）时宜贯劲，其内劲为强；随之渐渐变弱，内含强烈的节奏感。

（5）"由实变虚时注意轻灵，由虚变实时注意沉重。"对于吾师的这两句教导，笔者理解为，在绵绵不断、节节贯串的动作过程中，宜轻灵；每到定式的瞬间，宜有一种沉稳之感，做到行拳轻沉兼备，富有韵味。如果行拳时动作不到家（位），滑过去，就分不清每个拳势的阶段和衔接，也就不可能体现出太极拳的节奏感。

（6）要练出富有节奏的太极韵味，还应把规范的拳架与完整的内劲统一起来。

（7）要求神态自然、自信、不卑不亢，使动作轻灵而凝重、潇洒而紧凑。

（8）练拳富有节奏时，外似涓涓清泉，内蕴滚滚波涛。行拳走架的内劲，犹如海浪运动，滔滔不绝，内在的节奏变化强烈，拳论曰：太极者，如长江大海，滔滔不绝。

（9）太极拳的节奏，应与演练者呼吸的快慢合拍，在呼吸自然和顺的基础上，应与动作相配合，一般为蓄势时吸气，发劲时呼气。另外，参照唱歌的技巧，当呼（吸）气将尽未尽时，宜有一个似停非停、缓冲的呼（吸）气支点，然后平稳地过渡到吸（呼）气。

（10）由于每个练拳者年龄、体质、性格和功夫的不同，其节奏应因人而异，不宜统一。

（11）行拳走架时应静心体悟内在的节奏，并沉浸其中，如果感到习拳是一种趣味盎然的艺术享受，欲罢不能，"越练越想练，好像吃了一调羹美味的炒虾仁，还想吃"（傅师语）；傅师又指出："观之者亦觉心情安和舒畅"，即是说，在行拳走架时，又能令人驻足，引人入胜，使看的人心旷神怡，越看越想看，甚至叫人在心中情不自禁地随之"行拳走架"，体现出传统杨式太极拳的魅力。那么，可以认为你的拳已经含有一定的韵律节奏感。

用　法

侧身避前面的来拳，左掌上架护头、右掌前推其心口；然后，手刮腿扫身后的来手来脚；最后两掌捋带右侧的来臂，右脚向对方胸肋踢去，发横劲。

劲　点

右脚向右外摆发横劲时的劲点在脚背（小趾侧），双手向左捋带拍脚时，左手的劲点在掌心（小鱼际侧），右手的劲点在掌心（大鱼际侧）。

检验方法

1. 前推和下压动作2左架右推身转定式时拳友的右掌心和左掌缘，应不为所动。

2. 当拳友做动作3慢慢右转身时，用双手按住其右肩和右肘，检查他能否转动，并是否使我失重。

3. 站在拳友的东北方向，用双手握住拍脚后的双腕，并向前（西南）推，应不被推倒。

4. 站在拳友的东南方向，用手推小腿屈收后的右膝，仍能独立站稳。

第八十一式　弯弓射虎

动作过程

动作1　斜向出步始右捋（图81-1）

左腿屈膝下蹲，送右脚迈出；松开右胯，右脚向右前方轻轻地、缓缓地落步，脚跟先着地，脚尖朝向东南。腰胯略右转约15度，身躯朝东偏南。两掌随转体向右下方捋，左掌至左胸前，掌心斜朝下偏右；右掌捋至右腹前，掌心朝上偏左。眼视前方。

动作2 腰胯右转"反搂膝"（图81-2）

蹬左腿，撑右腿，重心渐前移至中间（五五开）。腰胯继续右转约30度，身躯朝向东南。两掌继续向右捋，右掌经右膝上方捋至右腰侧前方（傅师称之为"反搂膝"），掌心斜朝上；左掌捋至右腹前，掌心斜朝下。眼顾两掌右捋，随即平视前方。

动作3 腰胯左转握虚拳（图81-3）

渐蹬左腿、弓右腿，重心渐右移至右六左四比例。腰胯左转15度，身躯朝向东南偏东。右掌边内旋边屈臂边渐握拳边向上偏右弧形挑至右耳侧前方，成虚拳，拳眼朝左；左掌边继续外旋边握拳挑至心口前，为虚拳，拳眼朝上偏右。眼顾两手上挑。

动作4 双拳斜击身左转（图81-4）

继续蹬左腿、弓右腿，重心渐移至右七左三比例。腰胯继续左转15度，身躯朝东偏南。右拳继续边内旋边向左前方（东北）略偏上打出，至右额前，高不过头，拳面朝向东北，拳眼斜朝下（不宜朝下，以免抬肘耸肩），为反拳，臂呈弧形；左拳边外旋边向左前方（东北）略偏上打出，高与胸平，拳面也朝向东北，拳眼朝上偏右，为正拳，手臂自然伸直，左拳在前，右拳在后。面部朝向东北，眼视前方，关顾左拳打出。

图81-1   图81-2   图81-3   图81-4

要　领

1. 傅师指出："摆莲后右脚放下的位置，应在右前方。"即是说右脚应向东南方向迈出，不宜在原地下落，因为摆踢前为右虚步，摆踢后为隅向右弓步；也不可迈向右侧（南），以免不符杨公关于"我即将左右手随敌之粘去"中随的用法。

2. 根据杨澄甫师公关于"握拳从（笔者注："从"应改为"向"）左隅角击去"的论述和傅钟文师父的言传身教（"两拳同时向左前斜方（东北）打出"），弯弓射虎的两拳应同向而行，即两拳均应向东北方向击去。演练这个动作时，请拳友注意以下两点：其一，两拳不要背向而行，即左拳向东北，右拳朝西南，把祖传的弯弓射虎练成拉弓射虎。其二，左拳击出时，应以拳面击人，不要练成拳轮（拳之小指侧）朝向东北，拳心朝下，以免抬肘、耸肩、不得力。

3. 在做动作 4 双拳斜击左转身时，傅师经常指出："要求意到、眼到、身到、手到、步到，动则一齐都动，到则一齐都到，所以在最后两拳一齐击出时，要右腿弓到，两拳击到"。然而，要做到上述人尽皆知的技术要求的同仁就不多了，在公园、比赛、光盘中常见的毛病是弓到拳未到，正是知易行难。为此笔者最后再啰唆一遍，以提醒自己和拳友们在演练弯弓射虎等拳式时，切莫患"弓到手尚行"的多发病，以免身无整劲，"充其量只是手上的功夫"（傅师语）"动手不是太极拳""到老一场空"，难以登堂入室。要防治这个顽疾，在思想上应十分认真学练和传授，在行动上做到前膝切莫主动弓、两脚勿忘互蹬撑、下肢劲力宜传递，重心牢记匀缓移。

4. 腰胯在作右转、左转时，请初学者的头不要主动右转、左转，以免扭脖子、失虚领。

5. 定式时，请勿抬肘耸肩、身体前俯、右膝左扭。

用　法

以两手粘对方来手的腕肘，向右捋化，随即以双拳击其胸、头，或者以左拳击人胸部、右拳护额。

劲　点

定式时，劲点在两拳面。

检验方法

站在拳友的东北方向，推按其两拳面或拽其两腕，应不被推动或拉动。

第八十二式　进步搬拦捶

动作过程

动作1　撑腿碾脚似抱臂（图82－1）

松沉右胯，撑右腿，蹬左腿，重心渐左移（重心比例约为左六右四），左脚以脚掌为轴，脚跟随重心左移和腰胯左转自然地朝里磨转约45度，脚尖朝向东北。同时，左胯后抽，腰胯左转约30度，身躯朝东偏北。左拳边外旋边变掌边随屈肘向右切至心口前，掌心斜朝上，与右肘遥对，形似抱臂状；右拳边外旋边向左前下方（东偏北）方经左掌上方、在身体中线前冲出，高与肩平，拳眼朝左偏上。眼顾右拳冲出。

动作2　坐实左腿似抱球（图82－2）

重心继续移至左腿，坐实，腰胯继续左转约30度（身躯朝向东北）带动右脚提起。右拳边随腰胯左转边随左掌向左捋，随即向左后下方盖至左腹前，拳眼斜朝上；左掌边内旋边向左捋，经腹前向左画弧上挑至左肩旁（高不过耳，后不过背），再向右下方划弧，合于左胸前、右拳上方，掌心斜朝下，似抱球状。眼视前方。

以下动作与第十二式进步搬拦捶相同（图82－3）。

图 82 – 1   图 82 – 2   图 82 – 3

第八十三式　如封似闭

与第十三式如封似闭相同（图83）。

第八十四式　十字手

右脚落地后，两脚与肩同宽，其余与第十四式十字手相同（图84）。

图83

图84

第八十五式　收　势

这是全套拳架的最后一个拳式，是第八十五式，所以人们把传统杨式太极拳简称为八五式。

动作过程

动作1　翻掌平分与肩宽（图85－1）

两腿微微蹬起，大小腿的夹角由约150度增加至约为155度。身躯宜微微后移。两掌边内旋边似剪前伸（左掌经右手背上）边左右分开，两掌与肩同宽，掌心朝下略偏里。眼顾两掌分开，平视前方。

动作2　引进落空开立步（图85－2、图85－3）

两腿继续微微蹬起，大小腿的夹角约为165度。身躯宜微微前移。两掌随沉肩坠肘边外旋边向里、向下采引至胸前，随即两掌边内旋边向里、向下按至两胯侧前方，掌心朝下略偏里。眼视前方，关顾两掌引进。

动作3　垂臂落掌合太极（图85–4）

两腿再微微蹬起，及至自然伸直，大小腿的夹角约为170度，回归预备势时自然站立的无极状态。两掌边松腕边外旋边向后垂于大腿外侧，两臂和手指自然松垂，掌心朝里，腋下略松开，肘不贴肋。眼睛平视前方。正是：

收势自然立，回归预备时。

体松心意静，恢复至无极。

图85–1　　　　　图85–2　　　　　图85–3　　　　　图85–4

要　领

1. "练拳毕，立原位。"即是说，全套拳练结束，应回到起势时开立的位置。至于收势时如何回到原地？请参见《杨式太极拳答问》第102页。

2. 由上述练法表明，当两掌在作分掌，引进下按和垂掌的整个过程中，两腿宜逐渐微微蹬展。正是：

头脚接天地，相随动作齐，

劲从足底起，同返至无极。

3. 杨澄甫师公指出："此为一套拳终了之时，学者尤不可忽略"。傅钟文恩师也告诫我们说："不可草草了事。"故在做最后一个动作"垂臂落掌合太极"时，请读者诸君善始善终，切莫随意快速旋臂垂掌，以免内劲顿失，功亏一篑，岂不可惜。

4. 收势后，宜做数次深呼吸，以利气血渗透到全身各处，也可意想气血行达自身的薄弱部位或病灶，有益身心健康，然后明视四周，似返人间，稍作散步，不宜说话，"不可随即安坐呆立、剧谈狂笑"（王天籁大师兄语）。

其他要求与起势和预备势相同。

用法：此为一套拳终了之时，回归无极状态，由动入静，与预备势相同。

劲点：分掌后劲点在指梢，下按后劲点在掌根（小指侧），垂掌后劲点在指梢。

检验方法：请参照起势和预备势的检验方法。

最后，以小诗四首，权作正文的结语。

（一）

行拳走架四准则

静松首道关，匀缓自然连，
逐渐阴阳变，中庸不倚偏。

（二）

架似磐石四条件

脊椎如笔杆，胯部似磨盘，
肩胛常贴肋，骨盆处处端。

（三）

内劲缠绵四要点

走架缓匀绵，松沉劲反弹，
对拉撑六面，前臂请常旋。

（四）

与君共勉四句话

时时内劲含，处处稳如山。
臻此谈何易，与君奋力攀。

附录

咏傅钟文先师

前　言

　　傅师于1994年仙逝后，有好事者在杂志上对傅师发表微词，引来同仁无比愤慨，傅声远老师也授意我撰文回敬之。吾颇感迟疑：恩师已驾鹤西去，无缘向此君搭手讨教；次者，吾着意拳术，无意纷争；再者，不屑于与不敬重尊长、蜚短流长者对话。遂以俚句纪实吾师的生平，并公诸于世，虽诗艺未精，唯表心迹尔。

　　三十年来，在先师的家人、亲友、弟子、学生和邻居的支持、帮助和鼓励下，爰依恩师一生的言行，赋小诗"咏傅钟文先师"二百五十多首，以示敬仰，学先师之仁德，扬先师之精神，又不负同仁之托。

　　诗稿征询了小傅（清泉）老师和金用葆、张哲清、陈世庆、张广海、丁吼涛、徐光、陈武等师兄弟的意见，请教了杨逸明（中华诗词学会副会长）、宫殿阁（中华诗词之乡——望奎县诗词协会秘书长）、阮逊（中国戏剧家协会会员）等老师和石景荣、骆志平诗友，承蒙指教，又蒙金用葆师兄、叶尚臻、高尚谦、骆志平先生赐序、赠诗、撰文、填词，笔者在此谨向提供素材、不吝指教和赠文赐诗者表示由衷的感激。

2024 年 6 月于上海莘庄

读《咏傅钟文先师》感言

金用葆

吟咏了桂忠师弟大作《咏傅钟文先师》，不禁令人拍案叫绝、掩卷沉思。

师弟对傅钟文恩师一向怀有深厚的感情与崇高的敬意，他根据恩师一生的言行，挥笔行文，吐露心声，吟成诗一百五十余首，且一韵到底，正是十年磨一剑。这组长诗真实而完整地将恩师的生平和德高望重、平易近人的光辉形象描绘得生动深刻、扣人心弦，堪称不可多得的浅近易懂的教材。它将给我辈和后人镌刻下学习先师之德的碑铭遗篇。

桂忠弟继承了先师的衣钵，长年坚持教拳，分文不取；并向学员奉送恩师的拳照拳谱，向弟子赠送恩师的拳书、光盘和自己的著作。这种无私的奉献，是一种极高的思想境界，在市场经济条件下的今天，有多少人能这么做？在教拳过程中，吾弟还做到了有教无类，随来随学，敬老爱幼，言传身教，乐此不疲，真是太极情深！传授弟子时，更是从严要求，一丝不

苟，对自己拥有的太极学问，做到倾囊相授；并能经常携弟子请高人指教，博采众长，这种旷达心胸和虚心精神足以令人折服；不仅如此，桂忠竟介绍自己的弟子拜高手为师，这在武术界是闻所未闻的，不禁令人赞叹。称他为"太极丹心"，确属名副其实。桂忠弟不愧为吾师的好徒弟！我为有这样一位师弟而自豪、欣慰。

桂忠弟本是一位工程师，退休后撰写的《杨式太极拳学练释疑》，深受海内外读者的青睐，一上市就销售一空。更可喜的是，师弟没有因此裹足不前，而是继续探索，笔耕不辍，又在《太极》杂志上连载《杨式太极刀传统套路的探讨》《答拳友》，这种不畏艰险、奋勇向前、孜孜不倦的进取精神，怎能不令人钦佩？师弟多才多艺，如今又将出版缅怀恩师史诗，真是佳作连篇，可喜可贺。《释疑》等书是研讨如何练武，而本著主要是探讨如何为人。因此，从某种意义上讲，它又高于《释疑》《探讨》和《答拳

友》，开卷有益，相信此佳作也将深受读者的欢迎。

行文至此，感慨万千，不论从做人的敦厚、做事的严谨，还是追求理想的执着，桂忠弟都是我辈学习的楷模。"欲穷千里目，更上一层楼"，衷心希望吾弟再接再厉，不断有新的成果问世，培养出更多的新秀，为弘扬中国太极拳文化作出更大的贡献。

2005 年 11 月于宁波

（此文作者系宁波永年太极拳社副社长兼秘书长、宁波市江北区武术协会常务副会长兼秘书长）

《咏傅钟文先师》 拜读有感

叶尚臻

焚香沐手展华章，
前辈行藏着昭彰。
凭得如椽笔一杆，
流传千古似长江。

（本诗作者系两弹功臣、乘飞机穿透核爆炸"蘑菇云"取样之英雄、军级干部）

用心血铸就的诗篇

——《咏傅钟文先师》 读后感言

奚桂忠老师是杨式太极拳第四代传人、一代宗师傅钟文的弟子，师徒情深意切，感情甚笃。恩师对他耳提面命的谆谆教诲、一招一式的规范指点，尤其是恩师"恬淡名和利，爱拳不爱权"的高尚武德、"动静健乐寿"的养身之道、"与人为善"的做人准则，对桂忠老师的影响是深刻而深远的。可以说，如果没有恩师，就没有他的太极生涯，就没有他的今天。因此，他对恩师的尊崇、挚爱之情，感激、怀念之情溢于言表，渗透在这组史诗的字里行间，他把恩师的蹉跎岁月、坎坷经历和德艺双馨的精彩人生演绎得淋漓尽致、栩栩如生。将恩师的拳艺传承后人，对恩师的拳德发扬光大，这是他对恩师的最好回报，是感恩图报之使然。令恩师含笑九泉感到欣慰的是，桂忠老师遵从师训，效仿师仪、师德，现在也是一位"勤、恒、礼、诚"俱佳的好老师，是"从学者逾三千，收弟子近八十"的杨拳好传人。我妻朱振华蒙奚老师不弃，收为第69席弟子，真乃三生有幸矣。

更值得一提的是奚桂忠老师的人格魅力，他一身正气，两袖清风；他诚信敦实，平易近人；他才思横溢，多才多艺，他是一位名副其实的贤者，是吾辈学习之楷模。

"文如其人"。我相信，奚桂忠老师的《咏傅钟文先师》一定会像他的为人一样受到广大拳友和读者的青睐，一定会好评如潮。以上是感言，也是"敢言"——敢说之言。当否，由读者评说。

高尚谦

2006 年 12 月于淮安

满 江 红

吟《咏傅钟文先师》感怀

骆志平

师祖钟文，
馨德艺、师之楷矣。
教贤契、双修品技，
勤恒诚礼。
先祖赤诚循大道，
奚师恪守添基石。
义授恒、太极续传承，
倾心力。

寒窑破，心满溢；
长吟咏，情尤挚。
笑看浮云事、淡谦恒实。
艺海遨游如醉畅，
书山奋笔痴迷执。
盼后来、杨式漫奇葩，
娇妍逸。

一、武艺精深日夜勤

恩师诞永年^①，九岁始学拳。
跟在兆鹏^②后，坑中^③小洞天。

①傅师生于杨式太极拳发源地——河北省永年县。

②参加杨健侯老前辈的葬礼之后，傅师便从杨兆鹏前辈（杨式太极拳第二代传人杨班侯之遗腹子、第三代传人杨澄甫师公之弟子）学拳。

③据傅师回忆，当年在地上挖一个长方形的大坑，在坑中练拳，既吹不到风又不受干扰，是练拳的好地方。

十二随公^①练，欣承泰斗传。
少年行正轨，步步上高山。

①杨式太极拳第三代传人杨澄甫师公。

闹市任凭喧，潜心演练拳。
晨㧟桐树下，夜㧟店堂间^①。

①1922年，进上海盛和花号当学徒，工作之余，朝夕刻苦练拳，悉心揣摩，从不间断。

闲暇勤苦练，拳罢抖长杆。
力尽难行走，登楼手拄栏。

义胆侠肝汉，勇为出手援。

略施拳脚技，恶棍尽飞翻^①。

①1926年，傅师在上海马路边看见几个无赖调戏年轻女子，挺身而出，只身斗恶人，将歹徒如秋风扫落叶般打翻在地，歹徒狼狈逃窜而去。

德艺赢青眼，杨家许爱因^①。
师徒情更笃，拳术获真传。

①傅师为人淳朴厚道、胸怀坦荡、谦虚谨慎、恬淡名利、深得杨公赏识，于1926年回乡娶杨师公的侄外孙女赵贵珍（1908－1976，赵斌前辈之胞妹）为妻。

但到有空闲，穿梭宁浙间^①。
随师学武艺，助教太极拳。

①由于棉花厂生意的季节性很强，傅师常到南京中央国术馆杨公处学艺；当师公任浙江国术馆教务长时，傅师去杭州边学边助教。

居住浦江滩^①，师公教更严。
行拳逐式滤^②，推手院墙坍^③。

①1930年，杨澄甫师公定居上海，由傅师出面向盛和花号老板范桂馥前辈借租房屋，免费供杨公居住。

②师公教拳甚严，有时一个动作要十几遍、几十遍的纠正，直到杨公满意。

③傅师被师公一次次发至丈外，或者推到墙上，背部被撞得又红又肿，后来墙也被撞倒了。

白天去上班，晚上来学拳。

住在阁楼上，师徒共进餐①。

①据杨振国前辈回忆："傅钟文先向我父亲学拳，后和杨家结亲。父亲在上海期间，他白天上工，晚上学拳，住在阁楼，吃住在一起，对杨家很有感情。"

端坐杨公讲，吾师示范拳。
学员来照相，拉子站身边①

①傅师的德艺颇得杨公器重，1932年，杨公携傅师南下广州，授拳于陈济棠总部、李宗仁办事处、第四军团、广州公安局、中山大学、广东法学院等处。传艺时，杨公端坐口授，由傅师演示、辅导。

应战按师言①，总能胜利还。
拳师②飞丈外，恰似甩泥丸。

①凡有人来比武，总是命傅师当之，屡现高艺，所向披靡，对手无不折服，享誉羊城。

②一位姓傅的拳师。

应聘赴"中山"，代师侃侃谈。
师徒齐献艺，台下掌声酣①。

①应广州中山大学校长邹鲁先生聘请，杨公前往中山大学讲学。傅师代杨公致辞，之后，杨公先演练太极拳和太极剑，又和傅师表演了推手，台下掌声雷动。

杨公重病缠，受命授昭然。
活步双推手，还传剑与杆①。

①傅师在广州代杨祖师教杨公的最后一

位弟子广东法学院院长曾昭然博士器械和推手。

推手手无闲，轮番教社员①。
狂人来较量，触手就飞掀。

①在上海仙乐舞宫前排队教推手。

获誉正宗拳①，缘于艺湛专。
倾心传与练，处世尽谦然。

①1954年，杨公的高足、上海致柔拳社创始人陈微明师伯莅临"上海永年社成立十周年大会"，演八卦掌并题词："傅君钟文，永年杨公师之晚戚，得师之传授，规矩准绳，丝毫不爽，故人称为太极拳之正宗。"这是杨公悉心指点和傅师勤学苦练的结果，正是"重拳重老师，真传自得之"。

全国拳剑赛，应聘任裁官①。
"武术应发展"，欣闻贺帅②言。

①1956年，傅师赴北京担任全国十二省市武术比赛的裁判。

②国务院副总理兼国家体委主任贺龙元帅亲临并讲话，指出要对传统武术进行发掘、整理、光大，傅师闻之，不禁热泪盈眶。

大作刚出版①，论文见报刊。
造福全社会，名著九州传。

①1959年出版《太极刀》。

表演太极拳，金鸡①稳似山。
习习衣袖响，发劲②有风旋。

①金鸡独立式。

②1963年，傅师在上海体育宫表演杨式太极拳和单式发劲，令众多武师赞叹不已。

《杨式太极拳》，谁人可著编？
前贤识与共：提请傅师担①。

①著名武术家、《五式太极拳》总编、上海体育宫主任顾留馨前辈（从陈微明师伯学杨式拳，后拜武汇川师伯为师，又请益于杨澄甫师公）、北京崔毅士师伯以及中国武林百杰、国家体委武术科科长毛伯浩前辈一致认为，杨式动作还是傅师较为规范，其拳架与杨公最为接近，因此在众多杨式太极拳第四代传人中，选定由傅师编著《杨式太极拳》一书。该书由傅钟文演述、周元龙笔录、顾留馨审，于1963年出版，嗣后被译成英、日、法、德文出版，是国内外杨式太极拳的权威性著作之一。

花甲遭批判①，无虞心地宽。
纵然陷囹圄，不弃太极拳。

①"文化大革命"期间，傅师遭批斗，被隔离审查，仍坚持练拳。

气焰嚣张喊，摔跤队队员。
汹汹来势猛，脑袋奄拉还①。

①傅师被批斗时，上海摔跤队的十七八个队员十分无知，欲施非礼。傅师对他们说："要不是我现在在这里，否则把你们个个都摆平。"当傅师回家后，他们果然来比试，结果一搭手就被摔了出去。

推手识深浅，知师非等闲。

"跟他学练去，何必五台山"①。

①1972年，我国著名武术家、上海体育学院周元龙教授与傅师推手后，深感傅师之功力，立即嘱其弟周元钧学长向傅师学拳。

精通通臂拳，手指似钢钎①。
三次飞摔后，低头不再言。

①该通臂拳教练的手上功夫十分了得，他竖起小指，常人不能扳动。

当众来挑战，如赢誉满天。
飞出三丈地①，拜倒欲学拳。

①1975年，上海闵行区体委举办的大型太极拳活动中，傅师将前来"请教"的谢拳师（现在国外教拳）摔出两丈多。

排队挎竹篮，回头转两肩。
贴身一背靠，壮汉被弹翻。

木刀接手练，示范舞犹酣。
平刺一发劲，刀身射向前。

提出四要点，内劲可缠绵①。
理论和实践，交流侃侃谈②。

①1987年，《武林》杂志刊登傅师的文章《练太极拳的体会》。

②1988年，《武林》杂志社举办太极拳名家交流研讨会，傅师在会上作了题为《太极拳理论研究是一个重要的课题》的发言。

奖名为贡献①，义教五十年。
及老出新著②，光辉照武坛。

①1988 年，国家体委授予傅师"武术贡献奖"。

②《杨式太极拳教法练法》，傅钟文、傅声远著，姚明华执笔，1989 年出版，2000 年改名为《嫡传杨式太极拳教练法》。《教练法》采用小傅（清泉）老师的拳照取代傅师的拳照，遵傅声远老师之嘱，笔者对《教法练法》修改了 400 多个错别字，并为《教练法》撰写跋文。

> 拂晓自习拳，随之到处传。
> 夜深杆子抖，恪守六十年。
>
> 排队虚实站，坐时坠两肩。
> 步行发抖劲，无处不思拳。
>
> 听到大门关，却无地板喧。
> "功夫怎样练?""走路似习拳。"
>
> "不苦哪来甜，拳精磨砺间。"
> 七十年荏苒，无日不习拳。
>
> 九岁练杨拳，八旬病不缠。
> 而今吃药片，药片要磨研①。

①傅师不会吞药片，要将药片研碎，才能和水咽下。

> 鹤发驻童颜，饭量赛青年。
> 推手行活步，耳聪眼又尖①。

①从未见过傅师戴老花眼镜，年愈八旬，尚能读出名片上的电话号码。

> 大师非自诩，体委授头衔①。
> 一世倾精力，功绩甚斐然。

①1992 年，我国评出三位太极拳大师，傅师名列首位。1994 年，国家体委又授予"武术贡献奖"，中国体育总会授予"中华武林百杰"荣誉。

二、教拳义务贵持恒

> 拳社恩师建①，其名谓永年。
> 屡赢"求教"者，屹立浦江边。

①傅师于 1944 年 10 月 1 日创建了上海永年太极拳社，并任社长。

> 亲授第一班，招生上报刊①。
> 不收财与礼，犹自付车钱。

①1944 年 9 月 20 日在上海《申报》上刊登义务招生学练太极拳的广告，10 月 1 日举行了永年太极拳社成立大会暨第一届学员开学典礼，从学 120 人，其中有些人日后成为傅师的弟子、永年拳社的骨干。

> 精武会中传①，全心义授拳。
> 银行、面粉厂，女校、冠生园②。

①1950 年，傅师应上海市精武体育会之聘，义务教授两期杨式太极拳。
②在上海各单位义务教拳。

> 嫡传声远男，技向五洲传①。
> 桃李满天下，奔波已忘年。

①傅师之子傅声远老师，1986年定居澳大利亚，创建世界永年太极拳联盟，并任主席。教拳的足迹遍及亚、欧、美、澳、非等五大洲46个国家和地区，其教拳地域之广阔，堪称古今武林第一人，为此，中国武术协会于1998年授予他"武术推广奖"，正是实至名随，当之无愧。

　　一百位学员，平分两个班。
　　轮流搭手授，学子站成圈①。

①傅师在上海中教道义会教推手，从学者102人。

　　学生居外县，留宿管三餐。
　　善待登门客，随来随授拳。

　　人人黑裤穿，个个白绸衫①。
　　动作如流水，称扬市长言②。

①1950年2月，由傅钟文、王天籁等13人组成上海永年社表演队，表演得到好评，来邀者逐年增多，至1954年的五年间，共参加41次表演，队伍亦逐渐壮大。

②1952年，傅师率上海永年太极拳社表演队的表演集体太极拳，并单独演练太极刀，得到上海市市长陈毅元帅的称赞。

　　腾挪忽闪展，一片闪光寒。
　　看到兴头上，不觉已练完①。

①傅师在上海体育宫示范太极刀。

　　五旬当教练①，着意授青年。
　　比赛常夺冠，杨拳代代传。

①1958年，上海武术队成立，傅师荣膺太极拳主教练，培养出邵善康、蔡鸿祥、杨炳晨、李福妹、冯如龙等一批武术明星，在全国比赛中名列前茅。

　　师祖授师拳，回传杨氏男。
　　杨男于沪演，陪练守身边①。

①1961年11月25日，杨公祖师之三公子杨振铎前辈在上海体育宫表演太极拳，傅师和他的学生苏黎献学长站立两侧陪练，轰动上海武术界。

　　不吃生大蒜，北上请安前①。
　　铭记杨家惠，悉心指导拳②。

①据杨振国前辈回忆，傅师爱吃生大蒜，但去探望师祖母（侯助清）之前，就不吃了。傅师在退休前专程到杨家，征求是回永年还是留在上海？师祖母劝他留在上海，说你有儿孙和房子在上海，特别是对太极拳的发展，好处更大。傅师非常感激三姥娘对他的关心，留在了上海。

②傅师指导师祖父（澄甫）之四公子杨振国前辈（与师祖母住在一起）练拳。

　　"时人多避俺，你却敢学拳①？"
　　从此关门授，接连两百天。

①许培文学长于"文化大革命"期间向"反动学术权威"傅师学拳。

　　"练拳多少遍？"盯住爱徒①言。
　　铁玲伸两指，"不够再去练。"

①陈铁玲师姐。

退休更力传，拳趣老弥坚。
义教情犹切，恒习兴未阑。

望亭发电厂，应聘带徒①传。
不受酬劳费，来回自化钱。

①詹闲筱师兄。

送人①白蜡杆，抖罢再相缠。
又教甩沙袋，夜来共练拳。

①傅师之邻居夏筱成学长。

同济大学传①，成绩又斐然。
十年风雨路，学者近三千。

①1972年，傅师应邀到同济大学义务教拳，自己出钱买月票来回奔波，历时11年，共举办65期，有2500人次参加学拳，以至同济之太极拳与该校的建筑专业名声齐驱，为此，傅师受到全国武术工作会议的表彰。

从小教清泉①，杨家剑与拳。
人称一少帅，薪火又相传。

①傅师之孙傅清泉六岁开始学拳，屡获太极拳、剑冠军，随父定居澳大利亚，并任世界永年太极拳联盟副主席。

家贫逢丧偶①，室冷更天寒。
隐忍心中痛，应邀犹授拳②。

①师母于1976年仙逝。
②应虹口区体委邀请，去工人体育场义务教拳。

俩老①住骊山，闭门廿九天。

切磋拳架子，式式苦钻研。

①傅钟文、赵斌前辈。

不愧是先贤，纠偏当众宣①。
敬其胸坦荡，学子掌声喧。

①1977年，傅师在西安沉香亭对105位学员指出四处练法需修改，即云手之后右脚应与左脚平行不里扣、双峰贯耳应以左脚跟为轴旋转、指裆捶的左掌应搂膝、退步跨虎的右掌应低一些左掌高一些（与白鹤亮翅相比）。

师父到西安，扎西①演练酣。
赞其功架好，"西藏去传拳"。

①赵斌前辈之爱徒，咸阳杨式太极拳学会创会会长兼总教练，藏族。

聘为总教练①，当选武协官②。
奉献无寒暑，历时十二年。

①1978年，傅师任上海体育宫总指导，傅声远、王天籁、王荣达、张哲清和潘筱江等师兄任教练。
②1979年，傅师被推选为上海武术协会副主席。

日本国家团①，来学杨式拳。
傅师为主教，传艺武林宽。

①1979年起，以日本前首相园田直为代表的日本太极拳协会多次派遣代表团来我国，向傅师学习拳艺，其中关本澄和石川勋子师姐后来成为傅师的入室弟子。

闸北公园内，传拳近廿班。
学员来各县，遍布浦江滩。

耄耋舞马鞭，清早赴公园，
午后之同济，夜来府上传①。

①此小诗根据傅师1983年6月11日的日记而作，早上到闸北公园、下午去同济大学、晚上在家里教拳。

早上准时传，乘车到北园。
围桌茶室坐，自己付茶钱。

步入耄耋年，顶风刺骨寒。
天天同济去，奋力授杨拳。

"发我①合格证，学拳大半年。"
而今当市长②，推广太极拳。

①同济大学学生熊皓学长。
②景德镇市副市长、武术协会荣誉会长。

光大杨门技，悉心教少年①。
与师形最似，国外设拳坛②。

①刘红年师姐，当年只有16岁，后任上海华东化工学院太极拳研究会会长。
②刘师姐在日本创办了"日本中国传统医学太极拳学会"，并任会长。

高手来学练①，嘱徒永向前。
功夫无顶点，山外有青山。

①傅师收我国五项全能武术冠军、电影《少林寺》男主角扮演者李连杰为徒，1983年6月13日《解放日报》和《新民晚报》报

道了拜师的情景。

清晨之夜晚，连教二十天①。
日晒勤耕种，永年分社添。

①1984年，应淮南矿务分局邀请，傅师带傅声远、傅清泉、朱玲娣、丁言伦和张雅君等师兄赴淮南教拳。

耄耋又出山①，奔波体院间②。
队员常获胜，总有傅清泉。

①1984年，经上海武术队的领队和教练"三顾茅庐"，傅师重返上海武术队，任顾问。
②上海体育运动技术学院。

出生上海滩，兄长①沈阳还。
师徒一见面，"看看你的拳"。

①沈阳丁吼涛师兄。

起势交关好，走弧不耸肩"。
恩师先鼓励，然后指其①偏。

①上海精武会闵行辅导中心主任赵仁和学长。

面对众学员，均为大小官①。
不卑不亢教，杨式太极拳。

①1985年，傅师在上海市政协教拳。

身在队员间①，师生、同事兼。
名高无架子，逐式耐心传。

①马顺娣学长系体育运动学院的解剖学教师，爱好太极拳，每天下午与武术队员一起从傅师学拳。两年后，傅师叫她去参赛，

荣获 1988 年上海市比赛二等奖。

应邀去授拳，赴甬上轮船。
不饮不吃饭①，身心自泰然。

①1986 年，傅师去宁波教拳，习惯适应任何不利的生活环境。

兰溪休养院，面向浙江传①。
义授三十日，青山绿水间。

①1991 年，傅师应浙江省总工会之邀，携陈世庆、张翘青师兄赴兰溪市教全省（每市出二名）太极拳辅导员。

姐习简化拳，来也不多谈。
兄长德行次，恩师更少言。

言传父辈贤，身授研究班①。
骨干勤培养，详说剑与拳。

①1991 年，由上海体育总会和上海武术馆举办，有国内外七十多位拳师参加的傅师杨式太极拳短期研究班，傅师主讲拳史、拳德、拳架、刀剑和推手，由张哲清师兄、陈铁玲师姐示范。

授徒式式扳，和蔼又从严。
心底存真爱，耐心不厌烦。

指我搂膝时，多达十五偏。
"单习三百遍，改拳莫畏难"①。

①傅师指出我练左右搂膝拗步有 15 个毛病，遵师嘱，在原闵行体育场跑道上练三圈左右搂膝拗步。

教我七八遍，斜飞①没过关。
"回家慢慢练，此式确实难。"

①斜飞式。

义务授杨拳，倒贴物与钱。
付出不望报，真正"戆憨憨"。

金兄①大胆言，建议有偿传。
矢志争能变②？坚持不受钱。

①金长源师兄。

②傅师答道："老妇守寡了几十年，难道还要她改嫁？"闻听此言，不禁感赋：子曰及老戒贪得，不保晚节世事多。义务教拳心不变，匹夫素志岂能夺。

平凡不平凡，义教五十年。
好事一时易，坚持永世难。

富有在心田，纵无万贯钱。
乐于行善事，仁者累觉甜。

带徒去教拳，自己付车钱。
如赠犒劳品，师徒各半摊①。

①傅师偕陈世庆师兄去金华、徐州、抚顺、沈阳、淮南、兰溪等地教拳，如果得到一些土特产，总是叫陈师兄带回家一半。

团拜贺新年，师徒共进餐。
付钱均有份，岂可弄师权。

《今日歌》名篇，压于座位前。
"晨光最宝贵"，老更重时间。

同门笑语欢，围坐大团圆①。

师父堪欣慰，传德又授拳。

①"傅师沪上拜门弟子首届联谊会"于1992年3月1日在上海闵行举行。

播种华东院，耕耘同济园。
职称非自定①，学校授头衔①。

①傅师被上海华东化工学院和同济大学聘为兼职教授。

学员齐演练①，式式按师传。
颔首公离座，穿行队伍间。

①1993年8月15日，傅师莅临闵行参加由不才主教的杨式太极拳学习班结业典礼，并做拳术指导。

思乡返永年，传授太极拳①。
学子四十六，七名弟子添。

①1994年2月，傅师偕陈铁玲和陈世庆（照料吾师晚年独居生活最尽心尽力的师姐和师兄）回故里永年县举办太极拳讲习班，并收韩清民等七人为入室弟子。

集中同济院，举办讲习班①。
推手和刀剑，杨家整套拳。

①1994年5月在同济大学，傅钟文和傅声远老师举办"杨式太极拳高级讲习班"，由陈世庆师兄示范太极拳。

七月第三天，健谈共进餐。
点头通讯录，赞办讲习班①。

①1994年7月3日，我们去恩师家探望，请教拳术，请示拳事。当我们谈及准备举办杨式太极讲习班时，老师热情地表示支持，并当场决定请王天籁大师兄、王荣达二师兄前来演讲；吾师还赞同四季度仍在闵行举行"第二届傅钟文沪上拜门弟子联谊会"，赞同由陈武师弟和笔者编制"杨式太极拳第四代传人傅钟文弟子通讯录"（含出生和拜师日期），并指示通讯录的名单以年龄为序。晚上，在金云龙餐厅一同用餐，老师焕发的容光、良好的胃口和谆谆的教导，使人倍感欣慰、亲切，可是谁能想到这竟是我们师徒最后一次进餐、最后一次聆听教诲。

晚年思静练，向往五台山。
心愿终难了，忙于义授拳。

传拳已忘年，老骥再加鞭。
不顾身得病，直飞美利坚①。

①1994年7月，应美国国术总会邀请，傅师抱病（丹毒，俗称流火，高烧39度且脚肿）和其孙清泉同赴美国弘扬杨式太极拳。

祖孙齐表演，活步似青年。
得到千人掌，动情频抱拳。①

①美国国际武术锦标赛开幕式上，傅师与清泉表演活步推手，赢得全体起立，掌声如雷，谢幕多达四次，吾师十分感动，夜不成寐。

接连武艺传，颠簸九城间①。
劳累人消瘦，回国②病未痊。

①傅师连续在美国九个城市教拳和表演。

②9月3日，傅师自美国途经日本回国。

逝世二周前，纵然疾病缠。
为筹八运会，要上两天班①。

①在恩师仙逝前半个月（九月初），虽已有病在身，仍主动对上海武术院领导说："八运会在上海开，上海武术要热情接待，多做贡献，如果需要，我可以从现在起，每星期上两次班，同你们一起做些准备。

弱女遭凌辱，支援不用言。
收其为弟子，义举见侠肝①。

①见义勇为、不畏强暴、刚正不阿、通财之义，是一种侠义行为；同情和支持弱者，也是一种侠义行为。有一天晚上，老师正与陈世庆师兄和淮南的谢玲霞等人谈论拳艺，突然进来几个人冲着谢女士说："傅老师要休息了，你可以走了。"老师对此言行颇为不满，在去世前六天收她为弟子，以示支持。

学员约廿万，弟子九十三①。
分社全球建②，杨拳遍地传③。

①傅师一生收了近百名入室（焚香磕头、有拜师贴和证人）弟子，所知者有：张杏花、张翠贞、金用葆、周文虎、陆宝珍、张宝田、张哲清、王天籁、王荣达、鲁福昌、关本澄、潘筱江、顾树屏、丁吼涛、詹闲筱、田明慧、陈国桢、徐启中、殷渭开、陈世庆、傅声远、李锡华、朱玲娣、毛招娣、彭学海、郭庆亭、张广海、任士岚、叶荣启、王庆钰、诸顺民、李文生、石月明、杜昔非、金长源、王琦、赵子华、王建、周葆一、罗鹤云、庞子瑞、崔燕彬、唐吉华、袁德安、奚桂忠、及川勋子、周曼英、曹程良、丁言伦、王建骐、邬求莉、章镇华、李荣梅、翟金录、董佩、严翰秀、洪日镜、杨俊义、周敏德、王嘉林、李剑方、谢文华、熊华龙、殷佩芳、陈铁玲、张卫国、张晓青、韩兴民、韩清民、张雅君、陈佩华、贾宝安、刘永平、庞大明、李连杰、谢玲霞、刘红年、张朝铭、周佩玉、张雁林、丁玉平、陈武、唐庆捷、徐光等。以上名单的顺序，系按照先师对编制傅师弟子通讯录的要求排列，即以年龄为序；在向傅清泉老师请教时，曾对此名单作了增添；如有遗漏，祈请谅之。

②在国内外，上海永年太极拳社的分社约30个。

③傅师曾不辞辛劳地应邀赴徐州、无锡、常州、金华、望亭、大连、宁波、杭州、淮南、泉州、开封、郑州、西安、北京、四川、广西、河北等地讲学或授拳，还被邀请到日本、新加坡、德国、瑞士、意大利、澳大利亚和美国等国家弘扬杨式太极拳。

三、尊师爱子为人礼

敬奉祖师前，跟随左右边。
穗、杭和上海，示范太极拳①。

①傅师跟随杨师公边学边助教。

巨著喜成编，傅师事务担。
保存铜制版，日后寄杨男①。

①杨公著《太极拳体用全书》初版于1934年，傅师负责印刷事宜，并一直保管印制铜版，直到1948年，傅师将铜版寄交广州师公的大公子杨振铭前辈再版。

师伯无月俸，授艺挣餐钱①。
不去公园授，友情重似山。

①傅师的师兄田兆麟、诸桂亭等前辈在公园中以教拳谋生，而傅师的月薪较丰，如果去公园义务教拳，岂不影响师伯们的财路。因此，傅师当时只应邀到单位去义务教拳。

师公重病患，日日守床边。
侍俸师公去，治丧内外兼①。

①太极拳一代宗师杨公祖师在广州病重，接回上海医治肝腹水不愈，于1936年3月18日（农历二月廿五）病逝，终年54岁。傅师的老板范桂馥前辈资助500块银圆给傅师，由傅师负责料理丧事。

祭品经师转：花圈与挽联①。
跑里兼跑外，购置最佳棺②。

①社会各界人士送杨公的花圈、挽联等均送寄到"江西路水吉里B2盛和花号傅钟文转"。

②在四明公所购得上等的"天字号"金丝楠木棺材，价280块银元。

扶枢三千里，申、宁到永年①。
虽非亲骨肉，尽孝似杨男。

①傅师与杨公的外甥郭子荣前辈及傅师之二弟傅宗元师叔等人，护送杨公的灵枢经南京，把杨少侯前辈（澄甫公之兄）的灵枢一起送返故里永年县安葬，真贤徒也。

兄长如慈父，一直扶养担。
善待穷亲友，赠衣又送钱①。

①傅师在上海工作的收入较多，接济家人生活，为弟妹筹办婚嫁，并经常资助困难的亲戚朋友，有求必应。

高人经上海，迎送设佳筵①。
敬佩其拳艺②，拿出照片言。

①1948年，杨公的大公子杨振铭师伯向在上海的傅师打听到其二弟杨振基的下落，叫傅师通知他到广州助兄教拳。同年，杨振基前辈在赴穗途中经过上海，傅师设宴迎送。

②傅师指着当年的合影，并称赞杨振基前辈的拳艺。

师伯①来上海，相见论拳欢。
诚待启蒙者②，同居挺有缘。

①四川李雅轩、北京崔敬士、杭州牛春明等前辈。

②永年杨兆鹏前辈。

杀鸡鸡有蛋，待客用中餐。
受到师娘打，温和手不还①。

①师媳杨存娟师嫂问："侬哪能听伊打？"傅师答："伊是杨家人。"

同住同习练，历时大半年①。

至亲兼挚友，罕见太极坛。

①20世纪60年代的三年困难时期，杨式太极拳第四代传人、杨公的侄外孙赵斌前辈在其妹夫傅师家住了半年多，同吃同住同练拳，情胜手足。怪不得日后赵老得知傅师的噩耗后，三个晚上都没有睡，并不断地喃喃自语："他应比我走得晚，我应走得比他早。"夜深了，还拉着我的手询问傅师家和上海永年拳社的近况。并于1995年6月4日，赵老在西安交通大学校园内大声对十几个辅导站的教练员说："傅钟文，是我的亲妹夫，全世界第一。"笔者闻之，不禁为之动容，其情谊之深挚，堪为吾辈之楷模也！

"叫侬徐大姐①，比我长三年。
不必行师礼，大家一起玩"。

①周叮学长之母徐招娣伯母。

一世近黎元，疏离大小官。
委托局政委①，极力荐杨男。

①1960年，时任中共中央政治局委员、华北局第一书记的李雪峰在北戴河跟傅师学拳后，问傅师有什么要求，傅师不提自己家中的困难，仅提出请国家安排杨式太极拳直系传人（杨振基、杨振铎）从事教拳工作，李书记当即表示："我与国家体委荣高棠主任很熟。"后来在组织的重视下，振基前辈调到河北省体工大队任太极拳专职教练，振铎前辈调到山西省人事局福利处。两人都有了向社会教拳的机会，并成为当代的太极拳名家。振铎前辈曾说："我们兄弟能出来教拳，与傅钟文

先生是有关联的。"傅师仙逝后，振基前辈莅临上海参加追悼会。

山西体委邀，婉拒不出山。
"各地均能去，除开晋与邯①"。

①山西省体委曾派人上门请傅师去教拳，被婉言拒绝。事后有弟子问傅师为何不去？师答："山西太原有杨振铎老师，邯郸有杨振基老师，我不能去。"

"新版八八式，等同杨式拳。"
闻之师不辩，当场演师传①。

①1984年，在武汉举行了首次国际性质、有18个国家和地区参加的国际太极拳（剑）表演观摩大会上，傅师定要大会安排他表演传统杨式太极拳，不再表演原来安排的枪术，以弘扬传统杨式太极拳，他的表演得到经久不息的掌声，为后人留下一段经典拳架。

电话来邀请①，恩师立刻言：
"杨家人不到，我不去邯郸"。

①1991年，来电话请傅师参加首届邯郸永年国际太极拳联谊会。

"套路又新编，有别于祖传。"
"幸存师照片，不然讲清难"①。

①梅应生学长与傅师的对话。

学问本同渊，杨陈两氏拳。
以诚接上客①，研讨促膝谈。

①陈式太极拳名家陈小旺老师。

图中虚脚转①，心意久难安。
待到成实脚，"见师可坦然②"。

①《杨式太极拳》（1963年出版）一书，图18和图68及其文字错误地把按式后抹转画成、写成虚脚转。

②1989年出版《杨式太极拳教法练法》改为实脚转，压在傅师心头多年的一块石头终于着了地，师说："我现在可以安心地去见杨老师了。"

"努力虚心练，看轻利与权。"
爱徒①长逝后，赞女品和拳。

①朱玲娣师姐。

"老小两只猴①，少言蛮有缘"。
随师常表演，疑是外孙因。

①陈铁玲师姐的生肖也属猴。

《杨式太极拳》，稿酬五块钱。
"给侬添置笔"，转手小学员①。

①姜新忠学长。

杨式太极拳，长兴岛上传。
搭桥行善事，主动助学员①。

①1978年，傅师去长兴岛教拳，得知长兴岛前卫农场软木厂施高英学长与丈夫分居两地，便关心地对她说："我在无锡有许多学生，可托他们想法把你调回去。"

朔风伴雪寒，师姐站十天①。
"侬想真心练，我当诚意传。"

①毛招娣师姐在雪地里练起势一式。

"到此如家里，吃喝请自便。"
恩师慈胜父，悦色又和颜。

茶桶天天倒，人来饮水鲜。
"莫喝隔夜水"，关爱众学员。

"此时方便否？去买一斤盐。"
平易不发令，和风细雨言。

偶上鸡粥店，难得共进餐。
"简单莫浪费，"怕用后人钱。

学生有困难，"我也要出钱。"
若遇红白事，亲临送礼单。

家中遇火患，诸暨某学员。
安慰催回去，援资四百元。

团拜贺新年，师徒共进餐。
付钱均有份，岂可弄师权。

沈阳兄长①返，师父教其拳。
犹送就餐券，食堂去进餐。

①沈阳丁吼涛师兄。

徐州庆钰兄，南下练杨拳。
住在恩师处，吃喝不用钱。

陪师洗澡后，走到鸡粥店。
"吃好饭回去"，请徒①用晚餐。

①陈世庆师兄。

施恩不望还，笃教六十年。

小惠勿轻受，得之报以泉。

每次回乡里，坟前吊祖先。
秃秃黄土墓，感触万千端[1]。

[1]傅师指着杨公（澄甫）墓前拍摄的照片，只见光秀秀的土丘，既无树木，又无墓碑，不胜慨叹。

冀沪隔千里，经常去请安[1]。
杨家离站远，徒步往和还。

[1]傅师常去看望居住在石家庄的师祖母。

月饼邮杨府，中秋月亮圆。
师公仙逝后，孝敬五十年[1]。

[1]1936年杨师祖乘龙西去至1984年师祖母86岁驾鹤琼岛，近50年间，傅师每年中秋节前，都要去四川路邮局用木匣子寄月饼和大白兔奶糖到杨家，孝敬师祖母。

师祖后人间，其名列在前[1]。
忠于传统架，更甚孝为先。

[1]在杨露禅故居张挂的杨澄甫外传弟子榜中，傅师名列最前面。

师娘去不还，悲痛去西安[1]。
讲到伤心处，潸然泣涕涟。

[1]师娘赵贵珍之胞兄赵斌前辈家。

师娘仙逝后，拒女[1]用直言。
甘愿独身过，忠妻不续弦。

[1]一退休护士。

先辈故居建，四方去募捐。
平生颇俭朴，捐赠万元钱[1]。

[1]为建杨式太极拳创始人杨露禅故居，傅师去各地募集经费，共计八万多元，自己捐资一万元。

"套路随他变，本人不改编"。
忠于师父架，敬畏祖传拳。

"'文革'我被关，前后有一年。
何伟琪独至[1]，拿来两个馒。"

[1]何伟琪学长系上海武术队友队员，后成为美国国术总会负责人之一、美国永年太极拳社社长。

腿肿高烧患，耄耋体欠安。
伟琪邀赴美，执意去支援[1]。

[1]傅师为了报答学生何伟琪学长在动乱年代被关押时送来的两个馒头，不仅常常提及，吾师不顾自己的高龄，不顾自己发着39度（摄氏度）高烧的身子，不顾算命先生薛老伯（学长）的劝阻，迈着两条发肿的病腿，毅然前往美国，正是"滴水之恩，涌泉相报"。

转战不离鞍[1]，鞠躬尽瘁传。
可怜师脸瘦，折寿二十年。

[1]近两个月，傅师马不停蹄地奔波于美国九个城市讲学、表演，导致圆脸变长脸，回国病不痊，不禁令人仰天长叹："拳坛千古恨，为报两馒恩"。

"笃笃"敲门板[1]，恩师不见颜。

嘱郐[2]瞒去处，住院已三天。

[1]1994年9月19日，早上6时15分到傅师家准备请教拳术，汇报"第二届傅师沪上拜门弟子联谊会"的筹备情况，请傅师审定弟子通讯录（初稿），并与恩师同过中秋佳节，然而出来开门的不是老师熟悉的身影，而是师戚郐林发先生。"老师呢?"郐先生只回答"不知道"三个字。事后才知道，当时吾师已经住院了。宁肯我帮人，不求人助吾，这又是恩师之美德，但正因为这种美德，在那个时段却延误了老师的病情，使他较早地离开了我们，叫人叹惋不已!

有病迟迟看，儿孙令勿还。

卧床瞒弟子，生怕惹麻烦。

大才而性缓，不讲损人言。

睿智则和气，虚怀必自谦。

四、处世立身意至诚

幸逢范老板，工作不偷闲[1]。

建议改名字，赠房两大间[2]。

[1]傅师于1922年进上海巨商范桂馥先生开设的盛和花号当学徒。

[2]进厂后，傅师各方面表现很好，深得范老板的青睐和信任，建议将傅师的名字由"宗文"改为"钟文"，并赠石库门房子一套，日后成为资方代理人之一。

日兵桥上站，人过把腰弯，

绕道乘舢版[1]，鞠躬感汗颜。

[1]抗战时期，上海被占领，百姓过桥要向把守的日本兵鞠躬行礼，傅师则弃桥去摆渡过河。

"认识可过关"[1]，白纸仍归还。

"没啥好交代，就算对枪杆。"

[1]"文化大革命"期间，傅师遭批斗、强迫写交代。

赶出武术团，一九七零年。

薪水四十九，清贫视等闲。

为了过新年，邻居处借钱。

不跟徒弟借，生怕受牵连。

学员多大腕[1]，更甚有高官[2]。

从不为私事，求人启齿言。

[1]著名书画家沈尹默、马公愚、丰子恺等。

[2]国民党前代总统李宗仁、中共中央政治局委员李雪峰等。

伟人噩耗传，戒酒戒香烟[1]。

从此未开戒，心诚毅力坚。

[1]1976年1月8日上午，当傅师从邻居口中得知周恩来总理逝世的消息后，心中一阵悲恸，并下决心三年不抽烟、不饮酒，以

示怀念总理。在以后近二十年间，傅师一直以茶或椰奶代酒，也从未抽过一支烟。

学子多权贵，自尊不附攀。
"总统"来相见，当天请假还①。

①国民党前代总统李宗仁先生曾从傅师学过拳，解放后来上海体育宫访问时，傅师在体育宫任总指导。

九点临宾馆，随即去访谈①。
两人谋面后，不亢不卑言。

①1986年，中国武术协会主席徐才先生飞抵成都，出席"全国太极拳研讨会"，徐才主席九时许到达旅馆，十时许拜访傅师。

平生仰圣贤，孔子列为先①。
五六七八九，鞠躬敬意虔②。

①傅师崇拜八个人，他们是春秋时的孔子、老子，三国时的诸葛亮、关羽，宋朝的包拯、岳飞，近代的孙中山、周恩来。曾在无锡惠山定塑此八个泥人像，一直供在客厅中。

②1989年12月14日，由徐州张广海师兄陪同傅师，到山东曲阜拜谒孔庙，傅师向万世师表孔子像深深地鞠了九个躬。

地盘遭霸占①，师父笑而言：
"你就让一让，解决很简单"

①一位学长在静安公园教拳的场地被人占了，来请傅师出面帮忙解决，老师笑嘻嘻地对他说："这事很简单，你让一让，不就解决了"，闻听此言，不禁使人想起历史故事《六尺巷》中的诗句"让他三尺又何妨"。

拒入《名人》录，笑扔纸篓间①。
"此书有甚用？"甘愿守平凡。

①将编名人录的通知扔进废纸篓。

三兄跪拜前，置像客堂间。
印有"宗师"字①，焚烧第二天。

①杨式太极拳一代宗师。

大会交流间，谦离不坐前①。
"功名如草芥"，拳界赞其贤。

①1991年，在邯郸召开的"第一届永年国际太极拳联谊会"，于主席台前排就座的除傅师外，均为省、市、县级官员。为此，傅师对大会的工作人员说："打拳的名家都不坐前排，就我一人在前排算什么，杨家的后代杨振基、杨振铎老师应该坐在前排。"1992年，在温县召开的"第一届国际武术年会"上，安排傅师于前排中间就座，他又对工作人员说："杨家人应该坐在前排。"并对陪同前往的陈世庆师兄说："下午开会我不去了，因为杨振铎老师坐在后面，我坐在前面，心中始终不舒服"。这种"不争名夺位""欲少心胸宽""念念不忘恩师"的思想境界，不谓不高尚，不能不使人折服，堪为人师。

留念把名签，盖章一二三①。
谦称为老汉，盖在大名前。

①傅师从不以正宗、教授、大师自居，谦称自己为"老汉"，吾师有"老汉""傅钟文"和"勤恒礼诚"三枚常用的印章。

迎新送旧年，有意把言传：
"说我外出了"①，学生送礼难。

①逢年过节，有时傅师对家人说："如果
有人要来，就说我出去了。"或在门上张贴
"家中无人"的纸条。

恩师逢寿诞，拒礼效清廉：
"我领侬心意，东西请带还①"。

①傅师婉拒顾礼成学长赠送的生日蛋糕。

学生①送果篮，婉谢傅师言：
"我是传拳者，并非在卖拳。"

①鲍争鸣学长。

托买衣和面，必交弟子钱。
门徒如不受，宁肯勿吃穿。

家无电视看，身上少新衫。
乳腐加白饭，吃来分外甜。

大师重品端，争斗不相参。
恬淡名和位，钟拳勿爱权。

鹰若绑金砖，焉能上九天。
蜂无名利欲，酿蜜誉人间。

赴约常准点，应允不食言。
诚信人高尚，无愧武林贤。

对师多冒犯，人劝去名单。
"帮做家中事"，宽容大度言①。

①有位师兄阻止外地拳友参加由傅师主
办的高级讲习班，并狂妄地声称跟他学就是

了，真是胆大妄为，拆台拆到师父头上，以
怨报德，世上少有。傅师获悉后，没有听从
有些弟子提出"把他逐出师门"的强烈要求，
只是淡淡说了两句谁也想不到的话："他帮我
家里做过事体，铺过地板"，这轻轻的两句
话，却震撼着我的心，这种"不记他人怨，
记人滴水恩"和"器量弘深，姿度广大"的
高尚情操，试问当今拳界几人有?!

记恩遗忘怨，心意自欣然，
面善舌头净，从无恶业言。

少小无书卷，彬彬款款言，
文人菩萨相，胸可纳千川。

儿孙皆海外，侨授太极拳①。
年过八旬叟，独居自洗衫。

①傅师令郎声远、令孙清泉在澳大利亚
定居教拳。

爬上晒台喊①，恩师影子单。
开门独自语："我没有人管。"

①陈铁玲、罗鹤云师兄去傅师家，在楼
下敲门没有回应，便在邻居的晒台上呼叫睡
在楼上的傅老师。

洗菜烧中饭，提篮去买盐。
回来持扫把，堪敬又堪怜。

陪师①医院去，奔赴美国前。
抢付打的费，还出月票钱。

①陈世交师兄扶师去上海第一人民医院
就诊。

发烧身体软，看病搭徒①肩。
"是否清泉返？""他们忙教拳。"

①陈世庆师兄。

五、铭记恩师肺腑言

灯下武德谈，桌前颂祖先。
谆谆师教诲，铭记我心间。

"勤恒与礼诚，可治品非端：
懒惰和浮躁，诡邪与野蛮。"

"学拳心莫躁，一口胖身难。
步步朝前走，功夫没有边。"

"功属杨三代①，太极四海传。
与师比技艺，只是尾巴尖②。"

①杨露禅、杨建侯、杨公祖孙三代。
②傅师常说："论功夫，我只及杨老师的尾巴尖。"

"虽是功夫浅，明白这套拳"。①
欲成天下事，自信再加谦。

①傅师谦虚而有自信地说："我的功夫虽然还没有达到炉火纯青的地步，但谈起杨家的太极拳，我敢断言，国内还没有第二人像我这样明白。"

"杨氏前三代，人人苦练拳。
卅年马虎练，不比苦三年①。"

①傅师教导说："有的人打拳三天打鱼，两天晒网，打时又不认真，这样即便打三十年，也比不上认真练三年的人。"

"架以师为准，方为杨式拳。
单习八五式，学艺贵心专。"

"习拳如酿酒，味道靠时间。
假使缺恒字，功夫上手难。"

"没有杨家艺，实难立武坛。
终身不敢忘，师惠重如山①。"

①当傅师谈到杨澄甫师公如何教他、关心他、培养他，有时会热泪盈眶，哽咽语塞。傅师常说："没有杨家，我傅钟文就没有今天，我要对杨家忠到死。"又说："古语说'一朝为师，终身为父'，我对杨老师比我自己的父母还要亲。"

"书法褒和贬，人人各自谈。
太极为武术，搭手高低见。"

"不遵方法演，内劲必难绵。
方法虽知道，还须苦练拳。"

"学拳当正事，勤练再精研。
马虎习十载，不如钻两年。"

"一生唯正气，前辈①不贪钱，
若要吾行礼，不来教你拳②。"

①杨式太极拳第二代传人杨班侯的徒弟

陈秀峰前辈。

②袁世凯的儿子袁克定请陈秀峰前辈到他家去教拳，陈说："我见到你父亲是不行礼的，否则就是给我一千两银子，也不来教拳。"

"走架难如意，日习十套拳。
并非吾客气，练好确实难。"

"吾行整套拳，总感不完全。
如果杨师在，婆心指弊端。"

"吾拳何处差？毛病要人看。"
练后恩师问①，高人必自谦。

①"文化大革命"期间，许培文学长陪傅师到游人稀少的浦东公园练拳。

"刻苦东洋汉，学时趴地观①。
离开吾此地，地上汗一滩。"

①日本人来向傅师学拳时，趴在地上拍摄录像。吾师十分痛恨日本当年的侵略行径，但又十分欣赏日本人的敬业精神。

"今日围棋界，日韩已领先①。
外国重此艺，我等要加鞭！"

①记得有一次傅师对我们说："日本和韩国的围棋水平，已经超过我们了，将来的太极拳也可能会超过我们，日本大阪市曾提出要与上海市进行太极拳对抗赛，来学拳的韩国人大多是年轻人。"这种忧患意识，关心的是中国太极拳的发展及其生命力，真可谓"心事浩茫连广宇"（鲁迅诗句），洋溢着吾师对太极拳的挚爱之情、忠实之心和忧悃

之意。

学拳归较早①，婉转批评咱：
"俩王②能吃苦，天天半夜还。"

①我与陈武师弟为赶上回闵行的末班车。
②大师兄王天籁和二师兄王荣达。

"他俩①功非浅，能将墙撞坍。
乃因刻苦练，夜半始收拳。"

①王天籁、王荣达师兄。

"他俩①居郊县，天天来打拳。
你们②条件好，就在我身边。"

①陈武师弟和笔者。
②唐庆捷师弟等。

问师谁最好？所有后人间。
"学者成千万，拳佳仅二三①。"

①老师点了王荣达、张哲清、扎西等四个人的名字。

"莫看吾拳架，人老'摆莲'难。
照我说的练，定能打好拳。"

回去多单练，习拳效果添。
搂膝和下势，云手与搬拦。

"今天我教侬①，日后去开班。
从艺应专注，一生忠此拳。"

①侬，沪语，你。

"小学与大专，都是这套拳。
动作虽一样，不同在内涵。"

"走架可强身，并非百病痊。
教拳实用点，不要讲得玄。"

"抵消白锻炼，拳后点支烟。
麻将有十害，行拳四利①含。"

①健体防身、广交朋友、生活充实、老有所为。

"切莫赶时尚，习拳业贵专。
滥学三不象，误己必讹传。"

"学拳诚不易，改好更加难。
慢慢认真授，耐心莫怕烦。"

"教子宜年少，学拳重起端。
画图白纸上，改好费时间。"

"安放茶杯盖，应将底朝天。
细节须重视，做事与习拳。"

"应挑挑拣拣，组队①要从严。
不上勿生气，认真练好拳。"

①傅师在"傅师沪上拜门弟子首届联谊会上，对组建队伍的要求。

"学拳无捷径，非我不相传。
依法工夫下，功夫自会含。"

"重拳重教练，方可得真传。
轻艺轻师父，费时也枉然。"

"为人应正派，待友讲诚虔。
背后和当面，应该一样谈。"

"欺骗一时逞，岂能瞒过天。

岳飞千载颂，秦桧恶名传。"

"便宜勿要占，让地不争天。
将相和皇帝，最终赴黄泉"。

"行人转瞬间，酒友伴十天，
势利难三载，道合好百年。"

"求神图己利，心意不诚虔。
'行善为民众'，佛门世界观。"

"东西吾不要，要你认真练。
练好身和架，来年去教拳。"

"拳后病痊愈，闻之最喜欢。
义传此是报，远胜物和钱①。"

①傅师常说："我教拳几十年，看到别人打拳后祛病强身，感到最快乐，这是比金钱更好的报酬。"

每月来茶室①，要求提两点：
"吾来勿鼓掌，费用要均摊。"

①每月第一个周日傅师到人民公园茶室授拳。

"打拳能益寿，营养可延年。
最要平心态，神怡病不缠。"

"第一须热爱，二要好师传。
三下工夫练，四应永打拳①。"

①傅师教导我们练好拳的四大要素。

"套路绎多变，由他岁岁添，
不争长与短，咱练咱的拳。"

"自理及人老，幸福度晚年。"
弯腰亲扫地，上下拒扶搀。

"人老莫孤僻，心胸要放宽，
多交青壮友，利己利传拳。"

"第一身体健，宝贵是时间，
更要品德好，助人是美谈[1]。"

[1]这是傅师说的人生四大准则。

"活着没意思，长寿要人搀；
康健无所事，白白生命延。"

"勤勉莫虚度，扬鞭勇向前。
为民多贡献，快乐度余年。"[1]

[1]傅师说："长寿而不健康有什么意思？长寿健康却无所事事，又有什么意思？我已是年过八十的人了，及时当勉励，岁月不待人，我要以有限的余年去创造无价的人生，为社会、为人民、为弘扬太极拳多做一点贡献。"

"相互要尊重，团结力量添。
习拳莫惹事，知礼必和谦。"

"凡事诚为贵，学拳也这般。
一心一意授，功利不相缠。"

"为人应守信，切记莫食言"。
准点赴约会，不迟也不前。

"背后将人贬，此人最推板[1]。
今朝攻李四，来日会击咱"。

[1]推板系上海方言，作形容词使用时，

词义为差、坏、次。

"最好夫妻练，齐心共授拳"。
家庭和事业，两者要相兼。

"气和心自静，练字似行拳"。
白首临颜帖，力达至笔端。

"外头去练拳，不要再空谈"。
慈爱的师父，难得吐重言。

"太极此遗产，懒汉必无缘"。
拳艺为文化，绝非物与钱。

"自愿又从严，才能练好拳。
马如不肯饮，即使按河边。"

"走架须中正，为人也这般。
假如德不好，难以有佳拳。"

师翁身甚健，主要靠习拳。
"动静健乐寿[1]，可将生命延。"

[1]在傅师家客厅的西墙上挂有这五个字的斗方，此乃傅师的养身之道，也是老师长寿体健的秘诀。

"并非当武士，学练太极拳。
既要人谦逊，还应意志坚"[1]

[1]傅师对黄祥华学长说："学练太极拳，使自己成为一个意志坚强、思想周密、情绪稳定、态度谦和、有包容心、有文化品位的人，而不是一个动不动拔出拳头打人的赳赳武夫。"

"为善最开颜，知足整日欢。

人生得六乐，可爱又延年"。①

①傅师在晚年的日记中写道："助人为乐，为善最乐，忍让乃乐，闻过亦乐，知足常乐，自得其乐。以六乐精神律己待人，就是一位高尚的人，有道德的人，受人尊敬的人，最可爱的人，更可延年益寿，万事如意，平安吉祥。"

六、继承遗志毕生行

落叶秋风卷，瞬间噩耗传①。
恩师乘鹤去，弟子泪涟涟。

①1994年9月25日是一个黑色的日子——上午10时25分，护士为傅师吸痰不当，顿时面色发紫，经抢救无效，于10时55分不幸与世长辞。

快印师遗像，含悲撰挽联。
蜡烛香火点，跪拜泪潸潸。

①恩师撒手人间，我们师兄弟姐妹怀着无比悲痛的心情赶到老师家中，撰挽联（拳艺精湛举世称颂，武德高尚为人楷模）、买香烛、设灵堂、供桌上有老师爱吃的豆沙饼、椰奶和香蕉等。

传拳弄堂间，教诲此桌前。
身去音容在，恩德续百年。

师父去西天，何人教我拳？
中流谁砥柱？结社五十年①。

①傅师创建的上海永年太极拳社达半个世纪。

师孙于夜半，号哭太平间①。
闻道"来迟了"，心酸泪似泉。

①下半夜，赶到机场迎接从澳大利亚赶回奔丧的师媳杨存娟和师孙傅清泉，并一起到医院太平间瞻仰恩师遗容。

唁电五洲传，花圈室外延。
腰缠黑布带，含泪至师前。

恩师呼不起，自若泰然眠。
义教一生后，安息返永年①。

①傅师之子傅声远老师率全家及陈世庆、毛招娣、金长源、丁言伦、张卫国、张朝铭、袁德安、陈武等师兄弟，护送恩师的楠木灵柩回故乡永年县安葬。

领受品和拳，师恩重似山。
桂忠何以报？恭顺践其言：

勤练苦钻研，恒心义务传，
礼迎同好至，诚①笃事杨拳。

①句头的"勤恒礼诚"四个字，既是原上海永年太极拳社的社训，又是傅钟文先师的座右铭，更是恩师教导我们的习拳之道、做人之本。

关键词索引